KB267076

전자선하증권론

전자선하증권론

강선준 지음

한국학술정보㈜

序　文

　삶과 죽음의 경계선에서 새로운 빛을 본 지 15년이 됩니다. 만약 새로운 삶이 다시 주어진다면 반드시 살아간 발자취를 남기리라는 다짐을 또 한번 실행하는 기쁜 순간입니다. 미국유학을 준비하던 학창시절과 국제무역 실무를 직접 경험하고 있는 KIST생활, 그리고 10여 년간 수학한 법학이 하나가 되어 작은 결실을 수확하는 순간입니다. 앞으로는 업무와 연관 있는 국제계약, 과학기술과 관련된 분야에 대한 법적 호기심을 학문으로 승화시키기 위한 작업을 준비할 생각입니다.

　2006년 1월 13일 대통령이 연두회견문에서 밝힌 바와 같이 우리나라는 세계 12위의 무역대국으로 개방형 통상 국가를 지향하고 있으며 정보통신기술의 급속한 발전과 전자상거래를 기반으로 한 인터넷의 발달은 무역의 전반적인 과정에 서류 없는 전자화를 촉진하고 있습니다. 국제무역거래에서 핵심서류로서 사용되어 왔던 선하증권이 선박의 고속화, 적하시간의 단축과 컨테이너 복합운송 등의 도입 등으로 고유의 기능을 적절하게 수행하지 못하는 '선하증권의 위기현상'(the crisis of bill of lading)이 나타나게 되었고 이를 해결하기 위해 전자선하증권이 출현하게 되었습니다. 세계 각국의 무역관련 법률은 물리적 문서를 매개로 한 상거래를 전제로 하고 있기 때문에 電子船荷證券의 운영과정에서 많은 한계점과 법적 불안정성 등으로 시간과 비용에 커다란 이점을 주는 전자무역의 활성화에 장애가 되고 있습니다. 제4의 혁명으로 비견될 만한 선하증권의 전자화는 기술적인 문제보다는 법적 토대와 기반의 미비로 인하여 그 활용이 제한되고 있는 실정입니다.

이 책은 필자의 박사학위논문을 근간으로 하여 電子船荷證券의 세계적인 표준(global standard)으로 발전하는 볼레로型 電子船荷證券의 구조와 내용을 중심으로 전자무역과 전자선하증권의 법적 불안정성을 해소하기 위한 해결책으로 상법상의 규정보완보다는 별도의 특별법의 제정이 최적의 방안임을 제시하고 있습니다.

미처 발견치 못한 오류 등은 모두 필자의 부덕함의 소치이며 선학들의 명성에 누가 되지 않을까 조심스러운 마음이 앞섭니다.

학문과 인생의 올바른 길을 전수해 주신 많은 은사님들과 헌신적인 가족 및 직장동료들의 보살핌으로 이 작은 저작물이 탄생하였습니다. 필자를 계속 다그쳐 주시고 깨우쳐 주신 상법계의 거목 전삼현·권재열 교수님과 필자가 몸담고 있는 KIST 연구계의 거장 정윤철 조정부장님과 행정을 총괄하시는 김인수 부장님, 김영현 실장님, 최치호 팀장님과 개발실 식구들, 항상 용기를 북돋아 주시고 키워 주신 강대승·안정순 부모님, 힘 있는 내조로 편안하게 공부할 수 있게 배려해 주는 사랑스러운 아내 오정미와 오세진·임정엽 부모님, 그리고 저에게 항상 행복 바이러스를 솟아나게 해주는 사랑스러운 비타민 아들 강성모와 함께 이 기쁨을 나누고 싶습니다.

2007. 9. 10. 상계동 서재

강 선 준

感謝의 글

  2005년 6월 드디어 23년간의 학업을 정리하는 시간입니다. 법학을 공부한 지 10여 년, 대학원에 입학한 지 5년 만입니다. 석사학위논문을 탈고하고는 약간의 변화가 있었습니다. 한국과학기술연구원(KIST) 한·러과학기술협력센터에서 KIST의 핵심인 연구개발실로 부서를 옮겼고, 상계동에 저만의 작은 서재를 지닌 내 집 마련에 성공하였습니다. 무엇보다도 평생의 반려자를 만났습니다. 4번째 저작물이 탄생하는 기쁨보다는 막중한 책임감이 어깨를 짓누릅니다. 법학이라는 학문을 통하여 사람들과 대화하고, 올바른 사회 공동체를 만드는 데 일조를 하고 싶어 공부를 시작하였고, 이제는 많은 사람들과 법학에 대해 이야기 나누는 첫발을 내딛었다고 생각합니다. 이번 논문은 특히 학업과 직장생활을 병행하면서 많은 고생과 눈물이 담겨져 있어 더욱 기쁩니다. 대러시아 국제공동연구를 수행하면서 생각했던 문제점과 논문의 주제와 방향에 대해서 올바른 길을 지도해 주신 교수님들 덕택에 3년 만에 작은 결실을 내놓게 되었습니다만, 선학들에 누를 끼치지는 않을까 염려스럽습니다.

  물질적·정신적으로 저에게 가장 큰 힘이 되어 주시고 영원한 후원자이신 강대승·안정순 부모님 두 분께 이 글을 드립니다. 수많은 실패와 성공의 시간 속에서 항상 저의 버팀목이 되어 주셨습니다. 설악산 백담사에서 끊임없이 필자에게 용기와 힘을 북돋아 주신 오세진·임정엽 처부모님께 역시 감사의 말씀을 전합니다.

항상 너그러이 제자를 사랑하시는 김두환, 전삼현, 권재열, 강경근 교수님과 숭실대학교 여러 교수님들, 존경하는 박정신 교수님, 심사를 맡아 주시고 아낌없는 조언을 해주신 김선정, 이병문 교수님의 큰 은혜에 깊이 감사드립니다.

대전의 강현철·박지영 형님 내외분 안산의 오정진·김경철 처형 식구들, 법학의 영원한 동반자인 동생 강선호, 한국 최고의 애니메이션을 준비하는 오상찬 처남, 그리고 학교 후배들, 비단 저의 노력만으로 탄생한 저작물이 아니라 여러분 모두의 도움으로 이룬 작은 성과입니다.

카리스마와 조직운영의 모범을 보여주시는 존경하는 김인수 실장님과 박영일 실장님, 현도빈, 최치호, 박종복, 박사님, 송선만, 강구인 팀장님, 황응천 이태호 선배님, KIST 연구개발실 방성욱, 원세환, 유희준, 연구관리팀에서 같이 근무하는 윤승, 이주희, 이삼규, 김용관 선배님, 따뜻한 조언을 많이 해주신 이평원 선배님, 무역관련 자료를 바쁘신 업무 중에도 협조해 주신 김영종 팀장님, 문영호 씨와 항상 자본주의와 사회주의에서 고민하는 박병수 사무국장 등에게 고마움을 전달하고 싶습니다.

영문교정을 꼼꼼히 봐준 댈러스의 흑곰 승병이 형과 동진이 형, 많은 자료의 수집과 편의를 제공해 준 최선규 후배와 외환은행 김혜경 님, 법학과 조교들, 문형일 팀장, 김용욱, 김재원, 이재구 학우에게도 무한한 발전이 있기를 희망합니다.

아무런 조건 없이 지금의 저를 물심양면으로 지원해 주고, 이제는 저의 평생의 반려자가 된 오정미 석사에게 감사의 말을 전합니다.

2007. 9. 10. 상계동 서재

강 선 준

目　次

第1章
序　論

1. 硏究目的

　　본 연구는 볼레로型 電子船荷證券을 검토한 후, 그 법적인 문제점을 분석하고 고찰하여 우리 법체계의 개선방안과 독립적인 법을 제정하는 입법론을 제시하는 데 목적을 두고 있다. 2003년 외환은행이 국내 은행권 최초로 세계적 전자무역 시스템인 볼레로 시스템[1](Bolero system)을 이용하여 수출입 업무서류를 종이 대신 전자문서로 수·발신하는 테스트에 성공하였다. 세계 최대 통신판매업체인 독일 오토(OTTO)그룹은 앞으로 한국과의 수입거래 전체를 볼레로 시스템을 이용한 전자무역으로 전환할 계획을 발표하였다. 정보통신기술의 발달로 2005년도의 세계 전자상거래(electronic commerce) 시장규모는 전체

---

[1] 볼레로(Bill of Lading Electronic Registry Organization: Bolero) 시스템은 볼레로 규약집과 운영규정 및 볼레로 인터내셔널사가 메시지의 서류교환과 국제거래를 원활히 하기 위하여 마련한 디지털정보 시스템으로 전자적 방법으로 국제해상운송거래를 수행하고자 선하증권을 비롯한 제 서류의 전자화를 위한 시스템이다.

상거래 시장규모의 5% 이상을 점유할 것이라는 전망이 나오는 가운데, 바로 서신에 의한 편지는 점점 사라지는 대신에 전자메일의 사용은 폭발적으로 증가하고 전자문서가 종이문서의 역할을 하게 되었다. 전자상거래는 우리의 일상에 커다란 변화를 가져오고 있다. 해상법 분야에서도 이러한 추세에 발맞추어 무역서류를 전자메시지로 대체하려는 움직임은 끊임없이 시도되었으며, 세계 각국은 EDI 및 인터넷(internet)에 의한 서류의 전자화를 끊임없이 추진해 왔다. 특히 국제무역거래관계에서 전자화는 선하증권(bill of lading)을 중심으로 하는 선적서류(shipping document)의 전자화에 중점을 두고 추진되어 왔다.

국제무역거래에서 핵심서류로서 사용되어 왔던 선하증권이 선박의 고속화, 적하시간의 단축과 컨테이너 복합운송 등의 도입으로 그 기능을 제대로 수행하지 못하고 있으며, 양륙항에 운송물은 이미 도착하였지만 선하증권의 도착 지연으로 운송인과 수하인이 운송물을 제때 인수·인계하지 못하는 상황이 나타나게 되었다.

항공운송제도가 발달한 이래 선하증권은 항공편으로 보내기 때문에 이론상으로는 선하증권이 반드시 화물보다 늦게 도착하는 것은 아니다. 그러나 선하증권은 송하인이 이를 교부받아 곧바로 수하인에게 송부하는 것이 아니라 은행을 경유하게 되며, 은행에서는 엄밀일치의 원칙에 의해 신용장상의 조건과 선하증권 내용의 일치여부를 대조하도록 되어 있다. 또한 수하인의 대금납부와 선하증권을 교부받는 데까지는 상당한 절차와 시간이 소요된다. 그 결과 한국에서 일본, 중국 및 동남아 항로에는 선하증권이 화물보다 늦게 도착하는 것이 일반화되어 있는 상황이다.

통관 소요시간이 단축되고 종이서류에 기초한 무역거래 비용의 절감이 국제무역업계의 화두로 등장하면서 종래의 종이선하증권을 근간으로 하는 시스템으로는 수많은 한계점을 보이게 되었다. 선하증권의 위기(the crisis of bill of lading)를 해결하기 위해 실무적 차원에서 다양한 여러 가지 방법들이 모색되어 왔고, 선하증권의 전자화를 위한 실질적인 해결책이 모색되어 왔다. 실무적인 방향에서 가장 대표적인 것은 수입화물선취보증장(Letter of Guarantee: L / G)을 이용한 보증도가 있으며, 해상화물운송장(Sea Waybill), 전자화에 의한 실질적인 해결책으로 제시된 電子船荷證券의 형태로는 화물수령증(DFR), 화물수령키(CKR), 라인스코우 교수의 電子船荷證券, 미국무역증진위원회 電子船荷證券(NCTID) 및 국제해사법회(Comite' Maritime International: CMI, 이하 'CMI'라 한다.) 규칙이 있다. 그러나 다양한 電子船荷證券 및 CMI 규칙의 실행은 널리 활용되지 못하고 사용자들의 외면을 받아 사장되고 말았다.

많은 전자선하증권의 실패에도 불구하고 유럽에서 시작된 볼레로 프로젝트가 기초가 되어 볼레로 선하증권을 비롯한 글로벌 페이스의 전자무역 서비스를 개시하는 볼레로인터내셔널사(Bolero International Limited: BIL)가 출범하게 되었으며, 볼레로 닷넷(www.bolero.net)을 통하여 상업 서비스를 하고 있는 볼레로型2) 電子船荷證券이 탄생하게 되었다. 볼레로 닷넷의 서비스에는 세계 최대의 곡물거래회사인 카길(Cargill)이 1999년 9월 28일 최초로 가입한 이래 100여 개가 넘는 회원사가 볼레로 규약집에 서명을 하였다. 미국의 포춘지(Fortune)

---

2) "볼레로"의 원어를 직역하면 "선하증권의 전자등록기구"가 된다. 이처럼 "볼레로"에는 이미 "선하증권(bill of lading)" 및 "전자적(electronic)"이라는 의미가 내포되어 있다. 이 때문에 볼레로 닷넷(bolero.net)과 歐美의 자료에서 사용되는 "Bolero Bill of Lading"이라는 용어를 "볼레로 선하증권"으로 직역하는 것은 논리적으로 모순이 있다. 게다가 최근에는 일본의 "테디(The Trade and Settlement EDI System, Trade Electronic Data Interchange: TEDI)"처럼 볼레로를 모델로 하여 발전한 전자자료 교환체계가 각국에서 출현하고 있다. 따라서 이 논문에서는 이하에서 살펴보는 바처럼 볼레로 운영체계(Bolero system)를 통하거나 이를 모델로 하여 상용되는 電子船荷證券을 "볼레로型 電子船荷證券"으로 명하기로 한다. 권재열, "볼레로형 전자선하증권에 관한 법적 연구", 「상사법 연구」 제21권 제4호(한국상사법학회, 2003), 291면, 이하 참조.

선정 세계 100대 기업 중 15개 사가 참여하고 있으며 우리나라에서
는 많은 수출입 전주들이 電子船荷證券의 도입의 필요성에 공감하고
있는 상황이기 때문에 공식적으로는 2000년 5월 우리은행을 시작으
로 지금까지 삼성전자, 포스코(POSCO), 한국외환은행, 한진해운, 현
대상선, 거항해운, 대한해운 등이 가입하였다. 볼레로 운영체계를 모
델로 한 電子船荷證券도 새롭게 출현하고 있다. 예컨대 범아시아전
자상거래협의체(Pan-Asian E-commerce Alliance: PAA)에 회원으로 가
입한 우리나라의 한국무역정보통신(Korea Trade Network: KTNET), 일
본의 무역자동화시스템(Trade Electronic Data Interchange: TEDI), 그
리고 싱가포르의 싱가포르네트워크서비스(Singapore Network Services:
SNS) 등도 내용상의 차이는 있지만 볼레로 운영체계에 의한 電子船
荷證券을 근간으로 설립된 시스템들이다. 전자상거래를 기반으로 국
제무역환경이 급속도로 재편성되고 있지만 전자선하증권의 최종판은
볼레로형 전자선하증권으로 평가받고 있다. 따라서 볼레로 시스템을
사용하거나 이를 모델로 한 새로운 형태의 電子船荷證券의 사용이
보편화될 것으로 추정된다.

　국제거래에서 선하증권의 법적인 효과와 성질은 법률과 상관습에
기초하여 운영되고 있으며 電子船荷證券이 상관습으로 보편화되고
인정되기까지는 많은 시간이 소요될 것이다. 무역거래에 관련되는
제 법률은 실무의 거래관습 및 관행을 반영하기 위하여 제정되었기
때문에 법이 상관습이나 기술을 선도하는 경향이 없진 않지만 대부
분의 경우 법의 변화속도는 상관습 또는 기술의 변화속도보다 느리
다. 대부분의 무역관련 법률은 물리적 문서를 매개로 한 상거래를
전제로 하고 있기 때문에 종이문서 환경을 전자문서 환경으로 대체
하는 電子船荷證券의 운영과정에서 많은 한계점을 노출한다. 볼레로
型 電子船荷證券은 법적으로 불비한 상황을 극복하기 위해, 다자
간 계약을 근거로 한 당사자 간의 약정을 하는 방법으로 문제를 해

결하고 있지만 법적인 안정성의 부족으로 電子船荷證券의 활용에 장애가 되고 있다.

이에 본 논문에서는 電子船荷證券의 표준(standard)으로 발전하는 볼레로型 電子船荷證券의 출현과 기술적·법률적 구조를 살펴보고, 볼레로型 電子船荷證券이 종이선하증권과 동일한 법적 지위를 누리며 안정된 법적 기반하에 운용될 수 있는 방안을 제시하고자 한다. 전자선하증권에 대한 여러 가지 입법방법 등을 살펴보고, 종이선하증권을 규정하는 해상법의 수정방법 대신 전자선하증권의 발행 및 유통에 관한 법에 대한 개인적인 견해를 제시하고 私案을 도출하여 電子船荷證券을 독립된 특별법으로 제정하여 전자선하증권이 안정된 법적 토대 아래 발행 및 유통될 수 있는 방안을 연구하고자 한다.

2. 研究範圍와 方法

전자선하증권에 대한 본 연구는 볼레로型 電子船荷證券과 볼레로 시스템을 중심으로 고찰하고자 한다. 왜냐하면 선하증권의 전자화 과정에서 여러 가지 다양한 시스템들이 출현하였지만 電子船荷證券은 볼레로型 電子船荷證券으로 수렴되는 과정에 있고 현재 실제로 유통되고 활용되는 유일한 형태는 볼레로型 電子船荷證券이기 때문이다. 본 연구의 범위는 다음과 같다.

첫째, 선하증권의 전통적 기능과 위기현상 및 전자선하증권의 도입의 필요성을 살펴본다. 선하증권의 연혁과 위기 해결을 위한 다양한 대안을 고찰하고 선하증권이 전자화된 일련의 과정과 전자선하증권의 도입을 논의하고자 한다. EDI 시스템과 CMI

전자선하증권의 출현과 성쇠 등을 통해 전자선하증권의 완성된 형태로 평가받는 볼레로형 전자선하증권으로의 수렴과정을 알아본다.

둘째, 선하증권의 위기를 극복하기 위한 해결책으로 등장한 볼레로型 電子船荷證券의 기술적 구조와 법적 구조에 대해서 논의하고자 한다. 볼레로型 電子船荷證券의 기술적 구조에 있어서는 볼레로型 電子船荷證券의 원문, CMP의 운영, 권리등록 시스템과 권리이전 절차, 디지털서명과 볼레로 시스템의 정보보안, 대금결제 시스템인 SURF를 중심으로 살펴본다. 볼레로型 電子船荷證券의 법적 구조에서는 볼레로형 전자선하증권의 계약체결, 다자간 협정인 볼레로 규약집과 규정 종이선하증권의 기능적 등가물로써 선하증권 기능 구현을 정리한다. 전자문서의 증거적인 측면, 볼레로형 전자선하증권상의 권원증권성 기능과 유통성 확보방안을 알아보고 법적인 효과에서는 종이선하증권의 물권적·채권적 효력을 전자선하증권에서 구현하기 위해 채용한 법리인 점유이전의 승인과 경개에 대해서 검토하기로 한다. 아울러 볼레로型 電子船荷證券의 상용화 시 예상되는 변화와 볼레로형 전자선하증권의 미래 등에 대해서 간단히 논의한다.

셋째, 볼레로型 電子船荷證券의 입법론적인 수용을 위한 당위성과 기존 해상법에의 조문신설 등의 개정방법보다는 독립적인 법안으로서 電子船荷證券의 發行 및 流通에 關한 法私案(이하 "電子船荷證券法私案"이라 한다.)의 제정 필요성에 대해서 알아보고, "전자어음법"을 근간으로 하여 제시한 電子船荷證券私案을 도출하면서 본 연구를 마무리하고자 한다.

본 연구를 함에 있어서는 電子船荷證券에 대한 각종 국내외 규칙과 법률, 연구논문과 볼레로 규약집을 참고로 하였다. 電子船荷證券의 법적 성질, 효력, 유통방법 등을 고찰하기 위하여 국내외의 다양한 논문과 저서 등을 대상으로 하는 문헌조사 방식을 채택하였다. 전자거래법, 전자어음법, 전자금융거래법 개정안 등의 관련 국내법은 물론 UNCITRAL Model Law, 미국통일전자거래법(Uniform Electronic Transaction Act: UETA, 이하 'UETA'라 한다.) 등 전자문서에 관련된 국제적인 법률과, 함부르크규칙(The Hamburg Rules), 헤이그－비스비규칙(The Hague-Visby Rules) 등 국제협약을 참고하였다.

신속하고 다양한 검색이 가능한 인터넷을 활용한 방법을 사용하였으며, 시의 적절한 시사성이 있는 신문과 각종 보도자료를 활용하였다. 電子船荷證券에 대한 관심이 고조됨과 동시에 법무부, 산자부 등 정부부처의 웹사이트(website)를 통하여 실시간으로 자료를 확보 비교하는 방법을 택하였다. 특히 문헌조사 등 간접적인 조사의 한계를 극복하기 위하여 볼레로型 電子船荷證券을 직접 실무에 도입하고 있는 국내 은행을 직접 방문하여 관련 주무부서의 담당자 등의 자문과 내부자료 등을 받아 활용하는 등 직접조사의 방법도 병행하였다.

第2章
船荷證券의 危機狀況 및
電子船荷證券 導入의 必要性

1. 船荷證券의 傳統的 機能과 危機狀況

1) 船荷證券의 發展과 特性

선하증권은(bill of lading)은 해상물품운송계약에 기초하는 운송물의 수령 또는 선적을 증명하고 동시에 운송인에 대한 운송물의 인도청구권을 표창하는 유가증권이다.[1]

선하증권은 해상운송이 시작되면서 사용되었으며 1063년 무렵부터 증거서류의 한 형태로 출현하게 되었다.[2] 국제거래의 비약적인 증가

---

1) "A bill of lading is a document which is signed by the shipowner or the master or some agent of the shipowner and which states that certain goods have been shipped upon a particular ship." Ronald Bartle, Introduction to Shipping Law, London: Sweet Maxwell, 1963, p.2; 이기수 / 신창섭, 「국제거래법」, 세창출판사, 2003, 207면; 임석민, 「선하증권론」, 도서출판 두남, 2000, 15면, 주1 재인용.
2) 이범찬·최준선, 「제4판 상법 하」, 삼영사, 2004, 809면.

로 인하여 운송물에 대한 권리를 양도할 필요성이 나타났으며, 운송물 인도 허락을 얻으려는 목적으로 제3자에게 배서 양도하게 되었다. 선하증권은 단순히 운송물의 수량만을 기록하는 증권에서 운송물의 상태까지 보고하는 기능을 가진 증권으로 발전하게 되었으며, 19세기 초에 들어와서는 선하증권에 운송물의 수량과 품질에 관한 정보와 운송물이 멸실되는 경우의 책임에 관한 사항까지 제공해 주는 기능으로 발전하게 되었다. 선하증권의 기능은 1855년 영국의 선하증권법(The Bill of Lading Act, 1855)에서 처음으로 인정되기 시작하였으며 1893년 미국에서는 해상운송에 있어서 선박소유자의 과실과 책임의 개념에 중점을 둔 하터법3)(The Hater Act)을 제정하였고 1909년에는 운송인의 책임을 제한한 통일선하증권법(The Uniform Bill of Lading Act)을 채택하였다.4) 선하증권이 무역관계에서 핵심적인 서류로 발전함에 따라 양식과 기능에 대한 표준화가 필요하게 되었다. 양식과 기능의 표준화를 위해서 국가 간의 협약형태로 다양한 규칙 등이 나타나게 되었다. 선하증권과 관련된 국제협약으로는 1924년의 헤이그규칙(The Hague Rules)이 있다. 1922년 10월 런던에서 개최된 국제해사법학회(Comité Maritime International)는 헤이그규칙 초안을 마련하여 그해 10월에 브뤼셀에서 개최된 해사법 외교회의에 상정하였다. 그 후 다시 1923년에도 해사법 외교심의를 거쳐 채택된 조약안을 1924년 8월 25일에 26개국 대표가 서명하여 국제조약으로 성립하였

---

3) 1893년에 오하이오주 출신의 하원의원인 하터(Michek Harter)의 제안에 의하여 의회를 통과하였고 대통령이 공포함으로써 발효되었다. 공식명칭은 An act relating to navigation of vessels, bills of lading and certain obligations, duties and rights in connection with the carriage of property이다. 이 하터법의 내용은 운송인의 일방적인 면책약관 남용을 금지하는 것이 주요골자이며, 이러한 금지조치를 강행법규화함으로써 계약자유의 원칙을 제한하였다. 최재수, "선하증권②", 「월간해양한국」(한국해사문제연구소, 2001), 73면.

4) 동법은 1951년에 폐지되었다.

다. 공식명칭은 "선하증권과 관련된 약간의 규칙에 대한 통일을 위한 국제조약 1924년"(International Conventiom for the Unification of Certain Rules of Law Relating to the Bills of Lading, 1924)이다. 이후에 헤이그규칙의 일부를 1968년 개정하여 "선하증권의 약간의 규정의 통일을 위한 국제조약 개정을 위한 의정서, 1968 비스비규칙"(Protocol to Amend the International Convention for the Unification of Certain rules of Law relating to bills of Lading 1968)으로 발전하게 되었다. 비스비규칙은 면책약관의 남용을 금지하고 최소한의 면책사유만을 인정하는 동시에 운송인의 책임을 완화함으로써 송하인과 운송인의 공정성을 위한 노력을 하였다. 동 규칙은 많은 국가들이 그 내용을 수용하여 사실상 해상운송에 대한 통일법의 역할을 수행하였으며 미국이 1936년 해상물건운송법(Carriage of Goods by Sea Act, 1936)을 제정함에 따라 1968년의 헤이그-비스비규칙[5](The Hague-Visby Rules)은 국제해상운송법의 중심으로 발돋움하게 되었다. 1978년에는 개도국의 입장을 보호해 주기 위한 함부르크규칙[6](The Hamburg Rules) 등으로 발전하였다.

선하증권은 운송계약에 의해 운송물을 선적한 증빙이 원인관계가 되어 증권이 작성되는 요인증권성과 증권에 법적 기재사항이 정확히 기재되어야 효력을 갖게 되는 요식증권성, 배서금지의 특약이 없으면 배서의 방법을 통해 소유권이 이전 가능한 지시증권성[7]과 배서에 의해 전매가 가능한 유통증권성 및 운송화물을 대표하는 대표증권성을 가진다. 또한 소지인이 운송인에게 화물의 인도를 청구할 수 있는 채

---

5) 최재수, 전게논문, 74~75면.
6) UNCITRAL이 조약의 초안을 주도하였으며 국제연합해상물건운송조약(안) 1978 (United Nations Convention on the Carriage of Goods by Sea, 1978) 이 전권대표회의에서 통과됨에 따라 탄생하게 되었다. 함부르크규칙은 1992년 11월 1일에 발효하게 되었다. 최재수, 전게논문, 76면.
7) 상법 제130조·제820조.

권증권인 동시에 증권과의 상환으로만 화물이 인도되는 상환증권성,[8] 교부하는 행위가 바로 운송화물을 인도한 것과 같은 동일한 효력이 있는 인도증권성이 있고[9], 선하증권이 발행된 화물의 처분은 반드시 선하증권으로만 행할 수 있는 처분증권성[10]을 가지고 있다.

2) 船荷證券의 傳統的 機能

선하증권은 ① 운송물의 수령증으로서의 화물수령증(a receipt), ② 운송계약내용의 증거가 되는 운송계약서로서의 증빙(an evidence contract of carriage), ③ 운송물을 대표하는 인도증권으로서의 권원증권[11](a document of title) 등의 세 가지 기능을 갖는다.[12]

실무에서 선하증권은 신용장거래와 관련한 해상운송에서 가장 중요한 서류 중의 하나로 인정받고 있다. 오늘날 국제무역은 대부분 화환제도를 통하여 이루어지며, 선하증권은 환어음(bill of exchange)을 활용하여 국제화환계약을 체결하고 은행을 통하여 매수인에게 이전한다. 이를 통하여 매매계약상의 인도의무를 이행하고 매매대금을 수령할 수 있으며 화환계약에 관여하는 은행은 선하증권을 물적 담

---

8) 상법 제129조·제820조.

9) 상법 제133조·제820조.

10) 상법 제132조·제820조.

11) 권원증권은 영미법상의 개념으로, 증권의 점유가 증권에 표창된 물품의 점유를 의미하며, 당해 증권의 소지인에게 물품인도청구권과 처분권이 인정되는 것을 말한다. (1889년 영국 위탁매매인법(The Factor Act, 1889) 제4조), 1990년 동산 매매법 제61조 미국통일상법전(U.C.C) 제1~102조 15항).

12) A bill of lading serves the following functions: (1) a receipt for goods; (2) an evidence of a contract of carriage; and (3) a document of title to the goods. www.empas.com, A-Jui Lai, Pei-Chi Wu, 「Negotiable Electronic Bills of Lading Based on Both Electronic Signatures of the Carrier and the Holder」, p.1.

보로 확보함으로써 안심하고 대금결제를 할 수 있다.[13]

[表2-1] 船荷證券의 用度와 機能

계약당사자	선하증권의 용도	선하증권의 기능
매도인 ↔ 운송인 송하인 ↔ 운송인	운송인에 의한 물품수취증	물품의 수취증
매도인 ↔ 은 행 수하인 ↔ 은 행	융자담보	운송 중 물품에 대한 권원증권
매수인 ↔ 제3자 양수인 수하인 ↔ 제3자 양수인	권원증권	
제3자 양수인 ↔ 운송인	운송계약의 증빙	운송계약의 증빙

자료: 최석범, "글로벌 전자무역에서의 볼레로 선화증권의 기능과 특성에 관한 연구", 「산업연구」 제8집(영남대학교 산업연구소, 2000), 42면.

(1) 貨物受領證으로서의 機能

선하증권은 운송인의 점유하에 있는 화물에 대한 수령증으로서 기능을 한다. 영국 1855년 선하증권법 제3조와 헤이그-비스비규칙 제3조제4항[14] 및 한국 상법 제814조의2에서는 선하증권 기재의 효

---

13) 선하증권은 기명식, 지시식, 기명지시식, 소지인식 등 다양한 형태를 지니고 있으나, 실무적으로 기명지시식 또는 지시식이 가장 많이 활용이 된다. 특히 수입거래의 경우 국내 은행은 신용장 개설은행을 기명지시식으로 한 선하증권을 요구하고 있다. 이는 수입자가 수입대금을 지급하기 전에는 운송화물을 은행소유로 하게 함으로써 채권보전을 하는 데 목적을 두고 있기 때문이다. 백성기 등, "B2B 무역결제 워킹그룹-전자무역결제 working group보고서"(한국전자거래진흥원, 2002), 91면, 권재열, 전게논문, 292면.

14) 1855년 선하증권법 제3조 "가치 있는 약인을 지급한 수하인 또는 배서인의 수중에 있는 화물이 선적되었다는 기재가 된, 모든 선하증권은 그 화물이나 또는 일부가 선적되지 않았다고 하더라도, 선하증권의 소지인이 그러한 통지를 받지 않았던 한, 그 선하증권에 서명한 선장 또는 기타 사람은, 그와 같은 부실기재가 그의 잘못으로 된 것이 아니고 전적으로 송하인 또는 선하증권 소지인의 사기(fraud)에 의한 것임을 입증하면,

력에 대하여 규정하고 있다.

선하증권은 선박에 운송물을 선적하였지만, 선박과 함께 여행하지 않은 상인에게 화물을 수령하였다는 증거로서 발행하게 되었다. 이는 운송물의 종류, 수량 및 선적 당시의 상태가 기재되기 때문에 좋은 증거가 된다. 선하증권에는 송하인, 운송인, 수하인의 명칭, 화물의 수량, 크기, 무게, 외관 등의 상태를 기재하도록 되어 있어서 수령한 화물의 내용을 일목요연하게 알 수 있다. 이로써 선하증권은 운송인이 화물을 완전한 상태로 인수하였음을 나타내는 증거증권으로서의 기능도 갖게 된다.

국제무역상 운임보험료 포함조건(Cost, Insurance and Freight: CIF) 또는 본선인도조건(Free on board: FOB)매매의 경우에 있어서는 선하증권에 기재된 운송물의 명세와 매매계약상의 화물의 명세가 다르거나 또는 선하증권 선적 당시에 화물상태에 하자가 있다는 내용의 기재가 있는 경우에15) 매수인은 선적서류의 인수와 대금지급을 거절할 수 있다. 신용장거래에 있어서는 신용장 개설은행 또는 매입은행은 통상 수령 또는 선적 당시의 운송물에 하자가 없다는 내용의 무

부실기재와 관련된 책임을 면할 수 있다." 헤이그-비스비규칙 제3조4항 "이러한 선하증권은 운송인이 3항 (a), (b), (c)호에 따라 그 증권에 기재된 대로의 화물을 수령한 것에 대한 일응의 증거가 된다. 하지만, 선하증권이 선의의 제3자에게 양도된 경우에는 선하증권의 기재에 반한 증거는 허용되지 않는다." (Such a bill of lading must be prima facie evidence of the receipt by the carrier with § 3, a, b, c), 심재두, "선하증권의 기능(1) 영수증으로서의 선하증권", 「월간해양한국」(한국해사문제연구소, 1996), 206면.

15) 이를 유보선하증권(foul bill of lading)이라고 하는데 수령 또는 선적 당시의 화물상태에 훼손, 기타 하자가 발견되지 않아 선하증권에 어떠한 유보조항도 기재하지 않은 선하증권을 말한다. 통상 국제무역거래에 있어서 매도인은 매수인에게 무유보선하증권(shipped clean bill of lading)을 제공하여야 하는 의무를 지니며, 그러하지 아니하고 유보선하증권을 제공한 경우에는 매매계약 위반이 되어 매수인은 대금지급을 거절할 수 있게 된다. 심재두, 전게논문, 202면.

유보선하증권(clean bill of lading)이 아니면 신용장 대금을 지급하지 않는다. 특별한 경우를 제외하고 운송인은 도착지에서 선하증권 교부와 동시에 운송물을 인도하는 것이 거래의 일반관행이기 때문에 운송인은 도착지에서 선하증권상에 표기된 화물과 동일한 화물을 인도해야 할 의무가 발생하게 되며 운송인은 선하증권을 선의로 취득한 제3자에게 대항하지 못한다(상법 제814조의2)16). 또한 운송인은 선하증권상에 기재된 사실과 상이함을 항변할 수 없다. 선하증권상의 운송물의 종류, 명세, 외관상태, 식별기호 등에 관한 기재가 송하인과 운송인 사이에서는 일단 채택된 증거(prima facie evidence)에 불과하지만, 그러한 기재를 믿고서 선하증권을 양도받은 제3자와 운송인 사이에는 결정적인 증거(conclusive evidence)로 변환된다. 운송인은 운송물의 인수 전에 있었던 운송물의 외관상의 하자를 선하증권에 기재하여야 하며 이를 기재함으로써 운송인은 이후 수하인이 운송물을 수령한 후 하자에 대하여 이의를 제기한 경우에만, 처음부터 하자가 있었음을 항변할 수 있게 된다.17)

(2) 運送契約의 證憑으로서의 機能

선하증권은 처음에는 운송물을 수령 또는 선적의 증거로서 영수증

---

16) Rasnoimport v. Gutherie(1966) 1 L1.R.1 사건은 화물의 일부가 선적되지 않았던 경우로서, 선하증권 소지인이 그러한 선하증권을 발행한 선박대리점을 상대로 손해배상 청구를 한 사안이었는데, 그 선박대리점에 대한 청구권원으로서 '대리권담보위반(breach of warranty of authority)'을 인정하여 주었다. 선박대리점은 그러한 선하증권을 발행함으로써 자신에게 선하증권을 발행할 대리권이 있는 것으로 외부에 대하여 담보한 것이고 따라서 대리권이 없다는 것은 그 담보를 믿고서 선하증권을 취득한 제3자에 대하여는 담보위반이 되며, 그로 인하여 제3자에게 입은 손해를 배상하여 주어야 할 책임이 있다는 것이다. 심재두, 전게논문, 207면.

17) 이범찬 / 최준선, 전게서, 811면.

의 기능으로 발행되었으나 운송인들이 점차 운송계약의 내용과 면책
약관을 삽입하게 되었다. 운송계약의 내용들도 정형화되어 부동문자
로 인쇄되었으며, 이러한 과정을 거쳐 선하증권은 운송의 당사자 간
에 체결한 운송계약을 증명하는 역할까지 담당하게 되었다. 운송계
약의 내용은 보통 선하증권의 이면에 보통거래 약관으로 인쇄되어
있다. 해운실무상 해상운송계약은 실제로 선하증권이 발생하기 전에
송하인의 선적요청과 운송인의 승낙, 즉 운송계약당사자의 합의에
의하여 성립한다. 그러나 선적요청 및 운송인의 승낙이 문서에 의하
든 아니면 구두에 의하든 형식에 관계없이 해상운송계약은 성립하게
되고 구두에 의한 합의라 하더라도 당해 합의내용이 선하증권에 우
선한다.[18] 오늘날 많이 활용하고 있는 약식선하증권(short form bill
of lading)의 경우에는 표면약관이 인쇄되어 있지 않지만 인쇄만을
생략했을 뿐 운송인 혹은 운송주선인 등이 갖고 있는 정식선하증권
(long form bill of lading)에 인쇄된 것과 동일한 약관이 적용되는 것

---

18) The ardennes([1951] 1 K.B. 55) 사건에서 영국의 수입업자는 스페인의
　　수출업자로부터 중국산 귤을 수입하고자 운송계약을 체결하였다. 당시
　　영국정부는 1947년 12월 1일 이후 수입되는 귤에 대하여 수입관세를 부
　　과할 예정이었기 때문에 영국의 수입업자는 운송인의 대리인에게 그 사
　　실을 알리고 1947년 11월 22일까지 선적되는 물품이 스페인 항구로부터
　　런던항까지 직항할 것을 구두로 약정하고 약정된 날짜에 물품을 선적하
　　였다. 그러나 귤을 선적한 선박은 런던으로 직항하지 않고, 벨기에의 앤
　　트워프를 경유하여 런던항에 입항한 결과 1947년 12월 4일에 런던에 도
　　착하였고 수입업자는 운송인을 상대로 손해배상 청구소송을 제기하였다.
　　운송인은 선하증권이 유일한 운송계약서이고 선하증권 이면에 이로허용
　　조항(liberty clause)이 삽입되어 있기 때문에 자신이 벨기에를 경유한 것
　　은 운송계약을 위반한 것이 아니라고 주장하였다. 이에 대하여 재판부는
　　"선하증권이 운송계약에 대한 훌륭한 증거의 역할을 하는 것은 사실이
　　나, 그 자체로서 계약서는 아니다. 따라서 송하인과 운송인 사이에서 선
　　하증권의 내용과 대립되는 구두약속이 존재하였다면, 그러한 구두약속은
　　선하증권에 우선한다."고 판결 내렸다. 이병문 외 3인, "글로벌 전자무역
　　시스템으로서의 볼레로 도입에 따른 문제점 및 대응방안"(숭실대학교 아
　　·태중소기업기술정보협력센터, 2003), 86면, 주159 재인용.

으로 해석한다.[19)]

송하인이 운송인에게 화물을 인도하게 되면 운송인은 송하인에게 수령한 운송물의 수량, 종류 등과 함께 본선수취증(mate's receipt)을 발급한다. 송하인은 운송인이 가지는 선하증권의 양식을 받아 운송물의 종류, 식별기호, 수하인의 이름 등을 기재한 후 운송인에 제출하고 운송인은 선적할 때 동 사항을 확인하게 된다. 운송인은 운송물의 외관상태를 확인하며, 선하증권에 기재하고 송하인에게 발행한 본선수취증과 선하증권을 서로 상환하게 된다. 해상운송은 크게 정기선에 의하여 운송되는 개품운송계약과 부정기선에 의하여 운용되는 용선계약으로 나눌 수 있다. 정기선에 의하여 운송되는 개품은 특히 운송계약의 경우 증거로서 선하증권이 발행된다. 그러나 부정기선에 의한 용선계약의 경우에는 항해용선계약서가 작성되는 것이 원칙이며 선하증권은 원칙적으로 발행이 되지 않지만, 권원증권으로서 유통이 되고 무역대금의 결제에 있어서 아주 중요한 기능을 담당하기 때문에 선하증권이 발행된다. 용선계약의 경우 '운송계약'인지 '운송계약의 추정적 증거를 구성하는 서류'인지에 대해서는 아직 학설의 대립[20)]이

---

19) 통상 다음과 같은 문구를 기재하여 이러한 뜻을 밝힌다. "All the terms of the carrier's regular long form of Bill of lading are incorporated with the like force and effect as if they are written at length herein. A copy of such Bill of Lading may be obtained form the carrier, its agent or the master" 안병수, 「전자식 선하증권의 실용화에 따른 문제점에 관한 연구」(성균관대학교 대학원 박사학위논문, 1999), 21면.

20) 선하증권은 운송계약의 증거에 불과하지 그 자체가 운송계약이 아니다. The Ardennes(1951) 1 K.B.55 Sewell v. Burdick(1884) 10 App. Cas. 74. 이 사건에서 화주는 선주가 선하증권의 발행 전에 구두로 한 약속에 따라 스페인에서 영국 런던으로 1947년 11월 30일까지 mandarin oranges 를 실은 배를 도착시켜야 했다고 주장하였고, 선주는 선하증권상에 離路條項이 있음을 근거로 인도지연이 부당하지 않음을 항변하였다. 당시의 정황은 단순히 오렌지의 품질저하의 우려만이 아니라 1947년 12월 1일부터 수입관세가 부과되기 때문에 화주에게 있어서 도착일자는 매우 중요하였다. 이 사건에 대하여 Bramwell 판사는 다음과 같이 설명하고 있

있으나 운송계약의 추정적 증거라고 보는 것이 일반적이다.[21] 선하증권은 운송계약이 체결된 후에 발행되기 때문에 선하증권 자체는 운송계약이 아니다. 또한 선하증권은 운송인이 일방적으로 서명하여 발행하기 때문에 선하증권의 기재내용과 운송계약의 내용이 반드시 일치하지는 않는다. 하지만 실제 대부분의 경우에 선하증권의 내용은 원래 운송계약과 일치하며, 선하증권의 존재는 운송계약의 유력한 증거[22]가 된다. 이러한 근거는 1885년 영국선하증권법 제1조[23]에서 처음 명시되었다. 동법에서 운송계약의 직접 당사자가 아닌 선하증권의 양수인이 운송인을 상대로 운송계약의 위반으로 인한 손해배상 청구를 할 수 있도록 동일한 권리와 의무를 인정하여 주었고 선하증권의 양수인에게 인정되는 운송계약은, 동법 제1조에 규정된 선하증권에 포함되어 있는 계약(the contract contained in the bill of lading)이다. 따라서 선하증권의 양수인은 선하증권에 포함되어 있지 않은 내용은 운송계약으로 인정하지 않는다. 이는 선하증권을 양도받은 제3자와

다. "내 생각으로는 선하증권에는 계약이 없다. 이는 화물수령증에 대한 영수증으로서 선박에 인도되고 수령되는 조건에 관하여 말하고 있는바, 따라서 그 조건에 관한 훌륭한 증거이기는 하지만, 계약 자체는 아니다. 계약은 선하증권이 교부되기 이전에 체결된다."는 견해를 피력하였다. 심재두, "선하증권의 기능(2) 운송계약의 증거로서의 선하증권", 「월간해양한국」(한국해사문제연구소, 1996), 71면.

21) 김선광, 「무역사례연구」, 동성사, 1992, 213면.

22) Paul Todd, Cases and Materials on Bills of Lading(Worcester, Billing and Sons Ltd, 1987), p.17-18, Clive M. Schmitthoff, Schmitthoff's Export Trade, 9th ed.(London; Stevens & Sons, 1990), p.545-546, 오원석, 「국제통상론」, 박영사, 1998, 180~181면, 안병수, 전게논문, 16면, 주26 재인용.

23) 1885년 선하증권법 제1조 "화물의 인도나 선하증권의 배서와 동시에 또는 그로 인하여 선하증권에 기재된 화물의 소유권이 이전된, 선하증권상의 화물의 수하인 및 선하증권의 양수인은, 누구나 마치 선하증권에 포함되어 있는 계약이 자신과의 사이에서 체결된 것과 같이, 그 화물에 관하여 소송에 관한 모든 권리를 양수하고 취득하며 동일한 의무를 부담한다." 심재두, 전게논문, 74면.

운송인 사이에 결정적인 증거가 되며 이에 반하는 내용은 금반언의 원칙(doctrine of estoppel)에 의하여 인정되지 않게 된다.

우리 상법 제814조제1항에서는 선하증권상에는 운송선박 및 운송물과 관련된 내용, 선적항과 목적항 그리고 운송계약의 당사자인 송하인 등이 기입되며 운송인이 기명날인하도록 되어 있다. 이는 선하증권이 비록 운송계약서는 아니지만 운송계약서가 수행해야 할 기능을 대신할 수 있도록 상관습으로 정착되어 온 것이며, 그것이 입법화된 것으로 볼 수 있다.24) 우리 대법원도 "선하증권은 운송물의 인도청구권을 포함하는 유가증권인바 이는 운송계약에 기하여 작성되는 유가증권인 점, 선하증권은 운송물을 '수령한 후' 또는 '선적한 후'에 교부하도록 되어 있는 상법 제813조제1항·제2항, 선하증권에 운송물의 종류, 중량 또는 용적 등을 기재하도록 되어 있는 상법 제814조, 선하증권의 처분증권성과 교부의 물권적 효력에 관한 상법 제820조·제132조·제133조의 규정취지로 보아 상법은 운송인이 송하인으로부터 실제 운송물을 수령, 선적하고 있는 것을 유효한 선하증권성립의 전제조건으로 삼고 있다."고 하여 운송계약 없이 발행된 선하증권은 무효로 판시하고 있다.25)

(3) 權原證券으로서의 機能

선하증권은 수령증으로서의 기능과 운송계약으로서의 기능 이외에도 권원증권(document of title)으로서의 기능을 한다. 선하증권의 적법한 소지인은 당연히 운송인에게 화물의 인도를 청구할 수 있으며 운송인은 반드시 선하증권의 적법한 소지인에게 그 선하증권의 상환으로 화물을 인도하여야 한다.26) 선하증권에는 운송인에게 화물의 인

---

24) 안병수, 전게논문, 17면.
25) 대법원 1982.9.14. 선고 80 다 1325 판결.

도를 청구하고 화물을 수령·보관·처분할 수 있는 창고열쇠[27](a key
to the warehouse)와 같은 권한이 화체(化體)되어 있다. 이것이 바로
권원증권으로서의 기능이다.[28] 선하증권이 권원증권으로서의 기능을
가지게 되는 것은 소유권을 포함한 화물에 대한 권리를 갖는 것을 의
미한다. 따라서 운송 중에도 송하인이 화물을 매도하고 소유권을 포함
한 화물에 대한 권리 일체를 매수인에게 이전할 수 있게 해준다.[29] 이
러한 용어가 법전에 처음 사용된 것은 1889년에 제정된 영국의 위탁
매매인법(Factors Act)[30]에서이며 후에 물품개정매매법(Sale of Goods
<Amendment> Act)에서 그대로 계승되었다.[31] 미국의 통일상법전(Uni-
form Commercial Code: UCC, 이하 'UCC'라 한다.)[32]에서 역시 선하

---

26) 상법 제129조·제820조.

27) Sanders v. Maclean(1883) 11 Q.B.D. 327.

28) 심재두, "선하증권의 기능(3) 권원증권으로서의 선하증권 I", 「월간해양
    한국」(한국해사문제연구소, 1996), 89~90면.

29) Paul todd, Modern Bills of Lading, 1986, p.14.

30) 위탁매매인법 제1조4항 권원증권이란 표현은 통상의 거래과정에 있어
    물품의 점유 또는 지배의 증거로서 사용되거나 혹은 배서 또는 인도에
    의해 증권의 소지인에게 그 대표하는 물품의 이전 또는 수령의 권한을
    부여한 또는 부여하려는 의도의 선하증권, 부두창고증권, 창고업자의
    증명서, 물품의 인도를 위한 보증서 또는 지시서 및 그 밖의 증권을
    포함한다. 안병수, 전게논문, 24면, 주44 재인용.

31) 영국개정물품매매법 제61조 "document of title to goods" has the same
    meaning as it has in the Factors Acts.

32) 미국통일거래상법전 §1~201(15) "권원증권은 통상의 거래 또는 금융의
    과정에 있어 그것을 점유하고 있는 자가 그 증권 및 증권이 대상으로
    하는 물품을 수령, 보유 그리고 처분하는 권리를 갖고 있는 것을 충분
    히 입증하는 것으로 취급되는 선하증권, 부두수령증, 창고증권 또는 물
    품의 인도를 위한 지시서, 그 밖의 증권을 포함한다." 권원증권이기 위
    해서 증권은 수탁자에 의해서 혹은 수탁자 앞으로 발행되는 것으로 의
    도되고 또한 수탁자의 점유를 목적으로, 특정되거나 혹은 특정된 몫의
    대체 가능한 부분을 점하고 있는 물품을 대상으로 의도하고 있어야만
    한다. 안병수, 전게논문, 24면, 주46 재인용.

증권의 권원증권성에 대해서 언급하고 있다.

선하증권은 상인들의 필요에 의해 수하인뿐만 아니라 수하인이 지시한 사람이나 양도한 사람에게도 화물을 인도하여 주기로 하는 내용으로(to the consignee or to his order or assigns) 발행되는 경우에 운송인은 수하인 혹은 수하인이 선하증권을 배서·양도한 사람에게도 화물을 인도하여야 할 의무를 부담한다. 해상운송은 육상·항공운송보다 소요되는 시간이 많고 운송도중에 운송물을 제3자에게 매도하거나 운송물을 담보로 금융을 얻을 목적으로 선하증권의 양도가 필요하게 되었다. 선하증권이 이러한 권원증권으로서 지위를 갖기 위해서는 판례 혹은 제정법에 의해 그 법적 성격을 인정받아야 한다. 선하증권이 권원증권으로서 이러한 법적 성격을 최초로 인정받은 판례는 영국 1794년의 Lickbarrow v. Mason 사건이다.[33] 이에 따라 운송 중인 물품에 대한 소유권의 이전이 권원증권인 선하증권의 배서·양도에 의해 가능하다는 관습이 명백히 확립되었다. 선하증권이 제정법상 권원증권으로서 최초로 인정받은 것은 1855년 영국선하증권법이다. 본래 보통법(common law)상에서는 계약의 양도가 불가능하다. 그래서 물품의 소유권 이전을 의도한 선하증권의 이전은 운송계약상의 권리와 의무를 이전시킬 수 없고 단지 물품의 소유권만을 이전할 수 있었다. 선하증권이 권원증권으로서 표시된 물품을 대표하는 증권이라 할지라도 그것만으로는 선하증권의 기능을 발휘할 수 없으며 유통성을 갖춘 선하증권만이 운송 중인 운송물의 전매를 가능케 하고

---

33) 선하증권의 소지인은 배서와 양도로서 물품의 소유권을 이전할 수 있음을 처음으로 확립한 판례이다. 이 사건에서 매도인의 대리인에게 대금지급을 한 매수인 앞으로 선하증권이 배서되었다. 그러나 매도인의 대리인이 파산하여 매도인은 대금지급을 받지 못하였고 운송 중인 물품에 대하여 운송유지(stopage in transit)를 시도하였다. 이에 법원은 이미 소유권이 배서에 의해 양수인에게 이전되었으므로 운송유지할 수 없다고 판결하였다. 안병수, 전게논문, 25면.

담보로서의 기능도 할 수 있다. 선하증권도 바로 운송계약이라는 채권관계와 운송 중인 상품을 결합하여 유가증권화시켜 채권관계를 물권화시킨 것이다. 운송계약은 운송인과 운송 서비스의 수요자 간의 채권계약이다. 따라서 운송계약 그 자체만으로는 거래의 대상이 되기 어렵다. 하지만 운송서비스와 운송 중인 화물을 동일시하여 도착지에서 운송물에 대한 인도청구권을 유가증권[34]화하여 거래의 대상이 되게 한다면 선하증권의 소지인은 타인에게 다시 양도하거나 운송인에게 운송물을 인도할 수 있는 청구권을 가질 수 있으며 선하증권의 소지자는 운송물을 점유한 것으로 추정할 수 있는데 이는 운임보험료 포함계약(CIF)에서 특히 중요한 결과를 가진다.[35]

선하증권은 화물을 대표하는 것으로서(represent the goods), 선하증권을 점유하면 운송물을 점유하는 것으로 의제되고(constructive posse-ssion), 선하증권을 양도하면 선하증권이 대표하는 화물의 의제점유를 양도하는 것으로 간주된다. 그러나 권원증권은 화물의 점유(possession goods)를 표창하는 것으로서, 그 양도의 점유는 점유의 양도에 불과

---

34) 실정법에서는 그 개념을 규정하고 있지 않지만, 통설로 유가증권이란 재산권을 표창한 증서로서, 그 재산권의 발행, 행사, 이전의 전부 또는 그 일부를 그 증서에 의하여 하는 것으로 이해되고 있다. 채권을 증서에 불가분적으로 결합하고 그 증서에 의하여 법률관계를 결정하는 증서를 유가증권이라 정의하는 견해도 있다. 소유자가 현실로 점유하고 있지 아니한 재산을 자기 재산으로 보유하기 위하여 무체재산권인 지시채권과 무기명채권은 증서에 결합하고 그 무체재산권을 표창하는 권리증서를 제시하여 채권을 행사하고, 그 증서를 교부하여 권리를 이전하도록 하는 방법을 취한다. 김형배, 「채권총론」, 박영사, 1998, 601면, 이철송, "증권거래법상의 유가증권의 개념", 「상사법 연구」 제8집(한국상사법학회, 1990), 25면.

35) Horst vs Brothers 사건에서는 샌프란시스코에서 런던까지 맥주원료인 호프(hop)의 매매계약이 CIF net cash로 이루어졌지만, 매수인은 물품이 실제로 인도될 때까지 대금지급을 거절하였다. 이 사건에서 선하증권의 소지자는 물품을 소유하고 있는 것과 법적으로 동일하므로 CIF 계약에서 매도인은 물품을 선적하여 매수인에게 권원증권을 제공했을 때 매매대금의 지급을 청구할 수 있다고 판결하였다. 최석범, 전게논문, 47면.

할 뿐이지 이 권원증권이 화물의 소유권(property of goods)에 대해서 표창하는 것이 아니다. 소유권의 이전은 물권변동과 동시에 이루어지기 때문에 그에 따른 상당한 의사 및 행위가 요구된다.[36]

3) 船荷證券의 危機

1960년대부터 물류의 제3혁명이라는 컨테이너 제도가 본격적으로 도입이 되었다. 컨테이너 운송은 복합운송체계를 발전시키는 기폭제 역할을 하였으며, 다양한 운송수단을 효과적으로 사용함으로써 문전에서 문전까지(door to door)의 운송을 가능하게 하였다. 적하시간의 단축, 선박의 고속화[37]로 인한 해상운송 소요시간을 획기적으로 단축시켰지만 수출·수입업자와 은행 간, 운송업자 사이의 서류는 우편에 의해 우송되는 관행과 서류점검을 수작업으로 수행하는 과정의 진행은 선하증권을 비롯한 운송서류가 물품보다 늦게 도착하는 상황이 발생하게 되었다. 특히 이러한 현상은 한일 간 및 중국 동남아

---

36) 담보의 목적으로 선하증권을 취득한 질권자인 은행은 화물의 소유권을 취득하지 못한다.(Sewell v. Burdick(1884) 10 App. Cas.74.) 또 화물의 매도인인 송하인이 매수인인 수하인에게 선하증권을 양도하면서도 특약을 맺어 일정시기까지는 화물의 소유권을 자신에게 유보할 수 있는데, 이러한 경우에도 선하증권의 양도와 소유권의 이전은 일치하지 않는다. 심재두, 전게논문, 90면.

37) 재래선 또는 벌크(bulk) 전용선의 속력은 11~16knots에 불과하나 컨테이너선은 2~24knots의 속력을 낼 수 있다. 국제선사의 운항스케줄을 참조해 보면 네덜란드 Roterdam항에서 독일 Hamburg항까지의 항해시간은 15시간, 부산에서 일본 Yokohama항까지는 24시간밖에 걸리지 않는다. 엄윤대, "SEA WAYBILL의 활용을 위한 입법방향", 「한국해법학회지」 제23권 제2호(한국해법학회, 2001), 168면, 일본에서 우리나라로 수입되는 운송물은 이틀이면 도착하지만 선하증권의 도착은 이보다 많은 시간이 걸린다. 김인현, "디지털시대의 해상법−볼레로 電子船荷證券을 중심으로", 「상사법 연구」 제19권 제2호(한국상사법학회, 2000), 68면.

항로 같은 근거리운송에서 선하증권이 화물보다 늦게 도착하는 것이 일반적이다.[38] 이렇게 선하증권이 본래의 기능을 다하지 못하는 것을 '선하증권의 위기(the crisis of bill of lading)'라 한다. 국제화물운송에 폭넓게 전형적으로 사용되는 선하증권이 때로는 운송물 유통에서 신속성이 떨어지는 장애가 발생하게 된 것이다. 운송시간이 단축되면서 운송 중인 물품을 제3자에게 이전하는 것이 시간상 불가능해졌으며, 발행된 선하증권이 은행 간 협상하는 과정을 거쳐 수하인에게 도착하는 시간이 물품 운송시간보다 늦어지기 때문에 물품이 도착하였지만 수하인이 화물을 인도받지 못하는 상황이 발생하게 되었다.[39] 선하증권은 해상운송에 장시간이 소요되었던 때에 운송 중인 화물을 제3자에게 유통시키는 수단이기 때문에 유가증권의 형태로 발전이 되었고, 운송 중인 상품을 매매 등의 방법을 통하여 소유권을 이전하였다. 그래서 수하인이 운송물을 인도받기 위해서는 현재의 상관습 및 법제도상 선하증권의 절대적 제시가 필요하다. 사실상

---

38) 필자가 한국과학기술연구원(KIST) 대러시아 사업을 담당하면서, 실제로 국제공동연구 결과의 운송물에 대한 선하증권의 지연도착을 경험한 바 있다. 모스크바에서 블라디보스토크를 경유하여 부산항까지 운송물이 도착하였지만, 선하증권은 4~5일 이후에 도착하였다.

39) 항공운송제도가 발달한 이래 선하증권은 항공편으로 보내지므로 이론적으로만 본다면 선하증권이 반드시 화물보다 늦게 도착하는 것은 아니다. 그러나 현재와 같은 무역거래 시스템하에서 선하증권은 화환신용장에 의한 상품대금의 결제에 핵심적인 기능을 함으로써 운송인으로부터 송하인이 이를 교부받아 바로 수화인에게 보내는 것이 아니라 은행을 경유하도록 되어 있는바, ① 송하인이 은행을 찾아서 네고 신청, ② 은행에서 신용장상의 조건과 선하증권의 내용이 정확하게 일치하는지 여부의 대조(엄밀일치의 원칙)에 상당한 시간이 소요되고, ③ 매입은행이 신용장 개설은행으로 선적서류 송부, ④ 개설은행이 수하인인 신용장 개설의뢰인에 대한 통지, ⑤ 수하인의 대금납부조치와 선하증권의 입수 등의 과정을 거치는 동안 상당한 절차와 시간이 소요된다. 또한 원유와 같이 해상운송 중 수차례 걸쳐 전매되고, 각 거래마다 금융상의 목적으로 은행이 개입되는 경우 서류와 화물의 도착시간이 일치하기가 힘들다. 최재수, "선하증권 ⑦", 「월간해양한국」(한국해사문제연구소, 2002), 219면.

선하증권의 위기현상은 최근에 처음 나타난 것만은 아니다. 즉, 1883
년 영국의 Sanders Brothers v. Maclean & Co. 사건[40])에서도 매수인
은 선하증권이 운송물품보다 먼저 도착하지 않았기 때문에 매도인에
대한 계약이행을 거절하였다. 이 당시는 선적서류도 선편으로 송부
되었기 때문에 운송 중인 본선보다 늦게 도착하는 일이 발생하기도
하였지만 일반적인 경우는 아니었으며 고속선이 취항한 오늘날 위기
현상은 다시 나타나게 되었다.

[表2-2] 釜山-主要港口間 船舶別 直航 所要時間(2002年 基準)

목적항(부산기점)	직선거리(Mile)	직항소요시간	
		선속 38노트 선박	선속 26.6노트 선박 (현재 운항 중인 선박)
Long Beach(미국)	5,350	141	201
Bangkok(태국)	2,557	68	97
Singapore(싱가포르)	2,493	66	94
Manila(말레이시아)	1,400	37	53
Keelung(대만)	716	19	27
Hong Kong(중국)	1,140	30	43
Shanghai(중국)	440	12	17
Qintao(중국)	494	13	19
Dallian(중국)	561	15	21
Osaka(일본)	611	16	23
Tokyo(일본)	837	22	32

자료: 최재수, 전게논문, 220면.

---

40) (1883) 11 Q.B.D. 327, 52 L.J.Q.B. 481. 이 사건은 중고 철로의 매매에
   서 매도인이 선하증권의 원본 3통 중 2통을 본선의 도착 이후에 제공
   함으로써 매수인이 인수치 않아 이를 계약의 위반이라고 주장한 매도
   인에 의해 소송이 제기되었다. 결국 매도인이 매수인으로부터 선하증권
   의 인수를 거절한 것에 대하여 손해배상을 받는 것으로 판결되었다. 안
   병수, 전게논문, 36면.

선하증권의 도착이 지연되어 운송물품이 신속하게 인도가 되지 않으면 일정기간 동안에는 운송인이 보세 장치장에 보관을 하지만, 상당한 시일이 경과하면 보관료의 발생 등 수하인에게 추가적인 비용부담이 발생한다. 은행의 입장에서는 수하인이 신속하게 물품을 인도받는 것이 자금의 회수에서 바람직하게 되며 수하인 등 매매계약의 당사자들에게는, 양륙항에서의 멸실 위험의 증가 및 시장가치의 상실 등과 같은 손해가 예상되기 때문에 선하증권의 도착 대신에 다른 방법을 찾기 시작하였다.

종이선하증권의 경우 선하증권의 작성에도 많은 비용이 소비된다. 즉 선하증권을 포함하여 무역관계서류를 작성하는 데 드는 비용은 운송물 가격의 약 10%에 해당하며 40kg에 이르는 경우도 있다[41]. 국제무역을 수행하는 과정에서 약 200여 개의 자료가 필요하며 거래상대방이 변할 때마다 반복적인 복사 등이 요구된다. 정보의 수집 및 처리 등에 필요한 시간과 노력은 무역주체들에게 부담이 되며 그에 따른 오류 발생 시 결과적으로 거래의 지연을 초래한다.[42] 유엔의 통계에 의하면 종이선적서류의 발행과 처리에 드는 비용은 국제거래에서 발생하는 총 경비 6조 달러의 약 7%인 연간 약 4200억 달러에 이른다고 한다.[43] 따라서 선하증권을 전자식으로 작성한다면 선하증권을 발행할 때마다 무려 90달러씩 절약할 수 있다.[44] 산업자원부에서 추정한 바에 따르면 국내에서 종이문서를 전자문서로 전환할 경우 비용절감액이 약 5조 원에 달한다고 한다.[45] 종이선하증권

---

41) 권재열, 전게논문, 296면, 주27 재인용, Kozolchyk, Bill of Lading, at 212.

42) 박석재 / 신건훈, "볼레로 시스템의 유용성 및 법적 쟁점에 관한 연구", 「해운물류연구」 제33호(한국해운물류학회, 2001), 84면.

43) 박석재 / 신건훈, 전게논문, 주14 재인용, R. Caplehorn, "Bolero.net-The Global Electronic Commercial Solution for International Trade", Butterworths Journal of International Banking and Financial Law, 1999, 11, p.421.

44) 권재열, 전게논문, 296면.

은 위조나 변조가 쉽고 운송물품의 수량과 품질을 변경하거나 물품을 인도받을 때까지는 운송인과 수하인과의 접촉이 없기 때문에 허위로 선하증권을 작성하는 경우도 있다.

4) 船荷證券 危機 解決을 위한 代案

(1) 貨物先取保證保證狀

화물선취보증장(Letter of Guarantee: L / G, 이하 'L / G'라 한다.)이란 선하증권을 적시에 제시하기 어려운 수하인이 선하증권을 나중에 제시하기로 약속하고, 이 약속의 이행을 보증하기 위하여 은행의 보증[46]을 받은 보증서로 수하인은 이를 해운회사에 제시하고, 화물을 먼저 인도받은 후에 선하증권을 제시하는 방법이다.[47] 본선의 입항 후에도 선하증권이 도착되지 않은 경우, 수하인이 선하증권의 제출 없이 운송인에게 수입화물을 인도받음에 따라 발생하는 모든 문제를 개설은행이 책임을 지고, 선하증권이 도착하면, 이를 운송회사에 제

---

45) 산업자원부, 산업정책국 전자상거래총괄과, 「전자문서 이용촉진을 위한 상법 등의 정비에 관한 법률제정계획」, 2003, 17면.

46) 운송인이 선하증권의 제출 없이 운송물품 인도한 결과 입을지도 모르는 손실에 대하여, 수하인이 보상할 것을 단순히 약속하고 있으므로 이 경우의 '보증'은 엄밀한 법률적인 의미를 가지는 것은 아니고, 단순한 약속을 의미하고 있다. 이영수·이승동, 전게논문, 274면.

47) 필자가 근무하는 한국과학기술연구원(KIST) 구매 관리팀에서는 2004년도 기준 총 외자 구매 건수 206건 중 전신환 송금을 제외한 28건의 거래에서 화물선취보증장을 사용한 보증도에 의해 운송물을 수취하고 있다. 우리나라로 수입되는 화물 중 보증도의 비율을 보면 수송거리가 짧은 일본 화물은 80~90%, 다른 동남아 화물의 경우 70~80%에 이른다. 엄윤대, 전게논문, 158면, 박호건, "우리나라 수입화물의 보증도와 화물선취보증서에 관한 연구", 「월간해양한국」(한국해사문제연구소, 1994), 141면.

출할 것을 보증하는 개설은행의 보증행위 자체 또는 보증서인 것이다.[48] 화물선취보증장은 형식적으로 수하인이 선박회사 앞으로 발행하는 서류로 발행이 된다.[49] 일반적으로 수하인과 은행이 연대 보증하는 형식의 보증장이 많이 사용되고 있지만, 수하인의 신용상태가 좋은 경우에는 운송인이 은행의 연대보증[50]을 요구하지 않을 수도 있어 단순히 서명한 보증장(single guarantee)도 이용되고 있다. 우리나라에서는 약 40여 년 전부터 보증도가 사용되어 왔으며, 특히 원면, 고지, 원피 및 화공약품 그리고 기한경과선하증권(stable bill of lading)을 이용하는 물품 등은 거의 보증도가 행해지고 있다.[51]

L / G는 선하증권의 위기현상을 완벽하게 해결할 수 없다. 본·지사 간에 운송되는 물품이나 이사물품 및 개인용품 등은 은행이 개입

---

48) 한국금융연수원, 「외국환 업무 제3권」, 1998, 100~101면.

49) 영문의 수입화물선취보증장에는 다음과 같은 문언이 명기되어 있으며 여기서 you는 운송인이며 we(us)는 수화인이다. "In consideration of your granting us delivery of the above mentioned cargo which we dedicate to have been shipped to our consignment without production of Bill(s) of Lading which has / have not yet come to our hand, we hereby engage to hand you the said Bills of Lading immediately upon receipt and further guarantee to idemnify yourselves and / or the owner(s) of the said vessel against any claims that may be made by other any freight or other charges that may be due here or that may have remained unpaid at the port of shipment in respect to the above mentioned goods." 양영환 / 오원석, 「무역영어」, 삼영사, 1998, 321면.

50) 은행의 연대보증이 없는 경우 운송인이 수입화물선취보증장에 의해 운송화물을 인도한 후 위험을 안게 되는 구체적인 예로는 다음을 들 수 있다. ① 매수인이 도산하여 화환어음의 지급 또는 인수를 할 수 없기 때문에, 수입화물선취보증장에 의해 운송물품이 인도된 후, 매도인이 선하증권을 제시하고 운송물품의 인도를 요구하는 경우 ② 매도인을 믿지 않는 매수인이 선하증권이 도착하지 않은 것으로 속이고, 수입화물선취보증장을 통하여 운송물품을 인도받아 물품을 검사한 후 환어음의 지급 또는 인수를 거절하였는데, 매도인이 선하증권으로 운송물품의 인도를 요청한 경우가 있다. 안병수, 전게논문, 39면.

51) 임석민, "선하증권의 제시와 보증도", 「해운물류연구」(해운물류학회, 1999), 320면.

되지 않는 경우가 많기 때문에 선하증권의 도착이 지연되어도 화물
선취보증장을 사용하지 못하고 선하증권의 도착만을 기다리거나 통
상 Invoice 가격의 120~200%에 상당하는 금액을 운송인의 담보로
제공하거나 각서를 받고 운송물을 인도받기도 한다. 수하인이 파산
하는 경우 수하인의 보증장은 휴지 조각으로 될 위험성이 있으며,
은행 수수료 부담도 있다.[52] 신용장의 개설은행은 먼저 L / G가 발급
이 되면 나중에 도착한 선적서류에 하자가 있는 경우에도 화환어음
의 지급 또는 인수를 거절할 수가 없다. 개설은행은 서류상의 하자
를 이유로 선적서류를 반송하여야 하나 화물선취보증장이 발급된 경
우에는 운송인에게 선하증권을 보내야 하므로, 반송할 수가 없게 되
고 결국 지급거절이 된다.[53]

　L / G가 선하증권의 위기상황에 대체물로 인정받기 힘든 가장 중
요한 이유는 운송인에게 너무 과중한 부담을 지우기 때문이다. 해상
운송인 또는 운송취급인이 선하증권과 상환하지 아니하고 운송물을
선하증권 소지인이 아닌 자에게 인도함으로 인하여 선하증권 소지인
에게 운송물을 인도하지 못하게 된 경우, 그 운송인 또는 운송취급
인의 행위는 선하증권 소지인의 운송물에 대한 권리의 위법한 침해
로서 불법행위가 된다. 선하증권과 상환으로 화물을 인도하여야 하
는 것은 운송인의 중요한 의무이다. 이를 위반하여 선하증권과 상환
하지 않고 화물을 인도하는 것은 아주 중대한 계약위반(fundamental
breach of contract)이 된다.[54] 정당한 권리자가 선하증권을 제출하여

---

52) 보통 L / G 은행보증료는 금액 × 일수 / 360 × 수수료율(통상 2~3%)로 계
　　산한다. 1억 원의 운송물품을 30일 동안 보증하는 데 발생하는 수수료
　　를 위의 계산식에 적용해 본다면, 약 25만 원이 발생하게 된다.
53) 실무적으로는 수하인으로부터 수입보증금을 받고 신청서상 반드시 인
　　수하겠다는 확약을 받는 안전장치를 마련하기 때문에 실제로는 지급거
　　절이 되지 않는다.
54) The Stetin(1889) 14 P.D 142 Sze Hai Tong Bank v. Rambler Cycle(1959)

운송물품의 인도를 요구하는 경우에는, 운송인이 운송물을 반환하여
야 하며, 반환이 불가능할 때에는 손해배상 책임을 져야 한다.[55] 단
거리 운송의 경우 운송물이 먼저 도착하는 상황에 비추어 운송인이
보증도를 하는 상관습이 있고 이 상관습에 의하여 채무불이행이 성
립되지 아니하고 위법성이 조각되지만[56], 우리 대법원[57]은 "운송인
또는 운송취급인은 특별한 사정이 없는 한, 그 권리침해의 결과를
인식한 것으로 보아야 하고 만약 그 결과의 발생을 인식하지 못하였
다면 그와 같이 인식하지 못하게 된 점에 운송인 또는 운송취급인으
로서의 주의의무를 현저히 결여한 중대한 과실이 있다. 이른바 보증
도의 상관습은 운송인 또는 운송취급인의 정당한 선하증권 소지인에
대한 책임을 면제함을 목적으로 하는 것이 아니고 오히려 보증도로
인하여 정당한 선하증권 소지인이 손해를 입게 되는 경우, 운송인

A. C. 576, 이 사건에서 운송인은 선하증권의 제공 없이 수하인의 은행
으로부터 운송인 앞으로 작성된 보상장을 근거로 운송물품을 인도하였
고 이는 싱가포르에서는 통상적인 관습이었다. 이 수화인은 매도인에게
물품대금을 지급하지 않았고, 송하인(매도인)은 운송인에게 소송을 제기
하였다. 여기에는 보상장을 발급한 은행도 사건의 당사자에 포함되어 있
다. 추밀원(Privy Council)은 "운송인이 매도인에게 계약의 위반 및 횡령
에 대하여 책임이 있고, 나아가 운송계약의 면책조항은 그러한 영국 계
약법상 아주 중대한 계약위반(fundmental breach of contract)을 한 계약
당사자는 계약상의 모든 면책조항을 원용할 수 없게 된다."고 본다고 판
결하였다. 심재두, 전게논문, 70면.

55) 대법원 1999.10.26. 선고 99 다 41329 판결, 해상운송계약에 따른 선하
증권이 발행된 경우에는 그 선하증권의 정당한 소지인은 상법 제811조
의 수하인이다.

56) 최종현, "운송물의 인도와 관련된 제 문제"(제3회 해상·보험법에 관한
세미나, 김&장 법률사무소, 1993), 3면.

57) 대법원 1989.3.14. 선고 87 다카 1791 판결. 보증장이 위조되었다고 한
다면, 운송인은 정당한 선하증권의 소지자인 진정한 수입업자나 혹은
은행에 대하여 운송물을 인도할 의무를 부담하게 되며 보증장이 위조
되었기 때문에 운송인은 구상을 할 수 없게 된다. 이는 운송인에게 너
무나 큰 책임을 지우는 결과가 된다.

또는 운송취급인이 그 손해를 배상하는 것을 전제로 하고 있는 것이
므로 운송인 또는 운송취급인이 보증도를 한다고 하여 선하증권과
상환함이 없이 운송물을 인도함으로써 선하증권 소지인의 운송물에
대한 권리를 침해하는 행위가 위법성이 없는 정당한 행위로 된다거
나 운송인 또는 운송취급인의 주의의무가 감경 또는 면제된다고 할
수 없다.”고 판시하여 보증도의 관습에 대해서 운송인의 불법행위
내지 채무불이행을 구성한다는 명확한 입장을 밝히고 있다.

(2) 海上貨物運送狀의 活用

해상화물운송장(Sea Waybill)이란 운송인이 운송물을 수취 또는
선적하였음을 확인하고 양륙항까지 운송하여 지정된 수하인에게 인
도할 것을 약정하여 발행하는 운송계약의 증거서류이다.[58] 1992년
해상물건운송법(COGSA 1992) 제1조제3항에서는 “해상화물운송장이
라 함은 선하증권이 아니면서 해상물건운송계약을 포함하거나 증명
하는 화물의 영수증이자, 운송인이 그 운송계약에 따라 화물을 인도
할 사람을 적시하여 놓은 운송서류를 말한다.”고 정의한다.[59] 해상화
물운송장은 항공화물운송장(Air Waybill)을 모방하여 개발되었다.[60]

---

58) 정완용, “상법 제5편 해상법 개정의견”, 「한국해법학회 상법 개정연구위원
　　회 자료」(한국해법학회, 2005), 16~19면, 박복재, “선하증권의 EDI에 관한
　　연구”, 「무역학회지」(한국무역학회, 1994), 274면, 엄윤대, 전게논문, 161면.
59) ‘Liner waybill’, ‘Ocean waybill’이라고도 하며 미국에서는 ‘Straight bill
　　of lading’이라 부르고 있다. 김효진 / 박명섭, “해상화물운송장의 사용의 활
　　성화에 관한 연구”, 「한국해법학회지」 제30호(한국해법학회, 2000), 108면.
60) 해상화물운송장과 항공화물운송장은 동일한 착상에 근거하여 입안된 것
　　이기 때문에 그 성격은 유사하지만 상이한 점도 많다. 양쪽 모두 비유통
　　증권, 비유가증권으로만 발행된다. 그리고 선사나 항공회사 모두 도착지
　　에서 화물과 함께 수하인용 원본을 인도할 것을 의무하고 있을 뿐이며,
　　수하인이 송하인용으로 발행한 원본을 소지하고 있는지의 여부는 문제
　　가 되지 않는다. 그러나 해상화물운송장과 항공화물운송장을 요구하는 경

국제항공운송을 규제하고 있는 1929년 국제항공운송에 있어서의 약
간의 규칙의 통일에 관한 조약(Convention for the Unification of
Certain Rules Relation to International Transportation by Air, 1929)[61]
제3절에는 항공운송장이라는 제목으로 12개의 조문을 두고 있다. 항
공물건운송에 있어서 운송증권에 관한 규정을 제정할 당시 육상운송
에서 이용되고 있는 선하증권과 같은 유사한 제도인 항공화물상환증
제도(공하증권)를 인정하자는 의견이 제시된 바도 있었다. 그러나 항
공운송은 운송기간이 극히 단기이며 화물상환증 또는 선하증권과 같
은 것을 이용할 실익이 없다는 점, 조종사와 선장의 지위는 상이하
다는 점을 들어 항공화물상환증제도를 도입하지 아니하였다. 항공운
송장은 송하인이 원본을 3통 작성하여 교부한다. 권리행사 및 유통
에 필요로 하는 권원증권이 아니기 때문에 교부 또는 배서에 의하여
권리이전이 되지 않으며 유가증권도 아니다. 따라서 송하인은 항공
운송인의 청구가 있을 경우에 항공운송장을 작성·교부할 의무가 있
으며 동시에 항공운송인에게 수령할 것을 청구할 권리를 가지게 된
다.[62] 또한 항공운송장의 작성은 물건운송계약의 성립요건이 아니고

우 은행은 그 명칭에 관계없이 서류를 수리하는 반면에(UCP1993 §24-a)
항공화물운송장 거래에서는 신용장에 "Air Waybill Acceptable"의 삽입
이 반드시 요구된다. 또한 항공화물운송장은 국제항공운송에 대한 통일
규칙으로 바르샤바 조약이 있어 항공화물운송장의 법률적 성질, 기재사
항, 책임범위, 한도, 수하인, 항공회사의 권리·의무 등이 기재되어 있다.
반면에 해상화물운송장은 계약자유의 원칙에 따라 당사자 간 합의가 중
요하다. 문서가 복잡하고 장황한 경우에는 항공화물운송장의 이용이 그
다지 적합하지 않다. 김효진·박명섭, 전게논문, 122면.

61) 김두환, 「국제항공법학론」, 한국학술정보(주), 2005, 172면, 이 조약을 일
    명 바르샤바(Warsaw) 조약이라고 호칭하고 있으며 1933년 2월 13일부터
    효력이 발생되었다.

62) 바르샤바 조약 제15조제1항, "일체의 화물운송인은 송하인에 대하여,
    '항공화물운송장'이라는 서류를 작성하여 이의 교부를 청구할 권리를
    갖는다. 모든 송하인은 운송인에 대하여 그 서류의 수령을 청구할 권리
    를 갖는다."

계약에 근거하여 각 당사자가 운송장의 교부 또는 수령청구권을 취득하는 것이다. 따라서 항공화물운송장은 증거증권·자격증권·요식증권적 성질을 가지는 데 불과하다. 양도 가능한 항공운송장의 발행을 위해서는 당사자의 합의와 상관습의 성립을 기대할 수밖에 없으며 C.I.F 매매, 화환어음거래에 있어서 경우에 따라서는 유가증권으로서 성질을 가지는 항공운송장이 필요한 경우가 있다.

항공운송이 단기간에 이루어진다 할지라도 송하인과 수하인의 금융편의를 제공하기 위한 목적, 신속한 거래, 항공기와 선박의 연결운송에 의하여 이루어질 때에는 항공편이 대단히 빠르게 수송되는 경우에 증권이 화물보다 먼저 도착하게 되므로 증권에 금융을 이용하는 것이 필요한 경우도 있다. 또한 조종사와 선장의 지위가 상이하다는 것은 항공운송기간이 짧기 때문에 조종사는 선장과 같은 폭넓은 권한을 가지고 있지 못하며 가질 필요도 없다는 것을 이유로 들고 있지만 육상운송에 있어서 철도의 차장이 있음에도 불구하고 화물상환증은 널리 사용되고 있다. 선장이 오늘날에는 항해기술자에 불과하지만 하주의 편의를 위하여 선하증권에 대하여 물권적 효력과 채권적 효력을 인정하고 있다는 점을 감안할 때 항공화물상환증에 채권적 또는 물권적 효력을 부여하여 상업신용장거래나 화환어음의 할인에 있어서 널리 활용될 수 있는 방안이 필요하다. 1929년 바르샤바 조약은 프로펠러항공기운항시대에 만든 항공운송에 관한 통일규칙이기 때문에 오늘날 초음속항공기운항시대에 접어든 이때 항공화물상환증의 제도 도입을 적극 검토할 필요가 있으며, 항공운송에서의 볼레로 시스템의 도입을 고려해 볼 수가 있다.63)

해상화물운송장의 출현은 1960년대 컨테이너의 등장과 함께 운송시간이 단축됨에 따라 비유통증권(non-negotiable documents)의 사용

---

63) 김두환, 전게서, 164~166면을 참조하여 재구성하였음.

을 촉진하게 된 결과로 발생하게 되었다. 최초의 해상화물운송장의
형태는 1970년 5월에 West Africa Service가 '비유통화물상환증(Short
Form Non-Negotiable Waybill)'을 선적 수령증으로 이용한 것이다.[64]
1974년 9월 스웨덴의 무역절차간소화 기관(Swedish Commission on
Simplication of Trade Procedures: SWEPRO)이 국제연합유럽경제위원
회(United Nations Economic Commission for Europe: ECE, 이하 'ECE'라
한다.)에 유가증권은 아니나, 운송계약의 증거서류인 동시에 화물수령
증 기능도 하는 항공화물운송장과 유사한 성질을 갖는 'Non-Negotiable
Liner Waybill'제도의 도입을 건의하였다. 영국에서는 영국무역간소화
위원회(The Simplication of International Trade Procedures Board:
SITPRO, 이하 'SITPRO'라 한다.)의 검토를 거쳐서 영국선주협회(The
General Council of British Shipping: GCBS, 이하 'GCBS'라 한다.)의
제안에 의하여 영국의 선박회사 11개 사가 1977년 1월부터 영국표준
정기선운송장(UK Standard Liner Waybill)을 사용하기 시작하였다.[65]
이러한 'Standard Liner Waybill'도 SWEPRO와 동일한 내용이다. 당
초 이 서류의 명칭은 'Waybill'이였지만 ECE가 약정한 비유통해상화
물운송장(Non-Negotiable Sea Waybill)로 개칭되어 오늘에 이르고 있
다. 일반적으로는 'Sea Waybill' 또는 'Waybill'로 부르고 있다.[66]

　해상화물운송장은 선하증권과 마찬가지로 송하인과 운송인 간의
운송계약이 성립되어 있는 것을 증명하는 서류이고 화물의 수취증
역할도 하고 있다. 선하증권은 보통 유가증권으로 발행되지만 해상

---

64) 정완용, "해상화물운송장의 입법방안에 대한 고찰", 「한국해법학회지」 제
　　26권 제2호(한국해법학회, 2004), 74면.
65) 국제상업회의소(International Chamber of commerce: ICC)의 "신용장통일
　　규칙 및 관례"(Uniform customs and Practice for documentary Credit: UCP
　　500) 제24조에서의 표제는 'Non-Negotiable Sea Waybill'로 되어 있다. 최
　　재서, "선하증권 ⑦", 「월간해양한국」(한국해사문제연구소, 2002), 225면.
66) 김효진·박명섭, 전게논문, 110면.

화물운송장은 운송계약상의 권리를 양도하는 것이 불가능한 유통 불능한 서류이고, 표면에는 비유통(Non-Negotiable)이라는 문언이 명기되어 있다.[67] 해상화물운송장은 권원증권이 아니므로 운송물을 전매하는 경우에 배서·양도 내지 운송물의 교부와 상환할 필요가 없으며 수하인이 서류를 제출하지 않더라도 도착지에 운송물을 수령할 수 있다는 점이 선하증권과의 가장 큰 차이점이다. 무역거래의 주체인 송하인·수하인·운송인은 해상화물운송장을 사용함으로써 다음과 같은 이점을 얻을 수 있다. 송하인은 보험증권·송장 등 선적서류들을 즉시 송부가 가능하며, 선하증권과 달리 엄격한 심사과정의 생략을 통해 업무를 간소화시킬 수 있다. 수하인은 선하증권의 미도착과 분실에 따라 발생하는 체선료, 창고보관료 등의 비용을 줄일 수 있으며 운송물의 도착 즉시 인도가 가능하다. 마지막으로 운송인은 해상화물운송장에 기재된 수하인에게 운송물을 전달함으로써, 보증서의 전달에 따른 위험부담을 해소할 수 있다.

2. 電子船荷證券의 導入의 必要性

선하증권의 위기를 극복하기 위해서 나온 대안인 해상화물운송장과 화물선취보증장은 선하증권의 기능을 완전히 대체하지 못하기 때문에 선하증권의 위기상황에 대한 근본적인 해결책은 될 수 없다.

---

67) 선하증권과 달리 운송물을 상환하여 인도한다는 취지의 문구는 없지만 선하증권과 구별하기 위해 다음과 같은 문언이 추가된다. "This Waybill not to be constructed as Bill of Lading nor any other similar document of title referred to the International Convention for the Unification of Certain Rules relating to Bill of Lading signed at Brussels on August 25, 1924." 임석민, 전게서, 8면.

　L / G는 현행 국제무역거래에서 빈번히 사용되고 있으나, 선하증권의 제시 없이 운송물을 인도하는 측면에서 운송인의 위험부담이 상당히 커진다. 우리 법원도 운송인이 화물선취보증장을 사용하는 경우 법적 결함 또는 사기 여부와 관련하여 상당한 주의의무를 부담하도록 하고 있으며, 선하증권의 상환과 운송물을 인도하는 방법보다 사기의 위험성에 노출되어 있다. 실무적인 해결책으로 제시된 방법이지만 우리 법원에서는 화물선취보증장의 법적 지위를 상당히 한정적으로 인정하기 때문에 운송인의 법적 지위가 매우 불안정해진다. 전자화물선취보증장(e-L / G)이 국가전자무역추진위원회에서 중점적으로 추진되었지만, L / G와 마찬가지로 위·변조의 가능성이 크기 때문에 선사들이 전자화물선취보증장에 대하여 크게 거부감을 나타내고 있다. L / G는 상관습으로 정착되어 사용되고 있지만, 위·변조에 매우 취약하며, 전자화물선취보증장마저 시행초기에 위·변조의 해결에 많은 난항을 겪고 있다. L / G의 활용에는 은행이 중간에 반드시 개입되어야 하기 때문에 은행이 개입되지 않은 거래 등에 대해서는 사용이 제한적인 점이 있다. L / G는 일시적인 해결책일 뿐 결국 電子船荷證券의 시행에 따라 점차 그 사용이 줄어들 것이다.

　상법 제814조의2에서는 선하증권의 확정적 증거력을 부여하고 유통성을 보장하고 있지만 해상화물운송장은 선하증권과 같은 권원증권이 아니기 때문에 운송 중인 물품을 전매할 수 없다.[68] 또한 운항에 장기간 소요되는 운송물품이나 운송도중에 전매가 잦은 산화물(bulk cargo) 및 원유 등에 대해서는, 해당물품의 매매를 위해서 선하증권이 반드시 필요하다.[69] 운송물이 도착할 때 송하인은 수하인

---

68) 해상화물운송장을 규율하는 국내법규가 아직 없고, 계약자유의 원칙에 따라 운송인과 송하인의 합의에 의한다.
69) 운송 중에 운송물 가격이 하락하여 운송물을 처분해야 할 필요가 있을 때 처분이 불가능하다.

이 인도청구를 할 때까지 아무런 제한 없이 수하인을 변경할 수 있다. 즉 운송인은 수하인의 청구에 상관없이 송하인의 지시에 따라야 한다. 이는 수하인에게 부당하게 부담을 지우는 상황을 야기한다. 수하인은 운송물이 도착할 때까지의 송하인의 권리를 취득하지 못하므로 화물이 도착하지 아니하는 경우에는 수하인이 운송인에 대하여 손해배상 청구권을 가지지 못하게 되며, 신용장 개설은행을 수하인으로 하더라도 은행 역시 불안정한 상태에 놓이게 된다. 해상화물운송장은 운송장의 제출 없이 운송물을 수령할 수 있으므로 선하증권과는 달리 운송물에 대한 담보력을 확보할 수 없다. 담보력이 없는 운송장은 은행의 입장에서는 예기치 못한 예상 밖의 피해를 입을 우려가 있기 때문에, 신용이 확인된 상대방과의 거래에서만 제한적으로 사용된다. 따라서 현실적으로 해상화물운송장은 모·자회사 또는 본점과 지점 사이의 거래처럼 회사내부거래(intra-company trade)에 한정되어 사용되거나 비교적 단기간의 거래가 가능한 유럽 지역에서 컨테이너를 이용한 운송거래에 편중되어 사용되고 있다. 결국 해상화물운송장이 사용되는 거래와 지역이 제한적이며 언제든지 송화인이 수하인을 변경할 수 있기 때문에 수하인이 가지는 물품인도청구권이 완전하게 보장받지 못하는 등 거래와 지역에 한정하여 사용이 되고 있다.

화물선취보증장과 해상화물운송장은 선하증권의 위기현상에 대한 해결책이 될 수 없기 때문에 한계점을 극복하기 위해서 권원증권인 선하증권의 사용이 불가피하게 되었다. 선하증권을 전자화하려는 다양한 방법을 모색하게 되었고 이러한 배경에서 마침내 출현한 것이 電子船荷證券이다.[70]

---

70) 권재열, 전게논문, 298～299면.

3. 電子船荷證券의 出現

1) 電子船荷證券의 槪念

電子船荷證券[71]의 개념 및 정의에 대해서는 두 가지 견해가 서로 대립되고 있다.

> 첫째, 電子船荷證券이란 전자식 선하증권 혹은 단순히 전자문서의 형태로 발행한 선하증권이라는 견해[72]이다. 電子船荷證券을 전자문서증권의 개념으로 판단하여, 유가증권인 선하증권을 전자적인 방식으로 실물화하여, 증권상의 표창된 권리를 전산망(network)을 통해 유통시키는 방법이다. 기존에 존재하는 모든 종류의 종이선하증권에 담긴 정보 내용을 전자메시지를 통하여 구현한 것이며, 그 실용과 무역관습과 법률에서 인정함으로써 기존의 종이선하증권과 동일한 기능을 수행하는 것으로, 발행에 대해서만 상법상에 규정을 한다면 다른 규정의 적용이 가능하다는 입장이다.

> 둘째, 電子船荷證券이란 실물선하증권을 직접 발행하는 대신 그 권리의 성립·이전·담보설정 등의 권리관계를 전자적 방식으로 권리등록부에 공시하고 전자식 권리등록상의 기재에 권리

---

71) 국제무역개발에 관한 미국무역증진국위원회(National Council on International Trade Development: NCTID)에서는 "電子船荷證券이란 표준적인 선하증권의 기재사항, 선하증권의 고유번호 및 개인인증코드(유통 가능한 선하증권과 물품에 대한 권리자를 식별할 때) 등을 포함하는 국제운송주선 및 운송주선메시지의 프레임워크 메시지(framework message)를 뜻한다." UNECE, "Electronic Bills of Lading" TRADE / WP.4 / R.710, 15 August 1990. p.4.

72) 손주찬, "해상법의 문제점과 개정사항의 검토", 「한국해법학회지」 제24권 제2호(한국해법학회, 2002), 239면.

관계변동의 법적 효력을 부여하거나 계약관계를 의제함으로 써 서면에 의한 선하증권이 표창하던 권리의 유통을 보장하는 제도라는 견해이다.[73] 電子船荷證券 실물을 발행하지는 않지만, 중앙등록기관의 증권등록부에 등록함으로 인하여 증권이 표창하는 권리에 대한 내용을 인정하고 이러한 등록에 기초하여 권리의 이전·담보설정·행사를 인정하자는 견해이다. 電子船荷證券도 船積 혹은 受取電子船荷證券으로 발행될 수 있을 뿐만 아니라 지시식, 기명식으로도 발행할 수 있고 특히, 電子船荷證券은 기존의 방식과는 아주 상이한 방법으로 사용되고 있기 때문에 새로운 선하증권의 도입으로 보는 것이 바람직하다.[74] 선하증권에 대한 권리의 증권 결합성 등의 특성이 없으며 권리 장부에 의해 권리를 등록·이전하기 때문에 등록의 법적 효력에 대하여 기존의 유가증권의 법리를 그대로 적용하지 못하며, 전자등록제도를 중심으로 별도의 특별법으로 입법이 필요하다는 견해이다.

電子船荷證券은 선하증권을 전자적으로 구현하는 데서 출발하였지만, 단순히 종이선하증권을 전자문서화에 그치는 것은 아니다. 전

---

73) 電子船荷證券이란 기존의 선하증권을 대신하는 개념으로서 서류의 배서나 양도로서 물품을 양도하는 기존의 방법과는 달리 EDI방식으로 정보를 전송하고 물품의 전매는 개인키를 이용한 통지·확인 시스템을 활용하여 이루어지거나, 권리등록의 데이터베이스(data base)를 통하여 이루어지는 새로운 해상운송거래의 한 방법으로서 무서류방식에 의한 선하증권이다. 양정호, 「전자식 선하증권과 전통적 선하증권의 비교연구」(성균관대학교 대학원 무역학 박사학위논문, 2003), 9면, 정경영, "電子船荷證券의 도입에 관한 법적 검토", 「상사판례연구」 제15권(한국상사판례학회, 2003), 495면, 최석범, 「EDI에 의한 국제무역거래에 관한 연구」(중앙대학교 박사학위논문, 1995), 110면.

74) 최석범, "글로벌 전자무역시대에서의 볼레로 선하증권의 기능과 문제점", 「무역상무연구」 제14권(한국무역상무학회, 2000), 187면.

자무역에서 얻고자 하는 비용절감과 무역경쟁력 향상을 위해서 선하증권을 전자적 방법으로 효력을 구현하는 장치와 수단인 것이다. 따라서 電子船荷證券의 유통에 있어서 위·변조의 위험이 없어야 하며 거래당사자 간 권리의무관계를 명확히 하는 것이 매우 중요하다. 중앙등록기관을 통하여 새로운 권리를 표창하는 전자등록증권이 電子船荷證券의 유통 및 신뢰성에 있어서 보다 안정된 구조를 가지는 점 등을 살펴볼 때 電子船荷證券은 전자등록증권이며 새로운 형태의 船荷證券이다. 따라서 종이선하증권에 관련된 법규정으로는 선하증권의 전자화 기능을 완전히 구현하는 데 문제가 있다.

2) 多樣한 形態의 電子船荷證券의 出現

(1) 貨物受領證

선하증권의 전자화 이전에 전자적 해상화물운송장이 먼저 시도되었다. 그 예로는 1971년 세계 최대의 컨테이너 운송업체 중 하나인 애틀랜틱 컨테이너 해운(Atlantic Container Lines)이 컴퓨터를 연결하는 방법으로 시도하였던 화물수령증(Data Freight Receipt: DFR)이다. DFR은 선하증권의 모든 기능이 발휘되지 않더라도 증거적 기능만을 대신하기 위해서 고안된 방법이며, 해상화물운송장에서 진일보하여 전자화된 메시지를 출력하여 수하인에게 도착할 수 있게 만드는 방법을 채택하였다.

DFR은 수하인의 신분 확인만 되면 운송물의 인도를 받을 수 있으며, 별도의 통지서의 제시는 필요로 하지 않기 때문에 주목을 받았다. DFR은 해상화물운송장과 같이 비유통성 서류이며 컴퓨터로 출력된 내용은 선하증권에 기재된 약관과 다르다. 또한 DFR은 단지 선적을 위하여 물품을 인도하였다는 확인(acknowledged receipt)일 뿐, 운송물이 선적을 의미하는 것은 아니다. DFR의 장점은 전통적인 선하증권이 조속히 전달되지 못함으로써 빚어지는 문제는 일단 극복하였다는 점이다. 운송서류를 전자적 메시지를 통하여 전달하는 방식으로 電子船荷證券의 초기모델 형성에 큰 영향을 미쳤다. 그러나 DFR은 전달방법만 전자화하였으며 운송인의 작업능률을 향상하였지만 유통성을 가지지 못하였기 때문에, 단지 전자화된 해상화물운송장의 성격만을 띠고 있었다고 평가받았으며 운송 중의 물품에 대해서 수하인을 보호하기 위한 아무런 보완장치가 없다는 문제점을 남겼다.

(2) 貨物受領키

1982년 스웨덴의 그뢴포스(Gronfors) 교수와 해운회사, 은행 등이 함께 화물수령키(Cargo Key Receipt: CKR)를 개발하였으며 이 역시 전자화된 형태의 해상화물운송장이다. 송하인과 운송인이 합의하여 운송 중에 송하인이 물품처분권을 포기하는 포기조항(no disposal)을 CKR에 포함하여 은행이 담보권을 행사할 수 있도록 하였고 포기조항은 선하증권의 약관에 삽입시켜 효력을 발휘하였다. 결국 CKR은 선하증권의 모든 기능을 전자적으로 변환하기보다는 증거적 기능을 전자화하고 포기조항을 채택하여 선하증권의 담보권을 강화한 형태의 전자해상화물운송장이다. CKR은 전자적 메시지를 사용하여 운송물을 신속하게 인도하는 방법을 사용하였으며, 운송 중의 물품을 포기한다는 개념, 은행이 권리를 매수인에게 양도할 수 있는 개념 등은 이후 나타나는 電子船荷證券의 권리이전에 대한 기초 토대를 제공하였다는 데 의의가 있다.

이처럼 해상화물운송장의 전자화가 우선적으로 시도된 것은 해상화물운송장에서는 운송물에 대한 권리와 서류가 분리되어 있다는 점을 고려한 결과이다. 즉, 해상화물운송장의 경우 서류의 점유(possession)가 별다른 의미를 지니지 않으므로 그 서류에 포함된 운송정보만을 전자적으로 전달하는 것은 상대적으로 쉬운 일이었기 때문이다.[75] 하지만 CKR에 의하여 대금을 지급할 때에만 제출된 서류 전체를 점검하여야 하며, CKR의 수하인의 지위는 물품에 대한 권리가 아니라 물품에 대한 통제권에 대한 권리이기 때문에 선의의 매수인과 경합하는 문제점이 발생하게 되었다. CKR은 결정적으로 최대의 운영 주체인 은행의 기피로 인하여 실패로 끝났다.

(3) 라인스코우 敎授의 電子船荷證券

1982년 라인스코우(Reinskou) 교수는 부동산의 저당(mortgage)에 대한 개념을 도입하여 운송물에 대한 통지·확인을 통하여 電子船荷證券의 유통성을 보장할 수 있음을 주장하였다. 라인스코우 전자선하증권은 기본적인 개념은 운송물에 대한 권리가 생성되거나 이전될 때마다 양도인이 이를 운송인에게 통지하고 운송인은 이를 양수인에게 확인하는 방법이다. 운송물품에 대한 권리의 소유자를 컴퓨터에 기록하고 증명하여 선하증권의 표면에 배서하는 것과 동일한 효력을 부여하자는 것이다.

라인스코우 電子船荷證券의 핵심개념은 선하증권의 진정한 권리자는 운송인의 컴퓨터에 등록되어 있는 기록에 의해 결정된다는 점이다. 즉 최초의 매도인이 송하인으로서 운송인과 운송계약을 체결하면, 운송인의 컴퓨터에 기록되면서 이후의 모든 선하증권에 관한

---

75) 오원석·양정호, "전자식 선하증권의 유통성에 관한 연구", 「한국해운학회지」 제32호(한국해운학회, 2001), 65~66면, Boris Kozolchyk, *The Paperless Letter of Credit AND Related Documents of Title*, 55 Law and Contemporary Problems 39, (1992) p.85-87.

거래내용이 운송인의 컴퓨터에 지속적으로 기록된다. 예컨대, 매도인
이 매수인에게 물품을 매도한 경우 선하증권상의 권리를 매수인에게
이전하고자 하는 의사를 운송인에게 통지한다. 이 통지를 받은 운송
인은 이를 매수인에게 해당사항을 확인하고 해당사항에 이상이 없다
면 선하증권의 권리자를 변경하여 등록한다. 이러한 과정이 여러 차
례 반복된 후 최종매수인으로 등록된 자가 운송인에게 화물의 인도
를 받게 된다.76) 라인스코우 교수의 電子船荷證券은 법제도의 미비
로 성공하지 못하였다. 하지만 운송인의 컴퓨터 기록에 근거하여 유
통성을 실현하려는 개념은 이후의 電子船荷證券의 실용화에 중요한
단서를 제공하였다.

(4) 씨닥스 電子船荷證券

1986년 미국의 체이스 맨해튼 은행(Chase Manhattan Bank)은 국제
개인유조선소유자협회(International Association of independent Tanker
Owners Intertanko)와 공동으로 씨닥스등록사(Seadocs Registry Limited)
를 설립하였다. 씨닥스등록사는 씨닥스시스템(Seaborne Trade Documen-
tation System: SeaDocs, 이하 ‘SeaDocs’라 한다.)을 사용하여 원유 및
원유제품의 운송에 관련된 선하증권을 전기통신방식으로 관리하기
위한 시도를 하였다. 체이스 맨해튼 은행 런던지점은 1985년부터 컴
퓨터에 의해 선하증권의 요점만을 전달하여 석유를 연쇄매매77)(chain

---

76) 안병수, 전게논문, 83면.

77) 연쇄매매(string sales, chain sales)란 코코아, 곡물, 사료, 설탕 등 투기
　　적 거래에서 자주 볼 수 있다. 최초의 매도인과 최후의 매수인 사이에
　　수인 또는 수십 인의 상인 또는 상사가 거래를 하게 된다. 상품을 선적
　　한 뒤에도 매수인을 확정하지 않는 경우도 있으며, 본선이 출항하더라
　　도 양륙지 선택조건 등을 이용하여 매수인을 물색하여 상품을 매각하
　　는 등 해상매매(floating sales)를 한다. 석유의 연쇄매매는 1항차 중에
　　최고 60번이나 화주가 바뀔 만큼 자주 이뤄지는데, 그때마다 선하증권

sales)할 수 있는 SeaDocs를 고안하였다. SeaDocs 시스템에 대한 고안의 직접적인 계기는 1978년 'Sagona호' 사건[78]에서 비롯되었다.

운송회사와 제휴한 Seadocs가 電子船荷證券의 관리자가 되어 종이로 발생한 電子船荷證券이 실제로 운송인에게 제시되어 운송물을 인도받을 때까지 보관하는 역할과 선하증권의 유통에 필요한 정보의 등록기관으로 매매 때마다 그에 따른 배서를 대행하는 역할을 수행한다. SeaDocs가 운용되는 과정을 살펴보면 다음과 같다.[79]

제1단계는 운송인은 다른 선하증권과 마찬가지로 종이 형태의 선하증권을 발행한다. 선하증권의 발행 후 처음으로 유통이 이루어질 때, 배달(courier)을 통해 SeaDocs로 전달되어 보관되며 이후의 모든 거래는 SeaDocs가 대리인이 되어 배서를 실행한다. 제2단계는 선하증권을

에 배서를 하여 권리를 이전하여야 한다. 또한 선하증권 원본이 분실되는 경우도 있다. 이러한 문제를 한 번에 해결하기 위해 개발된 것이 'SeaDoc'이다. 'SeaDoc'에 있어, 電子船荷證券 요점의 진정성도 꽤 높고 담보권의 확보 및 소위 배서(endorsement)도 암호를 사용하였기 때문에 어느 정도의 안전성은 확보하였다. 임석민, 전게서, 348~358면.

78) 시실리 섬의 밀라조(Milazzo)항에서 경유(gasoil)를 적재한 Sagona호가 독일의 노르덴햄(Nordenham)항으로 향했다. 송하인이 대금을 결제받기 위해 신용장 조건에 따라 선하증권을 환어음에 첨부하여 이태리 은행에 제시하였지만, 내용 불일치(discrepancies)로 지급이 거절되었다. 선하증권은 매수인에게 송부되지 않았고 Sagona호는 노르덴햄항에 도착하여 화물을 양륙 선하증권 원본이 아닌 보상장(letter of indemnity)을 받고, 마바나프트사(Mabanaft GmBH)에 인도하였다. 그러나 마바나프트사는 선하증권의 정당한 소지인이 아니기 때문에 송하인으로부터 오인도(misdelivery)에 대한 제소를 받아 억류되었고, 선주는 송하인에게 360만 달러를 배상하였다. 그 후에 선주는 용선인에게 배상금·구상청구소송을 제기하였다. 영국의 여왕좌법원(OBD; Queen's Bench Division)은 용선인에게 360만 달러는 물론 그동안 선주가 입은 비용손해와 이자까지 계산하여 배상하라고 판시하였다. 이 사건이 선하증권의 요점만을 컴퓨터로 전달하는 새로운 시스템 개발의 발단이 되었다. 임석민, 상게서, 348~358면 재인용, A/S Hansen-Tangens Rederi Ⅲ v. Total Transport Corporation(The "Sagona") [1984], 1 Lloyd's Rep, 194.

79) 안병수, 전게논문, 85면.

예탁받은 SeaDocs는 송하인에게 개인식별번호(personal identification numbers: PIN)에 해당하는 코드 혹은 테스트키(test key)를 부여한다. 선하증권이 매매되면 매도인은 새로운 매수인의 이름을 SeaDocs에 통보하고 아울러 자신의 테스트키를 매수인에게 양도한다. SeaDocs는 먼저 매도인과 매도에 관한 메시지를 검증하며, 다음으로 매수인의 메시지 역시 검증한다. 검증이 완료되면 새로운 매수인이 선하증권의 권리를 인수하며 이러한 정보가 등록부에 저장되고 예치된 선하증권에도 기재된다. 전매가 될 경우 SeaDocs에 통보하고 테스트키를 양수하는 과정을 반복한다. 양륙지에 운송물이 도착하면 SeaDocs는 본선의 선장에게 최종매수인이 갖는 것과 같은 식별코드를 전한다. 최종매수인은 이 코드를 이용하여 운송물을 인도받는다.

SeaDocs는 운영상에 별다른 문제점이 없고 등록비용도 저렴하였지만 다음과 같은 몇 가지 이유로 SeaDocs 역시 현실화되지는 못하였다. SeaDocs가 고안한 電子船荷證券이 실패로 끝나는 주된 이유는 사용자가 등록기관을 불신한 데서 비롯되었다. 예컨대 SeaDocs의 電子船荷證券을 이용하는 경우 매도인과 매수인 간의 거래내역이 등록기관에 남겨져 세무당국의 감사를 받거나 경쟁자에게 정보가 누설될 우려가 있었다.[80] SeaDocs는 등록에 대한 정보는 오직 당사자만 접근이 가능하였기 때문에 공시의 역할을 다하지 못하여 입지가 좁아졌다. 참가자들 사이에서 역할분담이 유기적으로 되지 않아 운영비용의 명확한 분담이 되지 않은 점도 문제가 되었다. 또한 체이스 맨해튼 은행이 電子船荷證券의 관리기관을 실질적으로 지배한 점에 대하여 무역업계에서는 금융을 지배하는 은행이 무역거래까지 지배하는 것에 강한 반발을 보임으로써 널리 실용화되지 못하였다.[81] SeaDocs는 電子船荷證券이 현실화가 되려면, 무역운송 관련자

---

80) 권재열, 전게논문, 298면, K. Love. "Seadocs: The Lesson Learned", Oil and Gas Law and Taxation Review, 1992, p.53.

들의 이해관계를 조정할 수 있는 중앙등록기관이 필요함을 암시하는 계기가 되었다.

(5) 美國貿易增進全國委員會 電子船荷證券

1990년 미국무역증진전국위원회(The National Council on International Trade Development: NCTID, 이하 'NCTID'라 한다.)는 행정, 무역 및 운송을 위한 전자문서교환에 관한 유엔규칙[82])(United Nations / Electronic Data Interchange For Administration, Commerce and Transport: UN / EDIFACT, 이하'UN / EDIFACT'라 한다.)에 따른 電子船荷證券의 운용지침과 절차 등을 제안하였다. SeaDocs의 경우와 달리 각 당사자의 이해관계가 없는 중앙등록기관을 설정하였으며, UN / EDIFACT의 국제운송관련 표준메시지 기본구조를 활용하여 선하증권이나 해상화물운송장을 전자화하는 것으로 하고 있어 전자식 선하증권의 구현에 있어서 처음으로 국제표준을 적용하였다. NCTID의 제안은 무엇보다도 국제표준으로 확립된 UN / EDIFACT의 메시지를 전제로 한 점과

---

81) 임석민, 전게서, 348~358면.

82) 1987년 ICC의 주도로 나온 것이 원격전송에 의한 거래정보의 교환에 관한 통일규칙(Uniform Rules of Conduct for Interchange of Trade Data by Teletransmission: UNCID)이다. 표준교환약정으로서의 UNCID는 적용범위가 전송메시지의 내용이 아닌 자료의 교환에 국한된다는 한계점 때문에 포괄적인 표준교환약정으로 자리 잡지 못하고 통신약정으로서 후에 UN / EDIFACT의 일부로 포함되어 국제표준으로서 역할을 수행하게 되었다. UN / ECE는 1995년 "EDI의 국제적 상업사용을 위한 교환약정모델"(Model Interchange Agreement for the International Commercial Use of Electronic Data Interchange)을 채택하여 이를 UN / EDIFACT의 일부인 UN / TDID에 포함시켜 국제표준으로 삼게 하였고 원활한 EDI 무역거래를 위해 거래당사자의 법·기술적 문제점 해결에 필요한 약정은 UN / ECE가 주도한 UNCID와 교환약정모델로 표준화되었다 이후 다시 유엔 무역자료 교환지침서(UNTDID)에 포함되어 메시지 표준인 UN / EDIFACT에 통합되었다. 안병수, 전게논문, 88면.

권리의 전자적 이전에 관하여 전자식 서명에 해당하는 개인인증코드 (Individual Authentication Code: IAC)를 활용하였다는 점에서 의의가 있다. 개인인증코드란 서명 대신에 모든 통신문의 진정성(authentic)을 확인하기 위하여 등록기관이 생성한 일종의 전자서명으로 권리가 변동될 때마다 변경되며 등록기관이 확인한 최종의 개인인증코드 소지인이 운송물품에 대한 소유자로 인정된다.[83]

NCTID 전자선하증권은 송하인이나 운송인이 지정하는 컴퓨터 회사가 등록기관이 될 수 있으며 電子船荷證券의 배서(endorsement)에 대한 개념을 도입하였고 종이선하증권과 병행적으로 사용한다는 개념 역시 볼레로型 電子船荷證券에 많은 영향을 미쳤다. NCTID 전자선하증권은 시스템의 장애시 위험에 대한 대비 조항의 미비, 선하증권이 이전하는 경우 불명확한 책임소재, 중앙화된 통신망이 전 세계적으로 통용되기 힘든 점의 결함으로 인하여 미국 내에서조차 널리 활용화되지는 못하였다.

(6) 國際海事法會 電子船荷證券

1990년 국제해사법회(Comité Maritime International: CMI, 이하 'CMI' 라 한다.)[84]는 파리에서 개최된 국제회의에서 종이선하증권의 대체를 목적으로 電子船荷證券의 도입을 위한 최소한의 요건을 제시한「電子船荷證券에 관한 CMI 규칙」(CMI Rules for Electronic Bills of Lading, 이하 'CMI 규칙 및 동 규칙에 의거 발행된 선하증권을 CMI 전자선하증권'이라 한다.)을 제정하였다. CMI 규칙은 정보전송의 신

---

83) 안병수, 전게논문, 88면.

84) CMI는 해상법, 해상관행과 관습 및 해사실무의 통일에 기여할 목적으로 1897년 벨기에 앤트워프에서 창설되었으며, 각국의 해사법회로 구성된 비정부들의 국제기구이다. 우리나라는 1981년 5월에 가입하였다. 최동현 / 최재선, "해사관계 국제기강(Ⅰ)"(해운산업연구원, 1996), 129~136면.

속화를 행하기 위해 종전의 서면형식의 선하증권을 발행하는 대신에, 선하증권의 정보를 전자데이터 통신수단에 의해 전송하는 경우 당사자의 권리 및 의무를 규정하는 것이다. CMI 규칙에 의한 거래는 실물선하증권을 사용하지 않으며 CMI의 국제소위원회에서 해상운송장의 심의의 경우와 마찬가지로 전자적 거래에 대해서 미국을 중심으로 하는 작업부를 신설하여 검토를 추진하였다. 그러나 해상운송장에 관한 국제소위원회에서 전자식 선하증권의 문제를 함께 처리하는 것은 곤란하다는 판단에 따라, 1988년 9월 7일 CMI이사회에서 스웨덴을 중심으로 하는 새로운 국제소위원회를 설치하여 그곳에서 이 문제를 처리하였다. 1989년 3월 10일 "운송 중의 물품에 대한 권리의 전자적 이전"이라는 보고서를 제출하였으며, 이 보고서에 따라 1989년 5월 31일 제1회 국제소위원회가 런던에서 개최되어 규칙의 기본적인 방향이 결정되었다. 그 후 1990년 1월 16일 제2회 국제소위원회가 개최되어 이를 심의한 후 약간의 수정을 거친 규칙안이 같은 해 6월 파리국제회의에서 원안으로 제출, 심의를 거친 후 이 규칙이 채택되었다.[85]

CMI 규칙에 의한 선하증권의 발행절차는 다음과 같다. 먼저 송하인과 운송인은 전자적인 방법으로 송수신할 것과, 종이선하증권 대신에 전자식 선하증권을 활용할 것, 그리고 CMI 규칙을 상호 적용하게 됨을 합의한다. 다음으로 운송인이 송하인의 선복예정서(booking note)를 확인한 후 송하인은 운송인에게 운송물품을 인도하고 운송인은 물품수령증을 발행한다. 이 물품수령증에는 물품의 수량, 품질, 상태 등에 대한 내용이 포함된다. 운송인은 발행된 물품수령증과 함께 개인키를 송하인에게 전달한다. 이 개인키는 이후 운송인에게 물품에 관한 지시를 하는 경우 진정성과 무결성을 보장하는 데 사용된다. 물

---

85) 한성일, "전자식 선하증권의 전환에 관한 소고 — 전자식 선하증권에 관한 CMI 통일규칙을 중심으로", 「해운물류연구」(한국해운물류학회, 1992), 87~88면.

품수령증과 개인키를 받은 송하인은 수령증에 기재된 내용에 동의한다는 의사를 운송인에게 확인해 준다. 전자식 선하증권의 소지자는 이를 매도한 후 자신의 권리를 이전하겠다는 메시지를, 개인키를 첨부하여 운송인에게 전달한다. 운송인은 이 메시지를 확인하고 최초 송하인에게 보냈던 수령증에 있는 것과 동일한 내용을 매수인에게 전송한다. 이때에는 개인키가 전송되지 않으며 매수인은 수령증 내용을 확인하고 운송인에게 통지한다. 운송인은 기존의 개인키를 폐지하고 새로운 개인키를 할당하여 매도인에게 전송한다.[86]

4. 볼레로型 電子船荷證券 導入의 必要性

1) EDI 시스템

EDI(Electronic Data Interchange, 이하 'EDI'라 한다.) '컴퓨터의 신속한 사무처리능력과 데이터 통신기술을 결합한 것으로서 합의된 단일양식의 표준에 따라 상업 또는 행정서류를 전자적 신호로 변환하여 인간의 물리적 개입 없이 거래상대방의 컴퓨터에 직접 전달하는 컴퓨터와 컴퓨터 간 또는 응용프로그램 간의 통신을 의미한다.'[87]

---

86) 안병수, 전게논문, 91~92면.
87) 무역업무자동화촉진에 관한 법률 제2조6호에 따르면 "전자문서교환방식이라함은 무역업무를 컴퓨터 등 정보처리능력을 가진 장치(컴퓨터) 간에 전기통신설비를 이용하여 전자문서로 전송처리 또는 보관하는 방식을 말한다."고 정의하고 있다. EDI란 전자적으로 정보를 전달하고 처리하는 표준화된 방법을 말한다. 즉 광범위하게 합의된 표준적인 규약을 사용하여 기업 간에 상거래를 위한 구조화된 데이터를 컴퓨터 간의 통신회선을 매개로 하여 교환하는 것이다. 이병문 외 3인, 전게보고서, 19면, 경익수. "해상운송에 있어서의 전자상거래에 관한 연구", 「한국해법

EDI 표준은 용인될 수 있는 EDI 통신에 대한 이용자 간의 계약이며, 전자자료 교환을 하기 위해 준수하여야 할 표준이다. EDI 표준에 의하여 전자문서를 교환하고자 하는 거래당사자는 자료전송포맷에 관한 합의, 교환약정(interchange agreement) 또는 EDI 약정을 체결하여야 한다. 이는 기본적으로 EDI 메시지의 취급에 관한 약정서이고 개개 당사자가 상대방과 체결하는 쌍무계약의 성격을 가진다.[88]

볼레로型 電子船荷證券의 도입 이전의 電子船荷證券을 살펴보면 종이선하증권을 발행 대신에 선하증권의 내용을 전자적으로 보관하고 송하인, 선박회사 등에 EDI 메시지를 전송하여 권리의 증명방법으로 개인키를 사용 물품을 인도하는 방식에 불과하였다. 앞서 살펴본 바와 같이 다양한 電子船荷證券의 출현과 시도들은 많은 한계점이 있었기 때문에 실용화되지 못하였고 시험단계에서 종료되었다. 電子船荷證券의 도입을 위한 다양한 시도들 가운데서 CMI 규칙은 가장 활발히 진행하였고, 최근에 논의가 되었던 방법이기 때문에 EDI 시스템을 활용한 CMI 규칙이 내포한 문제점을 고찰한다면 볼레로型 電子船荷證券의 도입의 필요성에 대한 단서를 제공해 준다.

2) CMI 電子船荷證券의 限界

CMI 電子船荷證券에서는 종이선하증권과 동일한 내용을 포함하고,

학회지」 제23권 제1호(한국해법학회, 2000), 105면.

88) 예를 들면 국내제조업자(A)사가 해외거래처(B)와 EDI 약정을 체결한 후 수주서 등 EDI 메시지를 전송하고 매매계약을 체결한다. 그 후 A사는 매매계약을 이행하기 위해 미리 국내의 운송주선업자, 선박회사, 보험회사 등과 개별적으로 EDI 약정을 체결하여 주고 국내물품공급계약, 운송 및 보험계약을 EDI 메시지를 통하여 체결한다. 또한 화물의 수출시 필요한 수출허가절차, 세관의 수출신고절차도 EDI로 행한다. 이병문 외 3인, 전게보고서, 21면.

기존의 선하증권의 점유가 가능했던 물품의 청구권 및 처분권의 이전을 개인키[89]로 대신하는 방법을 채택하였지만 선하증권의 물권적 효력에 대한 규정에 대해서는 전혀 언급이 없다. 또한 개인키에 있어서는 특정기술이나 시스템을 지정하지 않고 권리의 증명에 사용할 수 있는 유일한 것으로 전자식 방법에 의한 것이면 충분하다는 입장을 표명함으로써 새로운 기술을 받아들이는 데 개방적인 태도를 취하고 있다. CMI 電子船荷證券은 EDI 시스템을 기초로 운영되고 있기 때문에 다음과 같은 점에서 볼레로型 電子船荷證券과 차이가 있다.

첫째, CMI 電子船荷證券은 해상의 선박과 육상 사이의 무선교신을 전제로 하는 개방형 시스템이다. 따라서 무선통신과정에서 제3자의 키 수신에 의한 사기의 가능성이 높다. 둘째, 전자상거래를 위한 최초의 시도인 EDI 시스템은 고비용을 필요로 하는 독점 네트워크(network)를 활용한 거래당사자 간 특정한 자료전송포맷에 관한 합의 교환약정이라는 쌍무계약의 체결을 전제로 하고 있기 때문에 일반 개인을 통한 인터넷 접속이 불가능하다. EDI는 기업 간 폐쇄적 네트워크의 구조로 이루어진 까닭에 기업 국가적인 활용을 위해서는 전체적으로 막대한 비용이 소요된다. 電子船荷證券의 과정이 원활하게 수행되려면 송하인, 수하인 및 은행 등의 EDI 시스템도 완비되어야 하기 때문에 각 무역주체들 간에 부담하는 비용도 문제시된다. 셋째, EDI는 특정산업 및 지리적으로 한정된 시장에서 기초하여 발전하였다. EDI는 1970년 도입 당시만 하더라도 EDI방식에 의한 전자거래환경이 쉽게 조성될 것으로 기대되었으나 1990년대에 상관습으로의 기반을 상실하였고, 현재 대부분의 기업에서 사용을 외면하

---

89) 전자식 선하증권에 관한 CMI 규칙 제2조 f, "Private Key" 개인키는 전송의 진정성과 무결성을 확보하기 위해 당사자 간에 합의한 숫자 또는 문자의 조합으로 이루어진 모든 기술적으로 적절한 형식을 의미한다. 안병수, 전게논문, 91면.

고 있다. 넷째, CMI 電子船荷證券을 운영할 경우에는 운송인은 등록기관으로서 책임과 선하증권이 유통될 때마다 그것을 추적·통지 확인하여야 하는 관리책임을 추가로 부담하여야 한다. 이는 운송회사에게 큰 부담이 되며 감당하기 힘들 정도의 추가비용이 소요되는 등 현실성이 뒤떨어졌기 때문에 널리 활용되지는 못하였다.[90) 또한 운송인이 자신의 이익을 위해서 데이터 변경이 가능하다는 문제점을 CMI 규칙에서는 노출하게 되었다. 이러한 문제점은 일단 발행된 선하증권을 등록하고 관리하는 별도의 독립적인 중앙등록기관을 마련하여 종합적으로 관리하는 볼레로型 電子船荷證券의 구조에 결정적 영향을 미치게 되었다.[91) CMI가 제정한 규칙은 전자식 선하증권의 실제 활용을 전제로 하여 관련 문제에 대하여 명확한 입장을 취하고 있으며, 국제적인 입법 등에 많은 영향을 미친 점은 부인할 수 없는 사실이다. CMI 규칙의 실패를 교훈 삼아 1993년 새로운 형식의 선하증권의 전자화를 모색하고 시도하였는데 그 결과 탄생한 것이 볼레로型 電子船荷證券이다.

---

90) 일본의 경우 CMI 규칙에 의한 電子船荷證券을 도입하기 위해서는 초기에 200억 엔이 투자되어야 하고, 매년 30억 엔의 운영경비가 필요한 것으로 추정하였다. 최재서, "선하증권 ⑨", 「월간해양한국」(한국해사문제연구소, 2002), 215면.

91) CMI 규칙의 電子船荷證券 모델이 안고 있는 최대의 문제점은 사기에 매우 취약하다는 점이다. 해상에 있는 선박과 육상 사이에 개인키의 전송을 무선교신 이외의 방법으로 행하기는 어렵고, 원칙상 무선교신을 할 때에는 타인의 수신으로 인한 사기의 개입을 배제할 수 없다. 더욱이 개인키를 취득한 자는 직접 물품에 대한 권리를 취득할 수 있고, 그 후 진정한 소지인으로서 행사할 수 있으며, 제3자에 대하여 물품을 전매하거나 질권을 설정할 수 있다. 안병수, 전게논문, 60~62면, 박석재 / 신건훈, 전게논문, 87면.

3) 볼레로型 電子船荷證券 導入의 必要性

선하증권을 위한 여러 가지 전자화의 시도는 실용화되지 못하였다. 볼레로型 電子船荷證券은 지금까지 나타난 전자선하증권 중에서 종이선하증권을 대체할 수 있는 가장 적합한 대안으로 평가받고 있다. 볼레로型 電子船荷證券은 발행과 유통이 될 때 있어서 사용자의 전자서명을 받게 되며, CMP를 통하여 전자메시지에 대한 진정성과 무결성을 보장받아 선적서류의 신속한 처리와 그 처리비용의 절감을 기대할 수 있다. 볼레로型 電子船荷證券은 다음과 같은 점에서 CMI 電子船荷證券보다 한층 진보된 형태의 전자선하증권이다. 첫째, 볼레로型 電子船荷證券은 회원으로 등록한 사용자들 사이에서만 적용되므로 안전성 면에서는 폐쇄형 시스템을 적용한 볼레로형 전자선하증권이 상대적으로 우수하다. 볼레로 시스템은 운송물이 제3자에게 전매되는 경우에는 종이선하증권으로 변경하게 된다. 둘째, 볼레로型 電子船荷證券은 인터넷을 기반으로 하는 시스템을 사용한다. 인터넷의 접근에는 별도의 시스템 및 장치가 필요하지 않고, 네트워크 비용이 아주 저렴하다. 볼레로型 電子船荷證券은 볼레로 규약집을 통한 다자 간 계약으로서, 사용이 간편하고 탄력적이며, 비용면에서 경제적이고 다자적인 성격에 기초한 평등성을 추구하는 시스템이다. 셋째, 볼레로시스템은 간 중립성(cross-industry neutrality) 및 범세계성을 추구한다. 볼레로시스템은 운송계약서, 보험계약서, 상업송장 및 통관서류를 포함하는 일체의 국제무역관련 서류의 포괄적 활용을 이상으로 하기 때문에 시스템의 사용자 역시 운송인, 은행 등 무역관련 전체 종사자를 포함한다.

[표2-3] 電子船荷證券의 導入事例의 比較

내 용 유 형	키방식의 유형과 양도 가능성 여부	등록 시스템 유형	유통성 절차
Reinskou	별도 키 없음 (운송인의 기록에 의함)	운송인 등록 시스템	매도인이 매매사실을 운송인에게 통지하고 운송인은 양수인을 신소지인으로 등록하고 이 사실을 양수인에게 확인
SeaDocs	개인식별번호 혹은 테스트키 (Test Key) 양도 가능	중앙등록기관- 운송인의자회사 (SRL: SeaDocs Registry Limited)	송화인이 SRL에 양수인의 성명을 통지하고 양수인에게 자신의 테스트키를 제공하여 SRL은 송화인과 양수인의 메시지(테스트키 포함)를 점검하여 일치하면 양수인을 신소지인으로 등록
CMI	개인키 (Private Key) 양도불가	운송인 등록 시스템	운송인에게 양도 메시지를 전송하고 운송인은 그 내용을 양수인에게 통지하고 이를 수락하면 신개인키를 교부하고 신소지인으로 등록함으로써 양도가 이루어짐
NCITD	개인인증코드 양도불가	운송인등록기관 (운송인) 또는 중앙등록기관 (컴퓨터/ 통신회사)	관리기관을 통하여 전자배서를 행하고 관리기관이 수화인에게 전자선화증권을 교부
BIMCO	디지털서명 (Digital Signature) 양도 가능	중앙등록기관- 운송인 외 제3자 (BIMCO)[92]	송화인이 양도메시지(디지털서명포함)를 관리기관에 전송하고 관리기관이 양수인에게 수취 메시지를 전송하고 양수인이 이를 수락하면 양도가 이루어짐

자료: 최석범, "전자선화증권의 활성화를 위한 도입모델에 관한 연구", 「무역학회지」 제 22권 제3호(한국무역학회, 1997).

볼레로 운영체계를 모델로 하거나 그로부터 영향을 받은 電子船荷證券도 새롭게 출현하고 있다. 예컨대 범아시아전자상거래협의체(PAA)에 회원으로 가입한 우리나라의 한국무역정보통신(KTNET), 일

---

92) 발틱국제해운동맹(Baltic and International Martime Conference: BIMCO)이 제안한 전자식 선하증권이다. 이병문 외 3인, 전게보고서, 25면.

본의 무역자동화시스템 테디프로젝트(TEDI)[93], 그리고 싱가포르네트워크서비스(SNS) 등도 정도의 차이는 있지만 볼레로 운영체계에 의한 電子船荷證券을 기초하고 있다. 이처럼 전자상거래의 범세계적인 활성화로 인하여 무역환경이 변화되고 있지만, 그에 적절하게 부응할 만한 솔루션(solution)이 볼레로 시스템을 제외하고는 찾아볼 수 없다는 점에서 볼레로 시스템을 통하거나 그것을 모델로 한 電子船荷證券의 사용이 점차 보편화될 것으로 예상한다.[94] 우리나라에서도 민간전자무역위원회가 韓·日間 電子船荷證券 도입 시범사업을 진행하고 있다. 電子船荷證券 프로젝트팀 회의에서는 일본의 테디프로젝트 시스템을 통한 선하증권의 전자화는 많은 문제점이 있다고 판단하여 볼레로 시스템을 활용하거나 이를 근간으로 하는 다른 방법들을 연구하기로 결정하였다. 이는 미래 電子船荷證券의 표준으로 예상되는 볼레로型 電子船荷證券을 도입하여, 선하증권의 위기에 따른 각종 문제점을 해결해야 하는 당위성을 잘 설명해 주고 있다.

---

93) TEDI프로젝트는 일본 경제 산업성의 보정사업으로서 1998년부터 2000년에 걸쳐 수출입 기업, 금융기관, 손해보험회사, 운수회사, 통관서비스회사, 항공화물대리회사, 통상 산업성, 통관당국 등에 의해 구성되는 프로세스를 대상으로 하여 EDI 공통기반 시스템을 개발하고 동시에 법적 규약의 작성을 행하는 것이다. 2000년 11월에 TEDI 보급촉진을 목적으로 임의단체인 TEDI Club을 설립하였고, TEDI 사업회사로서 2001년 5월에 JETS 및 동년 8월에 TEDI ANET를 설립하여 2001년부터 실용화를 개시하였다. 무역금융 EDI 실현을 목적으로 하는 TEDI는 무역절차에 대해 B2B 및 B2G와의 무역관련 서류를 인터넷 회사에서 정부관련 기관과의 제휴 및 민간기업 간에 종래 종이문서에 의한 교환을 전자적으로 행하는 것을 실현하는 프로젝트이다. 우광명, "전자식 선하증권의 활성화에 관한 연구", 「국제무역연구」(국제무역학회, 2003), 331면.
94) 권재열, 전게논문, 297면.

4) 볼레로型 電子船荷證券의 現況

볼레로 닷넷의 서비스에 세계 최대의 곡물거래회사인 카길(Cargill)이 1999년 9월 28일 최초로 가입한 이래 2002년 규약집에 서명을 한 볼레로 닷넷의 회원의 수는 100여 개에 달한다. 미국의 포춘지(Fortune) 선정 세계 100대 기업 중 15개 사가 참여하고 있으며, 2000년 9월에 세계적 투자회사인 에이팩으로부터 3,000만 달러의 자금을, 12월에는 베어링(Baring Private Equity)으로부터 1,500만 달러, 스위스펠리오(Swiss Palio Portfolio)로부터 500만 달러를 추가 유치하여 자본금이 5000만 달러로 늘어난 상태이다.

우리나라에서는 많은 수출입 전주들이 電子船荷證券의 도입의 필요성에 공감하고 있으며, 2000년 볼레로 넷의 배리모스(Barry Morse) CEO가 한국 내 공식파트너사인 한국무역정보통신(KTNET)과 조인트 벤처(joint venture) 형식으로 한국법인의 설립 등을 논의하였다. 배리모스 CEO는 유수의 한국 업체와 은행사 등을 방문, 볼레로 회원사 유치를 위한 마케팅을 펼쳤다. 2003년 11월 외환은행은 [그림 2-1]과 같이 국내 은행권 최초로 볼레로 시스템을 이용, 수출입 업무 서류를 종이 대신 전자문서로 발·수신하는 시험에 성공하였고 2004년 4월 28일 외환은행, 한국무역정보통신, 독일 오토(OTTO)그룹은 '볼레로 한국출범'(Bolero Rollout in Korea)이라는 주제로 세미나를 개최하였다. 볼레로를 이용한 수출거래가 성공적으로 출발함에 따라 독일의 오토그룹은 앞으로 동사의 한국 수입거래 전체를 볼레로 시스템으로 전환시킬 계획이며, 이를 위해 모든 한국 수출거래업체의 볼레로 가입을 유도할 예정이다.[95]

---

95) 세계 최대 통신판매업체인 독일 오토그룹은 자사의 모든 수출입거래를 볼레로 시스템의 도입을 통하여 전산화 및 자동화를 실현하고자 전사적 SCM / BPR Project의 수행을 추진하고 있다. 외환은행은 이 프로젝트의

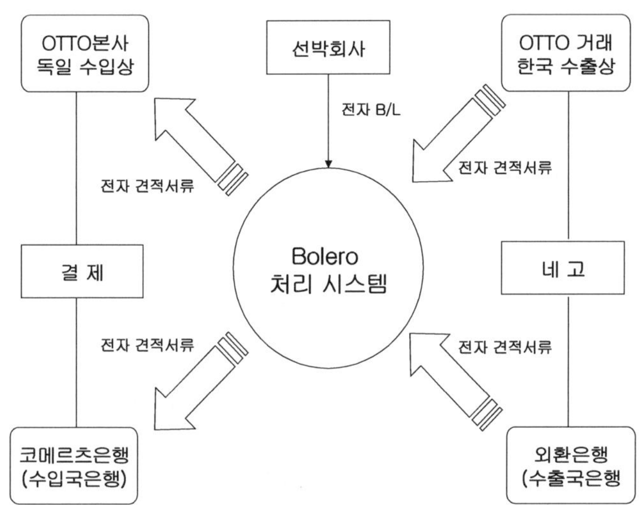

[그림2-1] 外換銀行과 獨逸 오토그룹의 電子貿易 시스템

볼레로는 다른 차세대 무역 솔루션과는 달리 전 세계 은행 간 메시지 발·수신 인프라인 SWIFT라는 강력한 주체(ownership)가 뒤를 받치고 있다. 볼레로 시스템은 SWIFT의 차세대 시스템(SEIFTNet, TSU) 표준 및 규정의 준수로 글로벌 스탠더드에 적합하다. 세계 납입자본 기준 상위(top class) 은행들이 전부 볼레로사에 회원으로 가입(membership)하고 있으며, SWIFT는 자체 조직 내에서 무역서비스자문그룹(Trade Services Advisory Group: TSAG)을 신설, 볼레로 닷넷을 통한 차세대 무역 솔루션의 개발적용 계획을 지원하기 시작하고 있다. 전자무역[96]

한국 적용을 위해, 독일의 코메르츠은행을 수입국은행으로 하고 오토사의 국내 최대 의류 수입거래선인 ㈜신원의 Bolero 가입과 동시에 양사 간 무역거래의 전자화를 구현하였다. 외환은행에서는 볼레로 관련 투입비용 대비 수익성 분석에서 수출입 업무의 본점 집중처리에 의한 서류작업 등의 제거로 인한 비용의 감소를 약 15~20억으로 추정하고 있다.

96) 전자무역이란 과거 물리적 서류와 전기매체를 이용한 정보교환방식에 기초하였던 전통적 무역과는 달리 '무역의 전 과정 또는 일부를 인터넷이나 전자문서교환방식 등 각종 정보기술을 이용하여 전자적으로 처리함으로써

이 상용화될수록 볼레로 닷넷의 상용화 성공은 보장된 것이라는 판단
하에 지속적인 비지니스 모델 구현을 추진하고 있다.

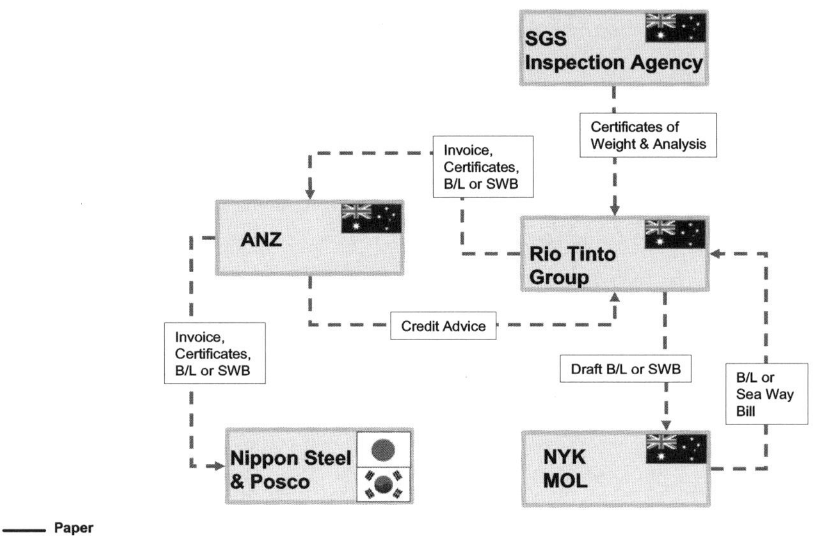

자료: 안병수, "전자식 선하증권의 이용실태와 전망-Bolero를 중심으로-"(한국해법학회
2002년도 가을철 정기학술발표회 발표자료), 17면.

[그림2-2] 볼레로型 電子船荷證券의 實際 活用事例

[그림2-2]와 같이 볼레로형 전자선하증권의 실제 활용사례를 살펴
보면, 삼성전자의 전 세계 31개 운송업자 및 43개 海外法人間 화물
정보 송수신, 영국의 디아고(Diago) 주류회사에서 그리스로 수출, 독
일 오토사(Otto)의 영국의 통신판매회사에서 홍콩으로의 수입, 일본담
배회사로부터 타이완으로 수출 및 리오틴토그룹(Rio Tinto Group)이
호주의 철광석을 일본과 한국에 수출하는 등에 활용이 되고 있다.

시간과 공간의 제약 없이 무역업무를 보다 편리하고 신속·정확·경제적으
로 행하는 무역거래방식'을 의미한다. 이병문 외 3인, 전게보고서, 1~2면.

[表2-4] 볼레로型 電子船荷證券 投入費用

(단위: USD)

구 분	2001	2002	2003
연회비	150,000[*]	220,000	250,000
기 타	–	–	7,000[**]
총비용	150,000	220,000	257,000

* 18개월 사용비용
** BoleroAdvise(인터넷을 통한 수출신용장 자동통지 서비스 적용 프로젝트)소
프트웨어 도입비용
자료: 외환은행 외환업무팀 자료.

최근에는 인터넷을 통한 수출신용장 자동통지서비스(Boelro Advise System)가 주목을 받고 있다. 이는 수출기업이 SWIFT의 MT700계열로 내도된 신용장을 인터넷 서비스망을 이용하여 실시간 전자적(XML) 형태로 통지받는 서비스이다. 은행은 기존의 종이 신용장 통지 업무처리에 필요한 우편 및 팩스 발송, 신용장 원본의 처리, 고객확인 등의 수작업 업무를 경감시킬 수 있으며, 신용장의 최종 수취인인 수출기업은 전문 수신 작업이 매우 신속하고 간편하여 인터넷 접속 후 단 3번의 클릭(click)으로 신용장 전문을 수령할 수 있다. 국내에서는 외환은행이 볼레로 회원사 은행 중에서 사업관계(business relationship)가 친밀하며, 각국의 은행과 공동으로 기술시험(pilot project)[97]을 진행 중이다. 실제로 카시오(CASIO), 린나이 등 기업들이 기술시험(pilot project)에 참가하는 등 활발한 활동을 추진하고 있다.

---

97) 기술시험에는 다음과 같은 세부내용으로 나누어진다. Data Mining(각 은행 거래 고객 중 실험 대상기업 추출 작업), Internal Review(각 은행 자체 내부검토를 통해 적정기업 선별), External Review(내부검토 결과 토대로 기업 각 은행 동시접촉), Identify the documents & roles(필요서류 확인, 역할분담), Piloting & Review Problems(발생문제점 파악), Live Transaction(실제 거래 개시로 Business Model 정착) 등이다.

第3章
볼레로型 電子船荷證券의
構造 및 諸問題點

1. 序 說

1993년 유럽연합(European Union)은 자료의 전자적 교환의 안전성을 위하여 통신정보보안시스템프로그램의 일부로서 선하증권의 안전한 양도를 위한 전자적 시스템을 구축하기 위하여 볼레로 프로젝트(bolero project)에 착수하였다. 1995년에는 유럽과 미국 및 홍콩에 소재한 8개 무역회사와 26개의 이용자가 시험적으로 참가한 가운데 기술테스트(pilot test)를 실시하였다. 볼레로 기술테스트를 끝낸 후 무역거래의 전자화를 실현하기 위하여 볼레로 시스템을 활용하려는 수출입 업자, 은행, 선박회사 등이 볼레로 계획을 추진하기 위한 조직으로 1995년 볼레로 협회(Bolero Association Limitied: BAL)를 설립하였다. 그 후 유럽연합은 상업적 이용 가능성을 제고하기 위하여 볼레로 프로젝트를 민간에게 이양하였으며, 금융기관 간의 결제 통신망을 운용하고 있는 전세계은행간금융가전망협회[1](SWIFT: Society for World Wide Interbank Financial Telecommunication, 이하 'SWIFT'라 한다.)와 세계적인 물류상호보험조합인 운송업클럽[2])(TT Club: Through Transport Club, Through Transport Mutual Insurance Association Ltd, 이하 'TT club'이라 한다.)이 합작투자의 형태로 볼레로 프로젝트를 인수하여 선적서류의 전자화를 범세계적으로 추진하게 되었다.

SWIFT가 볼레로 시스템의 운용에 적극적으로 나선 목적은 그 주된 구성원인 은행을 위하여 대금의 결제뿐만 아니라 무역업무 전제의 데이터를 파악하기 위해서이며 파트너로서 TT Club을 선택한 이

---

1) SWIFT는 벨기에에 본부를 두고 약 세계 189개국의 6,797개 금융기관이 가맹하고 있는 금융기관의 국제금융거래에 수반하는 은행 간 대체·고객 송금 등의 메시지 통신을 국제 네트워크에서 행하는 것을 목적으로 하는 비영리 협동조합(cooperative)이다. SWIFT가 전송한 메시지는 12억 건을 넘으며 지급에 관한 메시지의 하루 평균액은 5조 달러 이상이다. 3,000여 개의 은행이 참가하고 있는 이외 브로커, 투자고문회사, 증권업자, 증권거래소도 가맹하고 있다. 필자가 한국과학기술연구원(KIST)에서 대러시아 국제공동연구사업을 진행하면서 국제공동연구비를 SWIFT CODE를 사용하여 가장 안전하게 러시아에 송금한 경험이 있다. 각 은행 간 고유문자로 식별되기 때문에 정확성과 송금내용을 추적·조회하기가 매우 편리하다. 박석재 / 신건훈, "볼레로 시스템에 관한 고찰", 「한국해법학회지」 제23권 제2호(한국해법학회, 2001), 149면.

2) TT Club은 1968년 5월 영국의 3개 P&I Club(UK, West of England 및 Standard P&I Club)의 합작으로 설립된 상호보험조합으로서 설립 당시의 정식명칭은 'Through Transit Marine Mutual Assurance Association Ltd'이었으나 1977년 1월부터 'Through Transport Mutual Insurance Association'으로 개칭하여 오늘날까지 사용하고 있다. TT Club은 설립 당시 세계 컨테이너화물운송을 중심으로 한 국제복합운송이 출현하자 복합운송인의 책임을 담보할 목적으로 설립되었다. 주요 담보위험은 복합운송인이 책임을 부담하는 운송구간에서 발생한 화물의 손해에 대한 책임, 컨테이너를 포함한 각종 장비의 물리적 손해 및 컨테이너 및 장비의 사용에 따른 인명피해 또는 제3자의 재산손해에 대한 책임 등이다. TT Club의 회원 또는 피보험자는 컨테이너선, 운항업자, 운송주선업자, 컨테이너 터미널 운영업자 및 항만당국을 포함하고 현재 컨테이너선단의 2 / 3, 1,725개의 항만시설 및 5,890개 운송업자에 대하여 책임상호 보험을 제공하고 있다. 박석재 / 신건훈 "볼레로 시스템의 운용상 법적 쟁점에 관한 연구", 「해운물류연구」 제33호(한국해운물류학회, 2001), 45면.

유는 금융기관만으로 볼레로 시스템을 추진하면 SeaDocs의 실패원인처럼 무역관계업자로부터 거부반응이 나오는 것을 염려하여 선박회사, 운송주선인, 항만당국을 멤버로 하고 있는 TT Club의 협력을 구한 것이라 생각된다. 볼레로 닷넷을 이용한다면 고도로 안전·확실한 무역서류의 전자 데이터 통신에 의하여 신속한 상품수배, 효율적인 결제처리가 가능하다. SWIFT와 TT Club은 1998년 4월 볼레로 인터내셔널사(Bolero International Ltd: BIL)[3]를 설립하였으며, 1999년 9월부터 볼레로 닷넷(bolero.net)의 이름으로 인터넷에 기반을 둔 볼레로 시스템을 통해 볼레로[4]型 電子船荷證券을 상업적으로 서비스하기 시작하였다. 볼레로 시스템하에서의 볼레로 협회와 볼레로인터내셔널사는 상호 보완적인 관계를 가지게 된다. 볼레로 협회는 자체상호인 볼레로 닷넷과 볼레로 닷넷의 기본이 되는 전자상거래[5]의 플랫폼(platform)을 개발하였다. 한편 회원의 비즈니스 욕구에 부응하는 무역관련 서비스를 개발하고 국제무역에 있어서 전자상거래에 대한 국제표준을 장려하며, 전자적으로 이행되는 전통적인 유통서류의 요건에 있어서 법적 기반을 보장하기 위해 볼레로 규약집의 관리 및 회원의 교육과정 등을 담당하는 반면에 볼레로 인터내셔널사는 볼레로 닷넷 서비스의 운영을 책임지고 있다.[6]

---

3) 채진익, "사이버 무역에 있어서 Bolero system상 Bolero B／L의 운용 시스템에 관한 연구", 「무역학회지」 제26권 제2호(한국무역학회, 2001), 3면.

4) 볼레로는 한때 "유럽을 위한 선하증권"(Bill of Lading for Europe)의 약어로서 이해된 적도 있으나 최근에는 범세계적으로 사용되는 전자상거래 시스템을 강조하기 위하여 "선하증권의 전자등록기구"(Bill of Lading Electronic Registry Organization)라는 의미를 선호하고 있다. 권재열, 전게논문, 299면.

5) 직접 문서를 전달하고 교환하는 데 많은 시간과 비용이 소요되며 이를 컴퓨터 네트워크를 통한 전자문서로 교체하여 일련의 거래를 사이버 공간을 통해 시간과 공간의 제약 없이 처리하는 것이 전자상거래이다. 강선준, "電子船荷證券의 법적 문제점에 관한 연구―볼레로型 電子船荷證券을 중심으로―", 「숭실대학교 대학원 논문집」 제21권(숭실대학교 대학원, 2003), 9～10면.

2. 볼레로 시스템의 技術的 構造

볼레로 시스템(bolero system)은 물품매매, 운송, 결제, 보험 등 국제무역에서 사용되어 온 종이를 통한 거래를 인터넷을 통한 전자적 메시지로 전환하기 위한 상업적 시스템이다. 즉 동 시스템은 무역업계·보험업계·금융기관 및 운송업계 등 일체의 무역관련 업계 종사자의 사용을 의도한 기술적·법적 인프라를 제공하고 있으며, 이는 단순히 공학적인 컴퓨터 시스템만을 의미하고 있는 것이 아니라 국제무역과 관련하여 요구되는 종이서류를 인터넷이라는 매개체를 이용하여 전송되는 전자메시지로 대체하기 위한 안전하고 경제적인 국제전자상거래 시스템을 칭한다.[7]

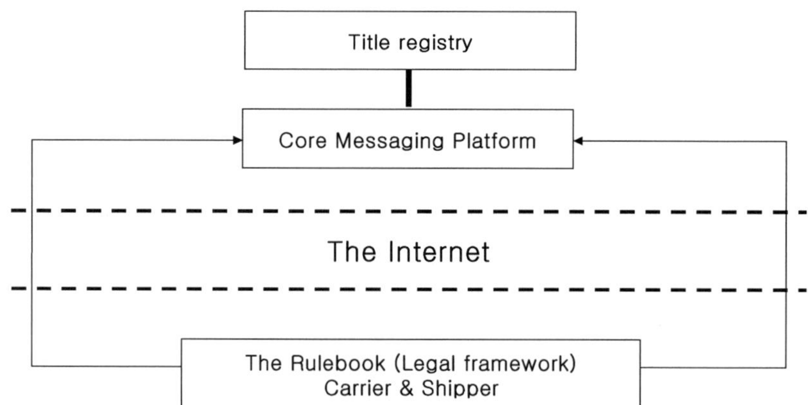

자료: http://nbank.woribank.com/nonbank/biabank/comdit/trade/trade_et08.html.

[그림3-1] 볼레로型 電子船荷證券의 技術的 構造

---

6) 채진익, "전자무역 시스템에 있어서 boleroSURF의 운용 프로세스에 관한 연구", 「무역학회지」 제27권 제3호(한국무역학회, 2002.) 123~124면.
7) 이병문 외 3인, 전게보고서, 3면.

볼레로 시스템에서는 사용자의 실시간 전자문서 송수신에 대응하기 위하여 '실시간감시서비스'(continuously time-monitoring service)를 제공하고 있다. 송신자는 전자문서에 시간을 설정할 수 있고(time-out), 수신자 또한 전 회원사에 대해 수신종료를 설정할 수 있다.[8] 볼레로는 시스템 사용자 간 상호교류를 촉진하고 시스템 운영에 따르는 비용을 감소하기 위한 방법으로 사용자들에게 의무사항으로 문서표준을 도입토록 하였다. 최근 인터넷 표준으로 급부상하고 있는 XML[9]에 기초한 문서표준은 무역거래에 사용되는 서류의 전자적 점검을 용이하게 하고 당사자 간 전자문서교환을 위한 쌍무계약의 필요성을 제거한다. 결과적으로 거래당사자는 수동으로 서류를 점검하는 데 소요되는 시간을 상당히 절약할 수 있다. 볼레로 시스템 사용자는 상업송장, 구매주문서, 선적지시서 및 화환신용장과 같은 무역관련 서류

---

8) 예컨대 매도인이 전자문서의 시간설정(time-out)을 1시간으로 조정하고 10시에 전자문서를 은행에 송신하였는데, 당해 볼레로 시스템을 경유한 전자문서가 어떤 사유로 은행에 수신되지 않았다고 한다면 볼레로는 송신할 수 없었던 사유를 11시에 매도인에게 통지하게 된다. 참고로 볼레로 시스템의 중앙메시지 플랫폼을 경유하는 모든 전자문서에는 통과 시간이 기록되며 송수신된 전자문서는 7일간 그 기록이 보존된다. 심종석, "국제무역상거래에 있어서 전자문서 인증 시스템에 관한 법적 고찰", 「경영법률」 제14호(한국경영법률학회, 2004), 323면.

9) XML(extensive markup language)은 월드와이드웹(World Wide Web)에서 전자문서의 서식을 정의하기 위하여 사용되는 기본언어인 HTML(hypertext markup language)을 혁신적으로 개선한 차세대 언어이다. 유재걸, "국제무역에 있어서 볼레로 선하증권의 활용과 문제점에 대한 고찰", 「창업정보학회지」제5권 제2호(창업정보학회, 2002), 331면, 필자가 근무하는 한국과학기술연구원(KIST)에서도 2004년부터 모든 결제문서에 대한 전자화를 구축하기 위한 XML을 기반으로 한 통합정보 시스템을 운영하고 있다. 각종 서류를 전자문서로 대체하는 통합정보 시스템의 활용으로 언제, 어디서나 인터넷만 접속이 된다면 실시간(real-time) 결제 등 각종 행정업무에 전산화가 가능하게 되었으며, 기존의 비용 대비 약 5배 정도의 비용이 절약된 것으로 추정된다. 볼레로가 표준으로 하는 XML 기반의 시스템의 가장 큰 장점은 매우 안정적이라는 것이다. 호환성이 매우 우수하기 때문에 Text, Hwp, Word 등과 같은 워드프로세서 프로그램과 사용이 가능하다.

를 포괄하는 일체의 전자문서원형(template)을 이용할 수 있다.

1) 中央 메시지 플랫폼

볼레로 시스템상에 상호 교환하는 전자메시지는 반드시 중앙 메시지 플랫폼(Core Message Platform: CMP, 이하 'CMP'라 한다.)을 통하여 전송이 된다. CMP는 볼레로 시스템에서의 허브(hub) 역할을 한다. CMP는 볼레로 시스템의 이용자, 볼레로 인터내셔널사 및 볼레로 협회 간의 특정한 전자메시지를 송수신을 하기 위한 시스템이며 일단 전송된 메시지의 접수승인과 트래킹(tracking)을 지원한다. 그리고 정보를 권리등록 시스템(title registry)으로 발송한다.

CMP의 특징은 SWIFT라는 제3의 기관에 의해 관리되므로 거래의 신용성에 대한 토대를 마련하였고, 디지털서명과 선진암호기술을 사용하기 때문에 종이서류보다 더 우수한 보안을 제공한다. 발신자가 메시지를 전송하면 볼레로 닷넷은 즉시 그 메시지 접수를 승인한 다음 그 수신자에게 그 메시지를 전송한다. 그리고 수신자가 그 메시지를 다운로드하면 자동적으로 볼레로 닷넷에 접수가 승인된다. 볼레로 닷넷은 그 메시지를 인도하거나 또는 그 수신자가 허용된 기간 내에 접수할 수 없다면 그 사실을 발신자에게 즉시 통지한다. 서류가 발송될 때에는 볼레로 닷넷은 발송된 내용과 원본의 내용을 대조하며 상대방으로부터 접수한 메시지와 서류를 대조할 수 있는 거래환경, 서류의 신속한 이전, 서류의 긴급성을 구별한다.

2) 權利登錄 시스템

권리등록 시스템(tilte registry)이란 볼레로형 전자선하증권상에 법률관계의 변동에 대한 메시지에 있어 지시를 받는 정보의 창고이다. 대금결제 과정을 통하여 권리등록 시스템의 주요 기능을 살펴보면 다음과 같다.

첫째, 권리등록 시스템과 볼레로型 電子船荷證券 원문은 종이선하증권상의 권리변동과 동일한 기능을 제공한다. 따라서 볼레로型 電子船荷證券은 권리등록 시스템을 통하여 발행·이전되고 변경 및 양도 될 수 있다. 각각의 법률관계 변동 시 수권받은 당사자는 권리등록 시스템을 통해야 한다. 둘째, 종이선하증권이 은행에 배서를 통하여 담보를 제공받는 것처럼 볼레로형 전자선하증권은 권리등록 시스템을 통하여 질권자를 추가하는 방법으로 담보기능을 부여받는다. 셋째, 권리등록장치는 수권당사자의 지시에 따라 실행할 뿐만 아니라 그 실행을 승인하고 그 내용을 관계당사자에게 자동적으로 통지하며 내부의 모든 거래를 감시하여, 볼레로型 電子船荷證券이 부당한 당사자에게 발송되는 것을 차단한다. 넷째, 볼레로型 電子船荷證券上의 조건변경을 관리한다. 볼레로형 전자선하증권을 생성·발급한 운송인이 적절한 권한을 가지고 있지 않다면 그에 따른 조건변경은 허용하지 않으며 사기(fraud)목적으로 변경될 가능성을 미연에 방지한다. 또한 일상적인 일대일(one to one) 조건 변경 이외에 볼레로型 電子船荷證券을 결합, 분할 및 스위칭(switching)하는 것을 지원한다. 다섯째, 권리등록장치에서는 볼레로형 전자선하증권의 연속적인 배서(endorsement chain)를 관리하고 볼레로型 電子船荷證券에 관한 완벽하고 정확한 기록을 제공한다.

3) 볼레로型 電子船荷證券의 發行 및 權利移轉節次

최초의 운송인이 볼레로 시스템을 통하여 CMP에 메시지를 생성하면 해당 메시지는 볼레로 헤더 내에서 전송메시지(sent message: SMsg)를 가지게 된다. 발행자가 전송메시지 볼레로 헤더 내에서 지시요소(instruction element)에 권리등록 시스템에 새로운 볼레로 선하증권을 생성하도록 한다. 이후에 볼레로型 電子船荷證券의 원문(Bolero Bill of Lading Text)을 첨부한 후 디지털서명을 하여 CMP로 전송한다.

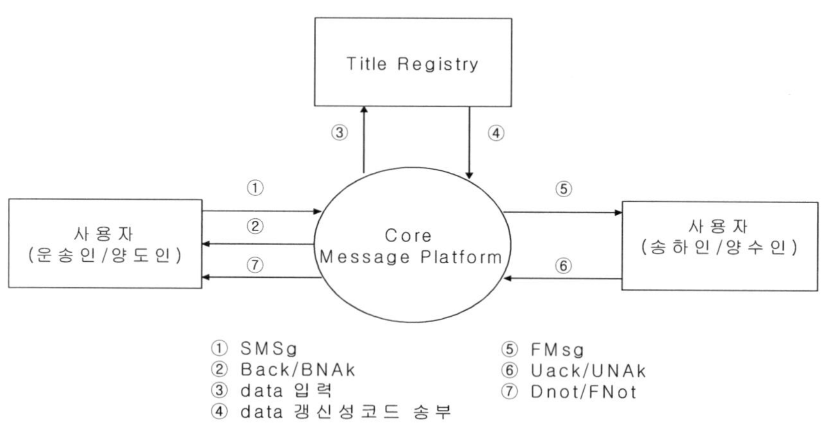

자료: 양정호, 전게논문, 102면.

[그림3-2] 볼레로型 電子船荷證券의 權利移轉 節次

CMP에서는 전송된 메시지의 서명과 기술적인 형태를 검토하고 이상이 없으면 메시지에 첨부된 볼레로型 電子船荷證券의 원문을 저장한다. 권리등록 시스템에서 기록이 생성되면 당해 기록의 발행자가 지정한 문서번호와 'initial role'을 기록한 다음 송신자에게 전송메시지를 수령하였음을 통지한다. 권리등록 시스템에서는 볼레로

型 電子船荷證券의 소지인에게 전송메시지(FMsg)를 전송하며 새로운 선하증권의 생성과 사용자 지정의 수령을 통지하게 된다. 지정된 사용자가 볼레로 시스템에 메시지 수령확인을 통지하게 되면 새로운 볼레로型 電子船荷證券을 생성한 원 송신자에게 인도확인통지(DNot mseeage)를 하게 된다. 양도인이 볼레로 시스템에 CMP에 메시지를 생성하고 메시지 볼레로 헤더 내의 지시요소에 새로운 소지인 RID (root identifier)를 등재함으로써 새로운 소지인을 지정한다. 새로운 소지인이 지정되면 메시지에 디지털서명을 하여 CMP를 통하여 전송을 한다.

CMP에서는 메시지의 무결성과 진정성을 검증하여 양도인에게 확인통지를 한다. 단순한 자료의 중개자 역할을 할 뿐만 아니라 인증기관 또는 전자공증인으로서의 역할도 수행한다. 양도인의 RID를 권리등록 시스템에서 삭제하고 양수인의 RID를 입력하여 업데이트 (update)된 결과를 CMP에 전송하면 전송메시지(FMsg)를 전송하게 된다. 양수인이 전송메시지의 수취를 통보(UAck)하면 CMP에서는 양도인에게 인도확인통지(DNot)를 보내게 된다.[10]

[表3-1] 볼레로型 電子船荷證券의 生成 및 權利移轉 關聯 電送메시지

메시지의 형태	송신처	수신처	내 용
SMsg (Sent Message)	원래 송신자	CMP	SMsg형태의 볼레로 해더에는 지시요소(instruction element)가 삽입되는데, 여기에는 원송신자의 역할에 따라 권리등록장치에 볼레로형 전자선하증권의 생성 또는 새로운 소지인에게 권리를 이전하도록 하는 지시 내용이 포함된다.
BAck (Bolero Acknowledge ment)	CMP	원래 송신자	SMsg에 전자서명이 되어 있고 올바른 형태로 작성되었는지 여부를 점검한 후 이상이 없으면 전송메시지를 정히 수령하였음을 송신자에게 알리는 확인 통지

---

10) 양정호, 전게논문, 99~102면 참조 재구성.

메시지의 형태	송신처	수신처	내 용
BNAk (Bolero Negative Acknowledgement)	CMP	원래 송신자	CMP에서 SMsg를 수취하였으나 메시지에 이상이 있는 경우 볼레로 헤더를 BNAk 형태로 반송한다. CMP에서 메시지를 수령하지 않았거나 검증이 불가능한 경우 송신자에게 아무런 통지가 이루어지지 않음
FMsg (Forwarded Message)	CMP	SMsg의 예정 수신인	새로운 선하증권의 생성 및 사용자의 지정과 관련한 권리등록장치의 DB생성결과를 통지하기 위해 CMP에서 SMsg의 예정된 수신인에게 전송되는 메시지이다. FMsg 형태의 볼레로 헤더를 가지고 CMP의 디지털서명과 함께 원래 송신자에 관한 내용이 포함된다.
UAck (User acknowledgement)	FMsg의 수신인	CMP	예정된 수신인은 Operation rule 2에 따라 CMP로부터 FMsg를 수령한 즉시, 수령사실을 CMP에 알려야 하는바, 그때 전송되는 메시지는 UAck 형태의 헤더를 가진다.
DNot (Delivery Notification)	CMP	SMsg의 원래 송신자	SMsg의 원래 송신자가 메시지가 예정된 수신인에게 인도된 사실을 통지해 주도록 요청한 경우 CMP에서 수신한 UAck를 DNot 헤더를 가지는 메시지로 바꾸어 원래 송신자에게 전송한다. (SMsg의 원래 송신자가 Dnot)

자료: Bolero Operation Rule § 2.2.4; 양정호, 전게논문, 101면.

4) 유저 시스템 등

유저 데이터베이스(user data base)에서는 정당하게 수권된 이용자인가를 확인하기 위하여 볼레로 시스템의 관계자에 대한 정보를 보존하고, 볼레로 시스템에 접근을 제한하며, 이용자들로부터 접수한 메시지의 진정성 확인과, 이용자들과의 계약사항, 서비스 및 그와 유사한 목적을 위하여 관련 내용들을 저장한다.

유저 서포트 리소스(The User Support resources)는 안전한 월드와이드 웹(world wide web) 인터페이스(interface)를 통하여 볼레로 시스템에 제공되는 온라인 정보와 기능을 지원하는 서비스이다. 즉 이용자의 관리자가 그의 거래관계를 보존할 수 있도록 유저 데이터 안의 인터페이스를 사용하며 볼레로 시스템의 이용자에 대한 전반적인 온라인 정보의 축적, 볼레로 시스템의 지원, 게시 및 경보와 그와 유사한 정보 그리고 전화나 또는 전자메일(e-mail)에 의한 활발한 지원을 도와준다. 유저 서포트 리소스는 향후 추가가 가능하며 온라인상에서는 웹브라우저(web browser)를 이용하다.

유저 시스템(User System)은 이용자가 볼레로 시스템과 연결하여 이용하는 수단으로, 유저 시스템은 볼레로 시스템을 이용하기 위한 이용자의 지역 컴퓨터 장치로 다음을 포함한다. 즉 CMP에 연결된 네트워크와 커뮤니케이션 링크(communication link), 링크와 연결된 데스크 탑 컴퓨터의 하드웨어 및 CMP를 경유하여 메시지를 작성하여 송수신하기 위한 소프트웨어(software) 등을 포함한다.

5) 볼레로 시스템의 情報保安

종이서류상의 서명[11]은 전통적으로 두 가지 기본적인 목적을 제공한다. 첫째는 우선 서류와 서명자를 연계시킨다. 자필서명은 각자 서로 독특한 필적을 가지고 있다. 그리고 둘째는 서류의 진정성이다. 종이서류에서 필적의 변조는 쉽게 발견할 수 있다. 따라서 서명자에

---

11) 문서에 이루어진 서명은 일반적으로 서명자의 신원을 확인하는 기능, 서명자가 서명한 내용을 확인(승인·동의)하는 기능, 일정한 법률행위를 종국적으로 완료시키는 기능, 그 문서가 서명자에 의하여 진정하게 작성되었음을 나타내는 기능, 서명자가 그 문서의 내용에 구속을 받는다는 의사가 표시되는 기능 등을 수행한다. UCC §1~201(39), 김성탁, "전자상거래에 대한 미국 통일상법전(U.C.C)의 해법", 「사회과학연구」 제17집 제2호(영남대학교 사회과학연구소, 1998), 10면; 김진환, 「전자거래법」, 사법연수원, 2001, 85면; 정완용, "전자서명법의 개정방향에 관한 고찰", 「법학논집 창간호」(목포대학교 법학연구소, 2001), 185면.

게 확실하게 책임을 부담시킬 수 있고, 그에 의해서 서류의 진정성이 보장된다.

종이문서에 대한 서명은 곧바로 전자문서에 대해서 적용되지 않는다. 전자서명은 육필서명에 대한 전자적 대안으로서 육필서명(자필서명) 이상의 기능을 충족시킨다.[12] 즉 전자문서에 날인하는 인장이나 사인(sign)을 의미한다. 전자문서의 서명은 일반문서의 서명과 같이 전자문서에 있어서 그 작성자의 신원확인과 그 내용이 변조되지 않았다는 것을 증명할 수 있는 전자기법을 말한다. 전자서명의 의의에 관해서는, 디지털서명과 같이 어느 하나의 서명에 관한 기술을 특정하여 논의하거나 입법하는 기술 특정적 방법(technology specific)과 범용으로서의 전자서명과 같이 어느 하나의 서명기술에 얽매이지 않고 여러 가지 서명기술을 포함할 수 있는 추상적인 기준을 마련하고자 하는 기술 중립적 방법(technology natural)이 있다.[13] 전자의 예로는 1995년에 제정된 미국 유타州의 디지털서명법이 있고 후자의 예로는 EU의 전자서명입법지침, 미국 플로리다주와 캘리포니아주의 전자서명법 등이 있다.[14] 우리나라는 미국 등을 비롯한 선진국과 같이 특정기술에 국한되지 않고 기술 중립주의 원칙에 따라 전자서명의 개념을 확대하여 규정하고 있다. 전자거래기본법 제2조제5호[15]에

---

12) 종이문서에 기초한 전통적 통신은 불완전하기는 하지만, 진정성, 무결성, 부인방지, 서명, 기밀성과 같은 법률요건을 충족시키는 속성을 가지고 있다. 그러나 이러한 속성들은 전자문서에 기초한 전자통신에서는 사라지게 된다. 전자기록은 단순히 0과 1로 표현되는 'on'과 'off'의 전원방식이기 때문에 그 전자통신이 위조 혹은 변조되었다는 고유의 특징을 찾기가 힘들다. 김재두, "전자서명에 관한 법적 고찰", 「중앙법학」 제6집 제3호(중앙대학교, 2004), 354면.

13) 김진환, "전자거래에 있어서의 문서성과 서명성에 관한 고찰", 「법조」 제48권 제8호(법조협회, 1999), 138~139면.

14) 이응세, 「전자서명과 인증 Cyber Law의 제 문제(하)」 재판자료 제100집 (법원도서관, 2003), 404~405면.

15) 전자거래기본법의 제정경위를 살펴보면, 국회의원 50명이 발의한 "전자

의하면 "전자서명이라 함은 전자문서를 작성한 작성자의 신원과 당해 전자문서가 그 작성자에 의하여 작성되었음을 나타내는 전자적 형태의 서명을 말한다."고 규정함으로써 넓은 의미의 전자서명 (electronic signature)을 의미하고 있다. 1999년 2월 5일 신규 제정된 전자서명법[16] 제2조제2호에서는 "전자서명이라 함은 전자문서를 작

거래기본법안"과 정부가 제출한 "전자거래기본법안"이 1998년 11월 20일에 산업자원위원회에 회부되어 제198회 국회 제9차 위원회(1998.12.3.)에서 대체토론을 거치고 이어 법안심사소위원회에 회부되었다. 이에 위원회가 2개 법안을 병합 심사한 결과 2개 법안을 통합하여 단일안을 작성하고, 이를 제198회 정기국회 제10차 위원회(1998.12.8.)에 보고하여 의결하였다. 전자거래기본법은 산업자원부에 의하여 마련된 것으로서, 정보화 시대의 도래에 따라 전자문서에 대하여 서면문서와 동일한 수준의 법률적 효력을 부여하고 전자거래의 신뢰성 확보, 소비자의 보호, 전자거래의 촉진을 위한 시책의 추진 등 전자거래에 관한 기본적인 사항을 정함으로써 일반인들이 안심하고 전자거래를 할 수 있도록 함과 동시에 전자거래를 21세기 지식기반 산업의 원동력으로 삼기 위하여 1998년 12월에 제정 공포하였다. 기본법은 총칙(제1장), 전자문서(제2장), 전자거래의 안전(제3장), 전자거래의 촉진(제4장), 소비자의 보호(제5장), 보칙(제6장) 및 부칙으로 구성되어 있고 우리나라의 특수한 사정을 반영하였다는 점과 전자거래에 관한 기본법이자 일반법으로서의 성격을 가지고 있다는 점, 전자거래에 관한 규제의 목적이 아니라 그 촉진을 목적으로 하고 있다는 점 등의 특성을 가지고 있다. 전순환, "전자상거래모델법과 전자거래기본법의 비교", 「창업정보학회지」 제4권 제1호(창업정보학회, 2001), 229면.

16) 정보통신망을 통하여 처리되는 전자문서의 안전·신뢰성을 확보함으로써, 전자거래의 활성화, 전자정부 구현 및 전자화폐의 이용 등에서 정보화를 촉진하고 국민생활의 편익을 증진하며 국가 전체의 공개키 기반구조 구축을 위한 기본적 사항을 정한 법이라 한다. 제정경위를 살펴보면, 1997년 10월 전자상거래 촉진을 위하여 전자서명법, 전자거래 기본법 등 제정추진을 결정하였으며, 1998년 4월 법 제정에 연구 작업반을 구성하고 시안을 마련하였다. 1998년 12월 국회 본회의를 통과하였으며, 1999년 2월 전자서명법을 공포, 1999년 7월 전자서명법을 시행하게 되었다. 공인인증기관이 인증한 전자서명에 대하여 법적 효력을 부여하고, 정보통신부장관이 공인인증기관을 지정(국가기관 지방자치단체, 법인에 한함)하고, 인증업무의 지속성 및 적정성 보장을 위한 공인인증기관 관리제도의 도입, 인증서의 신뢰성 확보를 위한 인증서 발급, 인증업무 수행관련 개

성한 자의 신원과 전자문서의 변경여부를 확인할 수 있도록 비대칭 암호방식을 이용하여 전자서명 생성키로 생성한 정보로서 당해 전자 문서에 고유한 것을 말한다.”고 규정하고 있다. 전자인증에 대해서는 다양한 기술적인 방법이 가능하고 그중에서 가장 안전하고 널리 수 용되는 것은 디지털서명이다.[17]

(1) 公開키 暗號化 方式

우리나라의 전자서명법 제2조제13호에 의하면 “비대칭 암호화 방 식이란 정보를 암호화하기 위하여 사용하는 키와 암호화된 정보를 복원하기 위하여 사용하는 키가 서로 다른 암호화 방식을 말한다.” 고 규정하고 있다. 볼레로 시스템 역시 인터넷을 통하여 전송되는 자료를 신뢰성을 보장하기 위하여 전송자료의 진정성[18](authenticity) 과 무결성[19](integrity)을 보장하는 디지털서명방식을 채용하고 있다.

인정보보호, 국가 간 인증서에 대한 상호 인정을 주요내용을 하고 있다. 전성배, “전자서명법 제정목적”(한국정보보호진흥연구원, 1999).

17) 전자서명(electronic signature)은 전자적 형태의 서명으로서 서명자의 인 식만 가능한 전자서명을 말한다. 이러한 전자서명은 컴퓨터 프로그램으 로 얼마든지 복사할 수 있어 서명의 인증, 진정성, 기밀성 및 부인방지 기능을 확보할 수 없으므로 서명으로서의 효력을 인정받을 수 없다. 그 러나 디지털서명(digital signature)은 현재 사용되고 있는 인장도장이나 수기서명을 디지털정보로 구현하는 것으로 사용자 인증과 메시지 인증 을 결합하는 것을 말한다. 즉 전자적인 문서에서 수학적 조작으로 얻어 진 일련의 숫자, 문자, 기호 등으로 암호화된 정보로서 수기 서명의 전 자적인 대체물을 말한다. 전순환, 전게논문, 234면.

18) 진정성이란 표시된 어떠한 의사의 내용이 누구에 의하여 이루어진 것 인가를 확증할 수 있는 것을 말한다. 전자거래에 있어서는 당해 거래 이전에 거래당사자 간에 인적 교류가 없었던 것이 대부분이고, 그 비대 면 속성으로 말미암아 제3자가 타인의 성명을 도용하여 표의자인 양 행동하여도 이를 확인하기 어려운 까닭에 그 외관상 표의자로서 나타 난 사람에 의해서 실지로 그 의사의 표시가 행하여졌는지 여부를 확인 할 필요성은 더욱 절실하다. 김진환, 전게서, 30면.

볼레로 시스템에서 CMP는 서명의 기능을 대신하는 장치로서 한 쌍의 암호키(encruption key)를 기반으로 한 전자서명을 채택하고 있다. 공개키 암호화 기법은 개인키와 공개키를 구분하여 사용함으로써 개인키의 암호화 기법의 최대 난점인 복호화를 통한 키의 전달의 문제점을 해결하였다.[20] 각 사용자들은 사용자가 비밀리에 보관하여야 하는 개인키(private key)와 CMP에 등록되어 모든 사용자들에게 알려져 있는 공개키[21](public key)를 수령한다. 개인키는 전송하고자 하는 평서문 형태의 메시지를 인식 불가능한 복수의 숫자형태로 변형함으로써 서명을 생성하는 역할을 하는 반면, 공개키는 개인키에 의하여 생성된 서명을 원래 형태로 복원시킴으로써 서명을 확인하는 역할을 하게 된다. 공개키는 명칭 그대로 CMP에 등록된 상태에서의 메시지의 모든 수신자들에게 공개되는 반면, 개인키는 서명자만이 알고 있어야 한다.[22] 모든 메시지는 송신자의 개인키와 함께 CMP로 송신되고 송신자의 개인키에 상응하는 공개키를 통해 보내진 메시지를 검증한다. 사용자의 개인키와 수학적으로 연관된 공개키만이 서명된 메시지를 검증할 수 있고 CMP는 인증서를 각각의 사용자에게 발급하여 그 사용자들이 공동암호를 교부받았음을 증명하여 주기 때문에 메시지의 진정성과 무결성을 확보할 수 있다. 개

---

19) 무결성이란 표시된 의사의 내용에 완전성에 관한 것으로, 표의자가 처음의 의사와 동일한 내용으로 상대방에게 그 의사내용이 도달·보존되어 있는지 확증하는 것을 말한다. 전자거래에 있어서는 타인이 작성한 전자적 형태의 기록에 접근하여 이를 수정할 가능성이 상존하고 있을 뿐만 아니라 일반 종이문서와 달리 이의 수정여부를 객관적으로 확인할 방법이 사실상 존재하고 있지 않다. 김진환, 전게서, 31~32면.

20) 김진환, 「전자거래의 법률적 문제점에 관한 연구」(고려대 법학석사학위논문, 1998), 49면, 김인현, 전게논문, 73면, 김재철, 「전자서명과 전자인증의 법적 문제점에 대한 고찰」(고려대학교 법학석사학위논문, 1998), 41~46면.

21) 개인키와 공개키 모두 전자서명법상 전자서명생성키에 해당한다.

22) 박석재 / 신건훈, 전게논문, 51면.

인키의 소지자는 제3자에 의한 사기적인 개인키의 사용을 방지하기 위하여 개인키에 대한 적절한 보안장치를 설정 및 유지하여야 하며 볼레로 규약집은 각 이용자로 하여금 그의 비밀키 또는 키들을 안전하게 보존하도록 하는 책임을 지도록 한다.[23]

디지털서명의 생성 및 확인절차는 다음과 같다. ① 발신자(서명자)가 메시지를 전송한다. ② 서명자의 소프트웨어가 해쉬값[24](hash result)을 산출하기 위하여 평서문 형태의 메시지에 해쉬함수를 대입한다. ③ 해쉬값은 개인키를 사용하여 디지털서명으로 변환된다. ④ 디지털서명은 평서문 메시지에 첨부되어 메시지와 함께 전송된다. ⑤ 수신자(확인자)는 디지털서명에 사용된 동일한 해쉬함수(즉 발신자의 공개키)를 사용하여 메시지의 새로운 해쉬결과를 산출한다. ⑥ 공개키와 해쉬값은 디지털서명이 상응하는 개인키를 사용하여 생성되었는가 여부와 새로운 해쉬값이 발신된 해쉬값과 일치하는가 여부를 확인하

---

23) Bolero Rulebook 2.2.4.(Responsibility for Messages)
   (1) (Private Key Security): Each User is responsible for all Messages Signed by means of its Private Key, regardless of any failure to maintain the security of its own Private Key.
   (2) (Site Security): Each User is responsible for implementing all necessary security procedures and measures at its site to ensure that data transmissions to and from the Bolero System are protected against unauthorized access, alteration, delay, loss or destruction. 메시지에 대한 사용자의 책임에서 "시스템의 사용자는 이유 여하를 불문하고 개인키의 보안유지실패로 인한 일체의 메시지전송에 대하여 책임을 부담한다."고 규정하고 있다. 채진익, "볼레로 시스템상의 전자무역거래의 정보보안에 관한 연구", 「인터넷 비즈니스연구」(한국인터넷 비즈니스 학회, 2003), 132면.
24) 해쉬함수란 특정한 글자에 고유의 값을 부여하여 이를 합산할 수 있는 알고리즘을 지칭하고 이렇게 합산된 값을 해쉬값(hash digest)이라고 한다. 해쉬함수는 주어진 문서에 대해서 항상 유일한 출력값을 생성하기 때문에 원래의 문서 내용에 위·변조가 행해진 경우 전혀 다른 출력값이 생성되어 문서의 위·변조 여부를 쉽게 확인할 수 있다. 오원석 / 양정호, 전게논문, 84면.

기 위하여 사용된다. 이와 같은 방법으로 볼레로 메시지가 적법하게 확인될 수 있는 디지털서명이 첨부되었다면, 볼레로 규약집은 그 볼레로 메시지가 적용 가능한 서면 및 서명요건을 충족하며 볼레로 인터내셔널사가 발행한 유효한 인증서를 통하여 디지털서명을 적법하게 확인할 수 있다. 볼레로 시스템의 모든 이용자는 볼레로 규약집이 적용되는 모든 소송에 있어서 상호 간에 종이를 근거로 한 서면과 서명요건을 주장하지 않기 위하여 볼레로 규약집에 합의한다.[25)

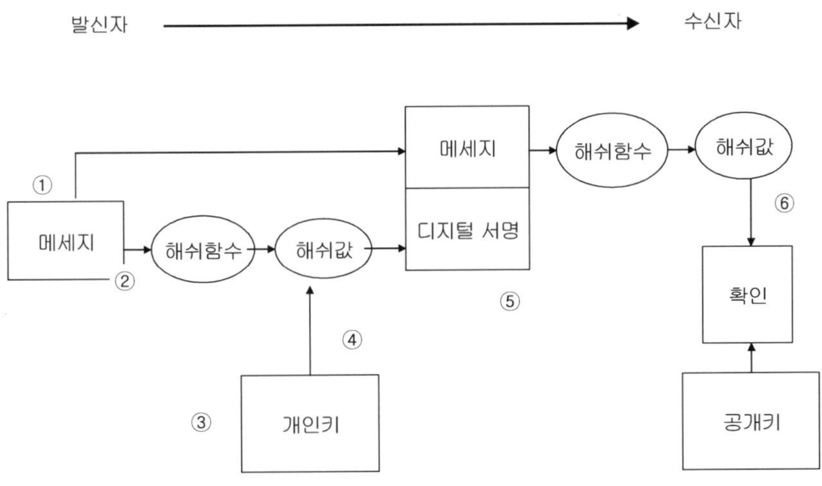

자료: 양정호, 전게논문, 52면.

[그림3-3] 디지털 署名의 生成과 確認

(2) 볼레로 시스템上 電子認證書와 電子 認證機關

전자서명이 인감이라면 인증서는 인감증명서의 역할을 한다. 디지털 인증서는 신원이 확인된 개인이 가지고 있는 지정된 공개키를 확

---

25) http://www.bolero.net/downloads/digisigs/pdf.

인하는 디지털 기록이다. 그 공개키가 개인키와 대칭을 이루기 때문에 인증서는 디지털서명을 생성하기 위하여 사용된 개인키를 누가 정당하게 보유하는가를 확인한다. 인증기관은 등록인의 신원을 확인하고 디지털서명을 하는 데 사용되는 공개키를 증명하는 제3자(또는 기관)이다. 인증기관은 등록을 신청하는 자로부터 그 신청자의 인적 사항, 주소, 공개키 등의 정보를 제공받아 저장하고 그 등록자와 거래를 하고자 하는 사람이 확인을 요청할 경우 등록자의 인적 사항과 등록자의 개인키를 확인해 주는 공개키 등의 내용이 담긴 인증서를 발급해 주는 사업을 영위하는 기관이다. 인증서의 신빙성을 보장하기 위하여 각 인증서는 신뢰성 있는 제3자(Trusted Third Party: TTP)인 인증기관에 의해서 발행되어야 한다. 인증기관은 신원증명이 된 자와 공개키 사이의 관계를 확인하면 인증서를 발급한다.[26]

볼레로 시스템에서 사용된 모든 인증서에 대해서는 볼레로 인터내셔널사가 인증기관이기 때문에 각각의 유효한 서비스 계약에 의하여 발행되는 인증서에 대해서 책임진다.[27] 볼레로 시스템에서 볼레로 메시지는 항상 CMP를 통하여 전송되는 중앙등록 시스템을 사용하므로, 볼레로 시스템의 이용자 입장에서 보면 메시지의 송신자는 항상 볼레로가 된다. 이용자는 수신되는 메시지를 확인하기 위해서는 볼레로의 공개키가 필요하고 볼레로 인터내셔널은, 유저 데이터베이스에 저장된 모든 이용자의 공개키가 필요하게 된다.[28]

(3) 볼레로 시스템上 電子署名 運用의 問題點

電子船荷證券에서의 기명날인과 서명은 전자서명으로 대체할 수

---

26) http://www.ecl.wo.to/
27) http://www.bolero.net/downloads/digisigs.pdf.
28) 채진익, 전게논문, 134면.

있다. 다만, 전자서명법 제3조제1항에 따라 다른 법령에서 서면에 서명날인 또는 기명날인을 요하는 경우에는 공인전자서명으로 충족한 것으로 보고 있다. 따라서 電子船荷證券에서는 선하증권의 법정기재사항을 기록한 전자문서에 공인인증기관이 인증한 공인전자서명을 첨부함으로 인하여 서명 또는 기명날인으로 효력을 인정받게 된다. 배서된 전자문서에 공인전자서명을 하여 전송하면 선하증권의 양도방법인 배서·교부의 요건을 충족시킬 수 있다. 전자서명법 제2조제9호에 의하면 '공인인증기관'(certification authority: CA)이라 함은 동법 제4조의 규정에 의하여 지정을 받아 인증역무를 제공하는 자를 말한다고 규정하고 있다. 볼레로型 電子船荷證券의 전자서명 등이 진정성을 추정받기 위해서는 공인된 인증기관의 인증이 반드시 필요하다. 거래상대방의 신원을 확인하여 통신 데이터가 송수신 도중에 변조되지 않도록 하는 것은 가장 중요한 문제 중의 하나이다. 전자서명법 제4조에서는 "정보통신부장관은 인증업무를 안전하고 신뢰성 있게 수행할 능력이 있다고 인정되는 자를 공인인증기관으로 지정할 수 있으며, 공인인증기관으로 지정받을 수 있는 자는 국가기관·지방자치단체 또는 법인에 한한다."고 규정하고 있다.29) 현재 정보통신부로부터 공인인증기관으로 선정되어 서비스를 실시하고 있는 기관은 6개로 금융결제원(금융기관의 인터넷뱅킹 인증기관), 한국전산원(전자조달관련 인증기관), 한국정보인증(제1호 공인인증기관), 한국증권전산(사이버 증권거래 인증기관), 한국전자인증(공인인증 서비스 기관), 한국무역정보통신(전자무역 공인인증 서비스 기관) 등이 있다.

---

29) 자연인은 공인인증기관이 될 수 없다. 최성근, "전자문서이용촉진법 要綱案·법률안의 작성경과 및 최종안 마련을 위한 제언−2003 전자상거래 활성화 워킹그룹보고서(Ⅰ)−"(산업자원부 / 한국전자거래진흥원, 2004), 171면; 박영우, "전자서명 인증제도의 법적 고찰", 「법조」 제48권 제9호(법조협회, 1999), 134면.

[表3-2] 公認電子書名의 利用現況

공인인증기관	2000년	2001년	2002년	2003년	2004년 3월
한국정보인증㈜	11,766	260,996	558,806	771,272	816,254
한국증권전산㈜	28,182	281,634	748,840	1,865,042	1,646,688
금융결제원	12,478	1,363,016	3,925,522	5,249,970	5,631,877
한국전산원	-	11,992	485,388	697,857	692,993
한국전자인증㈜	-	-	53,092	117,803	134,266
㈜한국무역 정보통신	-	-	857	11,285	16,400
계	51,836	1,917,638	5,772,505	8,713,229	8,938,478

자료: "e-비즈니스 주요통계"(한국전산원 2004), 13면.

무역거래의 특성상 해외민간인증기관으로부터 인증받은 전자문서를 수신하는 경우가 발생하고 무역거래 시 국제적인 공신력을 인정받기 위해 우리나라에서도 해외인증기관의 전자서명을 사용하는 경우가 많다. 전자서명법 제27조의2에서는 "전자서명의 상호인정을 위하여 외국정부와 협정을 체결할 수 있으며, 외국의 인증기관 또는 외국의 인증기관이 발급한 인증서에 대하여 전자서명법에 의한 공인인증기관 또는 공인인증서와 동일한 법적 지위 또는 법적 효력을 부여할 수 있다."고 규정한다. 또한 "외국정부와 협정이 체결된 경우 외국의 전자서명 또는 인증서는 공인전자서명 및 공인인증기관과 동일한 효력을 가진 것으로 본다."고 규정하고 있다. 각국 정부 간의 협정이 미진한 이유는 그러나 전자거래의 선진국들이 민간주도형으로 전자거래를 발전시키는 정책을 추진하여 민간공인인증기관이 많기 때문에 각국 정부간 협정해결은 미진하다.

볼레로型 電子船荷證券에서 역시 공인인증에 있어서 세계적으로 통용되는 미국 공인인증기관인 베리사인(Versign, Inc)을 이용하고 있지만[30], 우리나라 전자서명법 제27조의2의 요건을 충족시키지는 못

---

30) 공인전자서명 및 인증에 대한 기술은 현재 사실상 자유방임상태로서

하기 때문에, 현행법제상 전자서명으로는 선하증권에 요구되는 기명날인 또는 서명으로 인정받지 못하고 있다. 그러나 우리나라에서 공인인증기관으로 인정되는 한국무역정보통신의 공인인증기술은 베리사인의 전자서명기술을 도입하여 공인인증기능을 수행하고 있다. 전자서명과 공인인증에 대해서 사용되는 기술(technology)은 같지만, 법제도상 공인인증기관으로 인정을 받지 못하여 법적인 효력을 인정받지 못하는 모순적인 상황이 지속된다. 따라서 공인인증기관의 지정에 대해서는 강제적인 허가제가 아니라 자격인정 방식의 입법[31]이 필요하다. 공인된 제3의 기관이 인증기관에 대한 기준을 설정하고, 그 기준을 충족하는 인증기관이 공인인증을 수행할 수 있는 탄력적인 방법이 필요하다. 정부 사이의 국제협약에 의한 상호인정만을 추진할 것이 아니라 인증기관 대 인증기관의 상호인정[32]을 법률적으로 인정하는 방안이 필요하다.

6) 볼레로 서프 시스템

볼레로 서프(Settlement Utility for managing Risk & Finance: SURF, 이하 'SURF'라 한다) 시스템은 전자적인 환경에서 위험과 금융을 관리하기 위하여 서류결제를 이행하는 결제 시스템이다. 볼레로 닷넷이 여러 은행 등과 작업을 통하여 2000년 6월경에 도입하였다. SURF의

미국 베리사인사의 독점에 가깝다고 할 수 있다. 전 세계 전자서명시장의 90%를 점유하고 있다. 우리나라 상당수 쇼핑몰업체가 미국 베리사인사의 인증서를 사용하고 있다. 김재두, "전자인증제도에 관한 법적 검토", 「상사법 연구」 제23권 제4호(한국상사법학회, 2005), 71~72면.
31) 미국 유타주(Utah) 디지털서명법은 면허방식을 채택하고 있다.
32) 한국전자인증은 베리사인사와 인증기간 상호인정을 하고 있다. 안병수, "수출입 통관에 있어 전자문서의 활용에 관한 연구", 「관세학회지」 제5권 제2호(한국관세학회, 2004), 18면.

첫 번째 사업설계서는 2000년 11월에 완성되었고 동년 12월부터 2001년 2월까지 볼레로 닷넷의 고객과 파트너들에 의해 재검토되었다. 개발의 주요부분은 2001년 4월 초에 완성되었고 실험과 보완을 거친 후 2002년 JP Morgan을 시작으로 SURF가 무역거래에 이용되고 있다.[33]

SURF는 볼레로 닷넷의 CMP에서 제공되는 서비스를 이용하여 그 약정서상의 약정내용과 제시된 서류내용을 점검하는 시스템이다. 따라서 전통적인 무역서류에서 이용되는 상업송장, 선하증권 등의 서류를 자동적으로 점검할 수 있다. SURF는 무역에서 원 클릭 트레이드(one click trade)를 가능하게 한다.[34] 주요기능으로는 서류의 일치성 여부의 점검 및 서류상 불일치 취급의 편리성 제공, 대금결제의 이행여부에 대한 보고서의 작성 및 신뢰성 있는 안전한 시스템 제공을 제공한다.

SURF 회원들 간 결제를 이행하는 데 따른 B2B(business to business) 지원, 거래의 투명성 제공 등이 있다. SURF를 사용하게 되면 전송받은 전자서류의 각 항목을 이미 등록된 전자신용장이나 전자계약서의 각 항목과 자동으로 대조하는 작업을 SURF 스스로가 진행시켜, 하자가 발생한 경우 즉시 불일치보고서(discrepancy report)를 수출상과 수입상 앞으로 전송한다. 신용장 방식의 무역관련 업무흐름에 대하여

---

33) 이병문 외 3인, 전게보고서, 85면; 채진익, 전게논문, 127면. 이하 볼레로 SURF 시스템에 대한 주요내용은 채진익 논문을 참조하였음.

34) www.bolero.net(Andy Target), 「Launching Banking Seminar」, 2002, s. 6. 전통적인 종이서류의 무역에서는 선적에서 대금결제까지 통상 18일이 소요되나, 볼레로 시스템에서는 3일 정도 단축된다. 물품검사를 비롯한 통관절차, 운송거리, 운송수단 등이 고려되어야 하기 때문에 실제로는 이보다 시간이 더 지연된다. 실무상으로는 서류의 일치성에 대하여 많은 분쟁의 소지가 있으며 철자 등의 오기로 인한 사소한 불일치로 대금지급의 지연 및 클레임 등이 자주 제기된다. SURF 시스템을 활용하면, 거래의 투명성은 높아지며 분쟁의 소지는 줄어들게 될 것이다.

SURF를 이용할 경우 [그림3-4]와 같은 절차가 진행될 것이다.[35]

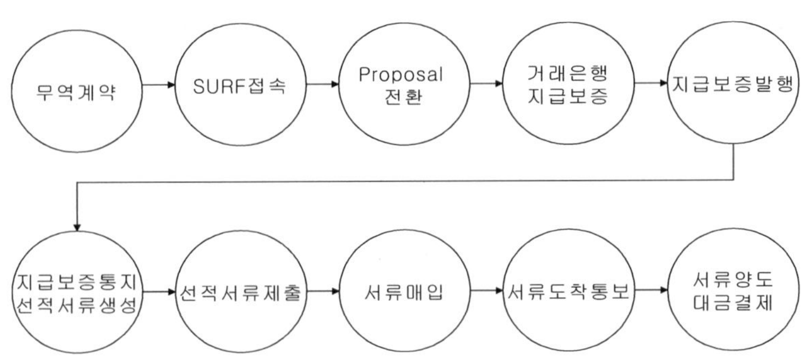

자료: 외환은행 외환업무팀 자료 참조 재구성.

[그림3-4] 信用狀 方式에서 SURF 시스템

볼레로 SURF 시스템상의 청약과정은, 수입상은 당사자 간에 체결된 계약서를 근간으로 볼레로 SURF 시스템의 사용과 결제조건을 결정한다. 결제조건이 신용장에 의한 방법일 경우 은행과의 지급확약조건을 약정한다. 수출상은 수입상에게 은행지급확약서 제공을 요구하는 것이 일반적이며 은행지급확약서는 SURF 약정서에 규정된다.[36] 다음으로 SURF는 수입상의 거래은행에 지급확약요청서를 발송하게 된다. 이때 SURF 약정서와 지급확약서가 일치하게 되면 수출상에게 통보를 한다. 수출상은 운송물을 선적하고 SURF에 제시할 무역관련 서류를 준비한다. 준비되는 서류는 운송물과 상거래 계약서가 일치하다는 것을 입증하여야 하며 일반적으로 선적 후 즉시 제시되어야 한다. 이 단계에서 볼레로型 電子船荷證券이 발급, 등록이 되며 boleroXML 형식으로 작성을 한다. SURF 약정서에 선하증권의 제시를 필요로 하는 경

---

35) 거래상대방 및 은행, 선사, 보험사, 세관, 검사기관 등은 볼레로의 회원이거나 볼레로와의 전자문서 연계가 가능함을 전제로 한다.

36) http:://www.bolero.net/decision/service/surf.

우에는 운송물의 소유권자를 SURF로 작성하고 권리등록 시스템을 통하여 권리의 이전관계가 관리된다.37) 볼레로 SURF 시스템상 대금결제와 무역서류의 인도과정에서는 SURF는 서류상 불일치가 발견될 경우에는 불일치에 대한 보고서를 작성하여 서류를 거절하거나 수출상에게 반송하거나 수입상과 수입상의 거래은행에 송부한다.38) SURF는 서류상 불일치가 해결되면 적법한 증거를 확보하여 약정서의 조건에 의하여 수입상의 거래은행은 수출상에게 자금을 이체하게 된다. 운송물이 도착하면 볼레로 시스템상의 CMP는 운송인의 대리점에 도착사실을 통지하며 볼레로型 電子船荷證券을 양도하여야 한다. 운송인의 대리점이 볼레로型 電子船荷證券과 교환하여 수입상에게 인도지시서를 발급하면 SURF상의 결제과정은 종료된다.

볼레로 SURF 시스템은 다음과 같은 문제점을 보완하여야 한다. 첫째, 거래규모 또는 거래빈도가 낮은 고객에게 높은 연회비와 시스템 관련 소프트웨어 및 전산 시스템을 구축하기 위해서는 초기 설비비용이 필요하다. 둘째, SURF의 운용에 대해서만 전자화를 하고 무역과 통관절차에서 전자화가 되지 않는다면 활용이 미흡하게 된다. 셋째, L / G가 보증도의 위험에도 불구하고 실무적으로는 많이 이용되고 있기 때문에 SURF의 운용으로 L / G에 대한 이익이 현실적으로 사라지게 된다면 SURF의 이용을 회피할 가능성이 있다. 넷째, 볼레로의 협력업체, 각국 정부, 수출입 업자, 은행 등의 적극적인 참여가 요구되지만 관계 주체들 사이에 관습, 법체계 등이 이질적이기 때문에 통합되어 추진하기에는 어려움이 있다.

---

37) http://www.bolero.net/downloads/surf.pdf.

38) 불일치에 대한 보고서에는 물품명세, 수량 및 국제정형거래조건(International Rules For The International Trade Procedure Board: INCOTERMS), 권리등록 정보, 선적, 양륙 및 인도에 관한 정보, 대금지급 만기일 등의 내용이 포함된다.

7) 볼레로 시스템上 電子船荷證券 關聯法制 制定의 必要性

볼레로 시스템은 가장 진보된 전자선하증권 시스템으로 평가받고 있다. 앞서 살펴본 바와 같이 볼레로형 전자선하증권은 실물선하증권이 발행이 되지 않는 중앙등록 시스템을 채용하고 있다. 볼레로형 전자선하증권은 CMP와 권리등록 시스템을 통하여 권리의 이전을 실현하고 있으며, 무결성과 진정성을 보장하기 위해 전자적으로 확인하는 디지털서명을 택하고 있고 서류대금결제에는 SURF 시스템을 사용한다. 전자화된 선하증권의 수많은 실패에서 교훈을 얻어 효율적인 방법으로 계속 진보하고 있다. 전자무역에서 가장 중요하고 핵심적인 문제가 전자형태로 운영되는 서류의 위·변조를 방지하는 것이다. 서류를 단순히 전자화시킨 형태로는 보안에 매우 취약하기 때문에 전자무역에 통용될 수 있도록 정보보안을 확보하기 위한 새로운 기술의 출현이 불가피하다. 기존의 법제에서 새로운 기술에 대해서 법적으로 충분히 보장하지 못하는 경우가 많이 발생한다. 기술의 출현이 모두 입법을 요구하지는 않지만 안정된 기술의 운영을 위해서 기존의 법이 장애가 된다면 입법이나 법제의 수정이 필요하다. 실물선하증권의 발행을 기초로 상법 제133조 등과 같이 실물선하증권의 상환으로 운송물의 인도를 규정한 현재의 해상법에서는 CMP와 권리등록 시스템을 통하여 운영되는 볼레로형 전자선하증권이 통용될 수 있는 명확한 법적 근거를 확보하기에는 어렵다. 법적 근거가 명확하지 않으면, 수많은 위험의 발생과 예상치 못한 상황에 대비해야 하는 무역업계에서는 그 사용을 외면할 수밖에 없다. 선하증권이 제 기능을 발휘하지 못하고 있는 현실에서 정보통신기술의 비약적인 발전을 바탕으로 비용과 시간을 획기적으로 줄일 수 있는 전자선하증권이 단지 법률적 문제의 미해결로 널리 사용되지 못하고 있다.

3. 볼레로型 電子船荷證券의 法的 構造

1) 볼레로型 電子船荷證券上의 契約 締結

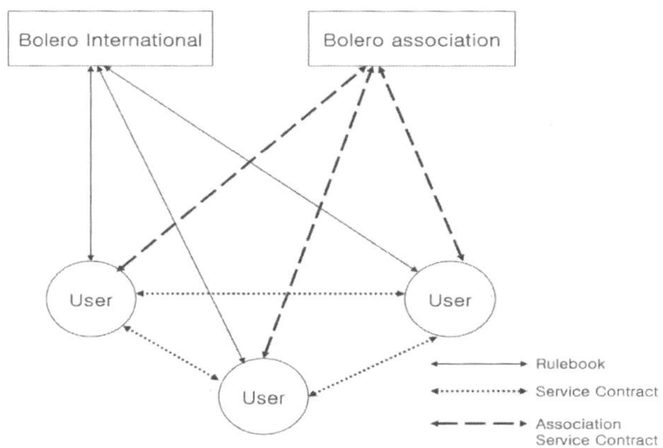

자료: 양정호, 전게논문, 15면.

[그림3-5] 볼레로 시스템의 契約構造

볼레로 시스템상의 계약체결 과정은 다음과 같다. 볼레로 시스템의
사용자가 되기 위해서는 3개의 계약을 체결하여야 한다. 첫째는 볼레
로 시스템을 사용하려는 사용자는 볼레로 협회(BAL)[39]와의 볼레로
협회 서비스 계약(Association Service Contract)을 체결한다. 볼레로 협
회 서비스 계약은 볼레로 협회가 사용자에게 제공하는 서비스의 내용
과 볼레로 규정집의 개정절차 및 징계절차(disciplinary procedure)를

---

39) 볼레로 협회는 볼레로 시스템의 사용자 집단으로 볼레로 시스템의 운용
　상 법률기반 구축과 지속적인 시스템의 운용상 법률적 기반구축과 지속
　적인 시스템 개발책임을 담당하고 있다. 또한 볼레로 인터내셔널사와 상
　호 협력하여 볼레로 사용자 간의 상호운용성을 증진시킨다. 양정호, 전
　게논문, 17면.

포함하고 있다. 볼레로 협회 서비스 계약을 체결하게 되면 개별 사용자들과 개별적으로 약정을 체결할 필요가 없다. 다만 볼레로 규정집과 운영절차(operating procedure)[40]에 서명하게 되는 순간 볼레로 시스템에 가입되어 있는 사용자들과 향후 가입하게 될 사용자들과 계약관계가 자동적으로 형성된다. 둘째는 볼레로 인터내셔널사(Bolero International Limited: BIL)와의 운영 서비스 계약[41](operational service contract)을 체결한다. 볼레로 인터내셔널사는 볼레로 시스템의 소유자이며 동시에 운영자이다. 볼레로 닷넷에서 제공되는 CMP, 권리등록장치, 인증책임, 보안, 사용자 및 시스템 관리 등과 같은 업무를 수행한다. 셋째는 모든 당사자가 규약집의 내용에 구속된다는 계약을 체결하게 된다.[42] 한 가지 유의할 점은 볼레로 시스템은 당사자 상호 간에 체결된 기초계약(underlying contract)을 이행하기 위한 도구인 만큼 볼레로 규정집은 볼레로 시스템에서 제공하는 서비스의 사용과 관련한 여러 당사자 간의 관계만을 규율할 뿐 전자적인 방법에 의하여 당사자 간에 합의하고 이행되는 기초계약을 침해하지는 않는다. 운송 중 운송물 멸실 또는 손상으로 인하여 야기되는 분쟁은 볼레로

---

40) 운영절차(operating procedures)는 기술적으로 특수한 부분과 볼레로 시스템의 운영에 관한 상세한 내용을 담고 있다.

41) 운영 서비스 계약에 정해진 볼레로 인터내셔널사의 책임, 부실지시(misdirection), 메시지의 분실(loss of message), 메시지의 전송상의 지연·변경, 부정확한 신원확인, 허위생성(false creation), 기밀유지의무위반, 기타 볼레로 인터내셔널사에 의하여 처리되는 메시지와 관련하여 발생하는 오인의 1회 발생 건에 대하여 사용자 1인당 미화 10만 불로 제한된다. 이는 볼레로 인터내셔널사가 발급하는 인증서와 관련하여서도 동일하게 적용된다. 다만 볼레로의 모든 인증서가 신뢰성을 잃게 되고 종이 인증서도 지정된 용도로 적합하지 않은 결과 사용자가 손해를 입게 되는 경우에는 미화 100만 불까지 배상책임을 지게 된다. 클레임을 제기할 권한이 있는 사용자의 수나 클레임 회수에 관계없이 볼레로 인터내셔널사의 연간 총 책임한도액은 미화 1,000만 불을 넘지 않는다. 양정호, 전게논문, 17면.

42) 김인현, 전게논문, 75면.

型 電子船荷證券에 편입된 운송약관을 중심으로 해석하게 된다.43)

2) 볼레로 規約集

선하증권의 전자화가 예상보다 급속도로 실용화되지 못하는 데에
는 전자화를 위한 기술적인 기반이 취약한 면도 있지만, 선하증권을
규율하는 각국의 법적인 기반이 불안정하기 때문이다. 電子船荷證券
과 관련한 거래방법과 기술적 요소들이 상관습으로 인정되고 법적인
토대를 마련하기까지는 일정기간이 소요된다. 해상운송거래는 국적을
달리하는 다수 당사자의 계약관계가 복잡하게 얽혀 있지만 각 거래
에 적용할 수 있는 법률은 국가마다 다르다.44) 이에 볼레로 인터내
셔널사는 선하증권의 전자화와 관련하여 예측 가능하고 안정적이며
형평성 있는 법적 인프라를 구축하기 위해서 약 18개국45)의 국내법
을 실증적으로 검토, 분석하는 과정을 거쳐 볼레로 규약집(Bolero
Rulebook)을 작성하였다. 1999년에 작성된 볼레로 규약집(제1판)은
총 3편과 부록으로 되어 있다. 제1편에서는 정의 및 해석에 관한 조
항이며, 제2편은 총칙, 제3편은 권리등록에 관한 조항으로 구성되어
있고 부록에서는 볼레로 운영체계에 적용 가능한 미국법 조항을 인

---

43) 볼레로 규정집은 볼레로型 電子船荷證券처럼 전자적인 환경에서 법적
   인 문제를 야기하여 대안적인 계약구조의 개발이 필요한 경우를 제외
   하고는 종이문서에 기초하여 거래환경에 맞는 부분은 가능한 그대로
   유지한다는 입장이다. 양정호, 전게논문, 15면.
44) 태국이나 필리핀 그리고 일부 아랍 국가들은 아직 종이선하증권의 법
   적인 효력만을 인정하고 있다.
45) 벨기에, 잉글랜드, 프랑스, 독일, 아일랜드, 네덜란드, 미국, 아부다비, 일
   본, 말레이시아, 필리핀, 한국, 대만, 타이완 등이 있다. 이원정 / 서인태,
   "전자식 선하증권에 관한 고찰 ― 볼레로 시스템을 중심으로 ―", 「해양한
   국」(한국해사문제연구소, 1999), 100면, 권재열, 전게논문, 304면.

용하고 있다. 볼레로 규약집은 사용자 간의 관계, 볼레로 시스템으로
부터 발생하는 사용자들의 권리와 의무를 규율하고 있으며 사용자들
이 동일한 조건으로 다른 사용자들과 거래를 하고 있다는 사실을 확
인시켜 주는 중요한 기능을 담당한다. 즉 최소한의 범위 내에서 기존
의 계약관계를 변경하고 전자 환경과 동일한 상태로 남아 있다는 사
실을 보장해 준다.[46]

볼레로 규약집은 사용자 간의 관계 및 권리의무를 규율하는 교환
약정[47] 내지 거래약정(interchange agreement)이다.[48] 그러나 기존의
교환약정과는 몇 가지 차이점이 있다. 교환약정은 거래당사자 간에 1
대1의 관계에서 상호 주고받는 것이지만, 볼레로 규약집은 볼레로 운
영체계의 사용에 동의하는 서명을 한 사용자들에 대해서만 구속하게
된다.[49] 선하증권 소지인의 권리는 법 또는 관습에 의해 당연히 인정
되는 권리인 반면에 볼레로형 선하증권의 소지인의 권리는 볼레로
인터내셔널사가 제공하는 서비스 보안, 사용자 지원 및 기타 요구하
는 사항 등을 열거하고 있는 볼레로 운영 서비스 계약(operational
service contract)을 사용하기 위해 서명한 사용자들 사이에서만 운영
되는 시스템이다.[50] 운영체계의 개방성과 안전성 사이에는 필연적인

---

46) 박석재 / 신건훈, 전게논문, 89면.

47) EDI 거래에 관하여 당사자 사이에 맺어진 합의를 교환약정(interchange
agreement)이라 하고, 이 교환약정은 당사자 간의 거래관계를 지배하는
기본원칙이 된다. 교환약정의 종류는 상대방에 따라 서비스 제공업자와
의 약정(Service Agreement, Network Agreement: N / A)과 EDI 거래상대
방과의 약정(EDI Trading Partner Agreement: TPA)으로 나누어지며, 체
결당사자의 수에 따라 양자 간 약정과 다자 간 약정으로 나눌 수 있다.
안병수, 전게논문, 52면.

48) Bolero Rulebook 1.1(4),(6), 2.1.1(1).

49) Bolero Rulebook 2.1.1(1), 2.1.2(1).

50) http://www.bolero.net 「Welcome to Legal Aspects of a Bolero Bill of
Lading」, 1999, Bolero International Ltd, The Legal basis for a Bolero
Bill of Lading also differs in that it does not rely on statues and treaties

상관관계(trade-off)가 존재하므로 볼레로 운영체계의 안전성을 확보하기 위해서는 개방보다는 사용자 간에 제한적인 입장을 취하고 있는 것이다.51) 대부분의 상사계약은 쌍무계약의 형태로 당사자 사이에 체결되는 반면에 볼레로 규정집은 향후 볼레로 시스템에 가입하여 볼레로 사용자들 간에 다자 간 계약(multilateral contract)52)의 성격을 지니게 된다. 쌍무계약은 양 당사자 간의 합의에 의하여 변경이 가능하지만 다자 간 계약의 경우 내용을 변경하기 위해 수많은 당사자들과 일일이 합의할 수 없기 때문에 볼레로 협회에 의하여 관리되는 규정집 개정절차(rulebook amendment process)에 의거 변경을 하게 된다.

3) 볼레로 規約集의 準據法 및 裁判官割

볼레로 규약집은 영국법을 준거법으로 한다. 볼레로 규약집상의 규정위반에 따른 당사자 간의 법적 문제의 해결을 위한 관할권은 영국법원의 전속관할로 한다.53) 영국법을 준거법으로 한 이유는 영국

---

for its legal effects. Instead, it relies on the Bolero Rule book, which is adopted contractually. While the Bolero Rule book retains the core concepts of traditional bill of lading as codified in the Hague-visby and similar rules, it adapts them for the paperless environment of bolero.net.

51) 권재열, 전게논문, 304면.

52) 기존의 교환약정은 거래상대방이 바뀌면 내용을 변경하여 체결하여야 하므로 거래상대방의 수가 늘어나면 교환약정의 수도 늘어나게 된다. 하지만 볼레로 규약집은 일단 서명만 하면, 다른 모든 서명자와의 거래에서 공통적으로 적용되기 때문에 개별적인 교환약정을 체결할 필요가 없다. 따라서 볼레로 시스템에서는 다수거래자와 동시에 거래가 가능해진다. 안병수, 전게논문, 102면.

53) Bolero Rulebook 2.5(2)(Applicable Law) This Rulebook is governed by and shall be interpreted in accordance with English Law.
Bolero Rulebook 2.5(3)(English Jurisdiction) Where the sole matter at issue between the parties is a claim for non-compliance with or breach

법이 대부분 국가의 해상법 체계의 기초가 되었고 전자적 통신방법에 대하여 호의적이기 때문이다.54) 이처럼 볼레로 규약집에서는 영국법원을 전속관할로 하는 규정을 둠으로써 분쟁해결의 장소와 관련한 불확실성을 제거하여 거래의 안전성을 확보하고 국제거래를 촉진할 수 있도록 하였다. 규약집에 규정된 것 이외의 사항에 관한 분쟁은 영국법원의 비전속관할로 한다.55) 영국법원의 비전속관할사항이라 하더라도 유럽의 경우에는 법정지의 선택에 있어서 브뤼셀 및 루가노협약56)에 따라 관할을 결정하도록 되어 있지만 그 밖의 나라의 경우에는 여전히 당사자 간 약정 문제가 남아 있다.57)

볼레로 규약집에서 정하고 있는 준거법과 관할은 볼레로 규약집과 관련된 사항에 국한한다고 본다. 즉 볼레로가 자신의 책임을 사고당 미화 10만 달러로 제한하는바, 이 해석의 유효성은 볼레로 규약집과 관련된 사항이므로 영국의 전속관할과 영국법이 준거법이 될 것이

---

of this Rulebook, all proceedings in respect of such claim shall be subject to the exclusive jurisdiction of the English courts.

54) 규약집의 해석에 관한 증거법이 되는 영국법에서 민사상 증거에 관한 법은 1995년 민사증거법(Civil Evidence Act 1995)에 의하여 규율된다. 이 법은 특히 컴퓨터가 생성한 자료에 증거를 부여할 목적으로 관련된 제정법상의 문서의 개념을 확대한다는 시각에서 장애가 되는 관련 법률을 일제히 정리 및 철폐한 것이다. 즉 동법 제13조에서 '문서'는 일체의 기록을 포괄한다고 규정하고 있기 때문에 영국법에서는 전자문서의 증거능력에 아무런 문제점이 없다. 박석재 / 신건훈, 전게논문, 53면.

55) Bolero Rulebook 2.5(4)(Non-exclusive Jurisdiction).

56) 루가노협약(Lugano Convention)은 1968년의 브뤼셀협약(Brussels Convention)을 대부분 승계하여 1988년에 루가노에서 체결한 "민·상사 문제에 관한 재판관할과 집행에 관한 협약(EC EFTA convention on Jurisdiction and the Enforcement of Judgments in Civil and Commercial Matters)을 의미한다." 권재열, 전게논문, 306면 참조.

57) 영국을 제외한 국가의 재판관할에서 규약집에서 명시하고 있는 영국법 준거조항을 어느 정도 지지할 것인가의 여부에 있다. 박석재 / 신건훈, 전게논문, 64면.

다. 그러나 볼레로 규약집과 관련된 사항이 아닌 사항에 유효성이 문제가 될 때에는 선하증권상의 준거법과 관할약정에 따른다고 해석된다.[58] 운송계약에 대한 준거법과 관할은 볼레로 규약집과 관련된 사항이 아니어서, 종이선하증권과 동일하게 볼레로型 電子船荷證券에서도 운송계약 자체에 따라 정하여지므로 우리나라 법이 준거법이될 수 있다는 견해도 있다.[59] 볼레로형 전자선하증권이 종이선하증권의 채권적 효력을 구현하기 위한 경개계약에서 계약의 성립에 대해서는 규약집에 따라 영국법이 준거법이 되고 경개되는 기본 운송계약은 그 계약에서 정한 준거법이 적용된다. 따라서 운송인과 하주가 우리나라 국민들이고 볼레로에 가입되어 있다면 충분히 우리나라법이 준거법이 될 수 있을 것이다.

4) 볼레로型 電子船荷證券의 記載와 參照에 의한 約款의 編入

전자적인 방법으로 송신한 메시지가 볼레로型 電子船荷證券의 요건을 충족시키려면 적어도 운송인이 운송물을 선적하였거나 선적을위해 운송물을 수취하였음을 확인할 수 있도록 기재하여야 하며, 운송계약의 조건을 기재하고 입증하여 그 메시지를 권리등록 시스템에등록하여야 한다.[60] 운송인이 용선선하증권으로 볼레로型 電子船荷證券을 생성하고 송하인과 소지인으로서 첫 용선자(head charter)를지정하는 경우 볼레로型 電子船荷證券의 원문은 운송인과 첫 용선자 사이의 운송조건을 포함하거나 증명할 필요가 없다. 그러나 볼레로型 電子船荷證券의 원문은 그러한 운송인에 대하여 본선 적재되

---

58) 예컨대 電子船荷證券에 사용된 이면약관상 운송인의 책임제한이 포장당 미화 100달러로 되어 있다. 김인현, 「해상법 연구」, 삼우사, 2002, 606면.
59) 김인현, 전게논문, 80면.
60) Bolero Rulebook 3.1.(1)(Contents of BBL Text and Identification).

거나 선적을 위해 접수된 물품의 수취에 대한 운송인의 확인을 포함하여야 한다.61) 볼레로型 電子船荷證券의 기재사항은 볼레로 규약집 2.2.2의 내용을 침해하지 않고, 볼레로型 電子船荷證券의 원문에서 수량, 중량 또는 물품의 외관상태에 대하여 운송인이 행하는 진술은 종이선하증권과 동일한 범위까지 그리고 동일한 사정에서 운송인을 구속하게 된다.62)

선하증권의 이면약관은 附合契約의 형태를 지닌다. 당사자들의 편입에 대한 합의가 있는 경우에 볼레로型 電子船荷證券에서 약관으로 편입되어 당사자들을 구속할 수 있다.63) 용선계약의 경우에도 당사자의 합의를 전제로 하여 볼레로型 電子船荷證券으로 편입된 약관은 종이선하증권에 기재하는 것과 동일한 효력을 가진다.64) 종이선하증권에 인쇄되어 있는 운송약관 모두를 전자정보화하는 것은 관련 정보의 신속성 면이나 효율성 면에서 비효율적이므로 참조(reference)에 의한 약관의 편입을 사용한다. 볼레로型 電子船荷證券에 약관으로 편입하는 방법은 약관의 모든 내용을 해당 선하증권에 기입하는 방법과 기존에 활용되는 약관을 해당 계약에 편입시킨다는 사실을 기재한 후 기존활용 약관을 열람할 수 있는 장소를 선하증권에 표기하는 방법이 있다.65) 볼레로 사용자들은 볼레로 규약집에 의해 약관을 계약내용에 편입하는 것에 동의함으로써 약관의 편입66)에 대해 합의

---

61) Bolero Rulebook 3.1.(2)(Chartered Bills of Lading).

62) Bolero Rulebook 3.1.(3)(Statements Relating to Goods Received).

63) Boelro Rulebook 3.2.(2)(Effect of Incorporation Each).

64) Boelro Rulebook 3.2.(3)(Incorporation Charter Party Terms).

65) CMI Rules 4.(b). iv, Boelro Rulebook 3.2.(1)(Standard Terms and conditions), 볼레로 규약집상의 참조에 의한 약관의 편입은 CMI 규칙을 충실히 따르고 있다.

66) 일방 당사자가 작성하여 타방 당사자에게 제안한 조항에 불과한 어떠한 약관이 당사자 간에 구속력을 갖기 위해서는 그것이 내용으로 되어야 하는데, 이렇게 약관이 당사자 간에 체결되는 계약의 내용이 되는 것을

를 하게 되고 약관의 제공자인 운송인은 약관의 편입사실을 볼레로 型 電子船荷證券에 표시하고 열람할 수 있는 장소를 지시하는 방법 으로 약관규제법 제3조의 명시·설명의무를 충족하게 된다.[67]

미국의 약관의 규제는 UCC 제2편제302조에서 법원으로 하여금 계약이나 계약의 일부 조항이 계약체결에 있어서 비양심적(unconscionable) 인 것으로 인정될 때에는 계약의 효력을 부인할 수 있도록 하는 비양 심적 법리에 따라 규율하고 있으며 통일컴퓨터정보거래법[68](Uniform Computer Information Transaction Act: UCITA)에서는 "전자약관이 계약에 편입되기 위해서는 이용자가 그 내용을 알 수 있었거나 이를 검토할 기회를 가진 후 전자약관에 대하여 명백히 동의를 하거나 동의를 하는 것으로 추정할 수 있는 행위가 있어야 하며, 이와 더불어 약관의 내용이 비양심성의 법리와 같은 기존의 계약법상 제 원칙에 위배되어서는 안 된다."고 규정하고 있다.[69] 헤이그－비스비규칙 제1조 (b)항에서는 선하증권에 관한 정의규정을 두고 있지 않지만 동 규칙은 선하증권을 비롯한 권원증권에 의해 증명되는 운송계약에만 적용된다. 동 규칙이 선하증권 이외의 다른 운송서류에는 적용을 금지하도록 적용범위를 제한하는 것은 아니므로, 해상화물운송장과 마찬가

약관의 계약편입이라 한다. 김진환, "약관의 계약편입과 전자약관", 「법조」 제537호(법조협회, 2001), 111면.

67) 양정호, 전게논문, 121면.

68) UCTIA는 컴퓨터 소프트웨어나 컴퓨터 정보의 이용허락에 관한 내용을 포괄적으로 규정함으로써 각 주에서 인터넷상의 컴퓨터 정보에 대한 거래를 위해 중립적이고 예측 가능한 법적 구조를 제공할 수 있도록 하기 위하여 제정된 것으로 1999년 7월 미국통일주법위원회(The National Conference of Commissioners on Uniform State Laws: NCCUSL) 전국회의에서 단일 법률로 승인되고 공포되었다. 권재열, "미국 통일컴퓨터정보거래법(UCITA)의 적용범위에 관한 소고－우리나라의 가칭 컴퓨터정보거래법의 제정과 관련하여－", 「법학연구」, Vol.13, No.3(연세대 법학연구소, 2003), 1~3면.

69) 김진환, 전게논문, 118~122면.

지로 헤이그-비스비규칙이나 함부르크규칙을 전자적 메시지에 편입시키는 방법에 의해 전자식 선하증권의 소지인에 대한 운송인의 책임을 규율할 수 있다. UNCITRAL Model Law는 제17조(6)항에서 종이문서로 작성된 혹은 종이문서에 의해 입증되는 운송계약에 강행적으로 적용되는 법률규정은 당해 계약이 종이문서 대신 하나 혹은 다수의 데이터 메시지에 의해 입증된다는 이유만으로 적용이 배제되지 않음을 규정하고 있다. 1998년 제32차 회의에서 약관의 계약편입에 관한 차별금지의 원칙(principle of non-discrimination)을 채택하여 종이서류에 기초한 계약조건의 편입에 관한 국내 규정들이 전자적인 환경하에서도 동일하게 적용될 수 있도록 하고 있다. 즉 법적 효력의 발생을 의도하는 정보는 이것이 데이터 메시지에 포함되지 아니하고 단지 다른 문서를 참조하도록 되어 있다는 이유만으로 그 법적 효력, 유효성, 집행가능성이 부인되지 아니한다.[70] 볼레로型 電子船荷證券을 발행하는 해상운송계약은 국제협약 혹은 그 국제협약을 시행하는 국내법의 강행규정의 적용을 받으며, 그러한 국제협약이나 국내법도 볼레로型 電子船荷證券에 편입된 것으로 간주한다. 국제협약 또는 국내법의 규정과 볼레로型 電子船荷證券의 기재사항이 포함된 운송계약상의 규정이 서로 충돌하는 경우에는 그 국제협약 또는 국내법이 우선한다.[71]

---

70) UNCITRAL Model Law on Electronic Commerce, art. 5bis, UNCITRAL 에서 마련하고 있는 약관의 편입에 관한 일반적인 요건은 다음과 같다. a 참조문구가 데이터 메시지에 삽입되어야 하며, b 참조된 약관의 내용을 고객이 알 수 있도록 하여야 하며, c 고객이 약관의 내용에 동의하여야 한다.

71) Boelro Rulebook 3.2.(4)(International Convention).

5) 볼레로型 電子船荷證券上 當事者의 權利

볼레로형 전자선하증권은 지시당사자 지정, 소지인 출급식 소지인, 송하인이 아닌 지시식 소지인, 수하인이 지정된 형식으로 발행이 되며 그 효과에 대해서는 [표 3-3]에 기술된 바와 같다.

[表3-3] 볼레로型 電子船荷證券의 發行形式

구 분	효 과
지시당사자 지정	새로운 지시 당사자, 담보소지인, 지참인
백지배서 (소지인 출급식 소지인)	새로운 소지인 출급식 소지인, 지시당사자, 지시식 소지인, 질권자 소지인, 수하인 지정 가능
송하인이 아닌 지시식 소지인, 소지인 출급식 소지인	물품을 지참인 소지인 지시식으로 유지
수하인 지정	유통불능

자료: 최석범, "전자선화증권의 유통성의 법적 효력에 관한 연구－볼레로 선화증권을 중심으로－",「해운물류연구」제33권(한국해운물류학회, 2003), 79면.

볼레로型 電子船荷證券은 당사자별로 권한범위가 나누어져 있다. 볼레로 규약집은 볼레로型 電子船荷證券 당사자의 권리를 [표 3-4]와 같이 도표화하고 있다.[72] 하지만 볼레로 규약집에 규정된 당사자의 권한일지라도 원인계약상 채무에 반하는 것은 인정되지 못한다.[73] 운송인은 규약집의 규정에 따라 볼레로型 電子船荷證券을 발행하는 경우에는 [표 3-4]에 제시된 대로 권한을 가지지만 변경의 허용 또는 그에 대한 거절은 불가능하다.[74] 송하인이 볼레로型 電子船荷證券의 소지인 출급식 소지인인 경우에는 지시당사자를 지정할

---

72) Bolero Rulebook 3.8.(1)(Table of Powers).

73) Bolero Rulebook 3.8.(8)(Underlying Contractual Obligations).

74) Boelro Rulebook 3.8.(2)(Timing of Carrier's Right).

수 있다.[75] 송하인, 수하인 또는 지시 당사자가 볼레로型 電子船荷證券을 소지하지 못하는 경우에는 권리등록을 지시할 권한을 가지지 못한다.[76]

권리등록은 볼레로型 電子船荷證券의 소지인만이 할 수 있다. 1개의 볼레로型 電子船荷證券에는 2명 이상의 소지인이 있을 수 없다. 그러나 어느 한 소지인이 다른 당사자의 지위를 겸직할 경우에는 소지인이 1명으로 추정한다.[77] 볼레로型 電子船荷證券에서 지시 소지인 혹은 무기명증권 소지인이 질권자를 지정하는 경우 볼레로型 電子船荷證券의 질권자란에 질권자의 명칭(Root Identifier: RID)[78]을 기입함으로써 선하증권에 대한 질권이 설정된다. 만일 피지시인이 이미 지정되어 있는 경우, 질권자가 담보물에 대한 권리를 실행하기 위해서는 자신을 최종지시인으로 지정하거나 백지식 배서가 된 경우에는 무기명증권 소지인으로 지정한다.[79]

볼레로型 電子船荷證券을 소지한 송하인은 전자선하증권의 기재사항에 대해서 자유로운 변경이 가능하다. 운송물 내지 선하증권을 교부하기 이전에는 송하인이 운송물의 처분에 관하여 절대적인 권한을 가진다는 것을 재확인해 주고 있다.[80]

---

75) Boelro Rulebook 3.8.(4)(Shipper, Consignee, or To Order Party Not Holder).

76) Boelro Rulebook 3.8.(5)(One Holder Only).

77) Boelro Rulebook 3.8.(2)(Timing of Carrier's Right).

78) RID는 볼레로 시스템 내부에 알려진 사용자의 이름이다. 따라서 e-mail address와 같은 전자주소나 볼레로 시스템에 기록된 사용자의 다른 속성(attributes)과는 구별된다. 볼레로 시스템은 사용자 등록 시 각각의 사용자에게 RID를 할당하며 이는 오직 한 명의 사용자만을 나타낸다. 오원석 / 양정호, 전게논문, 80면.

79) 정경영, 전게논문, 513면, Bolero Rulebook 3.8.(6), (7), (9).

80) 권재열, 전게논문, 308면.

[표3-4] 볼레로型 電子船荷證券의 當事者別 權限範圍

기 능 ＼ 당사자	운송인	송하인 겸 소지인	지시식 소지인	질권자 소지인	소지인 출급식 소지인	소지인	수하인 소지인
발 행	○	×	×	×	×	×	×
소지인 지정	○	○	○	○	○	○	○
지시인 지정	○	×	○	○	○	×	×
백지배서	○	×	○	×	×	×	×
소지인출급식 소지인 지정	○	×	○	○	○	×	×
수하인 지정	○	×	○	○	○	×	×
질권자 소지인 지정	×	○	○	○	○	○	×
질권실행	×	×	×	○	×	×	×
제 시	×	×	○	×	×	×	○
변경요구	×	○	○	○	○	○	○
변경허용	×	×	×	×	×	×	×
변경거절	○	×	×	×	×	×	×
종이로의 전환	×	○	○	○	○	○	○

자료: Bolero Rulebook 3.8(Powers of Parties to a Bolero Bill of Lading), 권재열, 전게논문, 310면.

4. 볼레로型 電子船荷證券과 機能的 等價物

볼레로型 電子船荷證券이 법, 관습 등에서 요구하는 선하증권의 서면성, 서류성을 충족하는 면에서는 종이선하증권과 동일[81]하나 정보를 전달하는 매체, 권리의 발생, 행사 등에 있어서는 운용 시스템이 다르기 때문에 이에 따른 법적 효과 역시 다르다. 볼레로型 電子

---

81) Bolero Rulebook 2.2.2(1)(Writing Requirements).

船荷證券은 종이선하증권과 동일한 기능을 수행하기 때문에 동일한 법적 효과를 인정해 주기 위한 접근방법이 필요하다. 이때 등장한 개념이 바로 기능적 등가물(functional-equivalent)의 접근방식이다. 동 접근방식은 전통적인 서류의 기반하에서 요구되는 목적과 기능에 대한 분석을 기초로 이에 새로운 정보통신기술을 이용하여 그 목적과 기능을 달성하는 것이다. 종이서류 기반하의 형식요건들이 지니는 기본적인 기능들을 선별하여 전자적 메시지가 그와 동일한 기능을 수행하는 경우에는 종이문서와 동일한 효력을 가질 수 있도록 하는 기준을 제시한다.[82) 볼레로 시스템에서 사용자가 전자적인 방법으로 한 디지털서명은 손으로 직접 한 서명과 동일한 효력[83)이 있으며, 볼레로型 電子船荷證券에 기재된 사항은 종이선하증권에 기재된 것과 동일한 구속력을 갖는다.[84) 따라서 볼레로型 電子船荷證券이 단지 종이가 아닌 전자적인 방법에 의해서 발행하거나 발행 후에 유통됨을 이유로 해서 그 유효성을 부인할 수는 없다.[85) 문제점은 동 규정의 효력이 볼레로 시스템 사용자들 간의 관계로만 한정되기 때문에 볼레로 시스템으로 발생된 전자기록의 증거로서의 채택여부는 각국의 법률에 기초하여 판단되어야 한다. 따라서 여기에서는 전자문서의 증거능력과 증거력에 대하여 살펴보고 우리나라와 각국의 입법례를 고찰하여 볼레로型 電子船荷證券의 증거법에 관련된 법적 지위에 대해서 살펴보고자 한다.

---

82) UNCITRAL, Working Group on EDI, Note by scretariat, Electronic Data Interchange, 30th session, 31 Jan, 1996, §51.(UN Doc A / CN.9 / W.69).

83) Bolero Rulebook 2.2.2(2)(Signature Requirements).

84) Bolero Rulebook 3.1.(3)(Statements Relating to Goods Received).

85) Bolero Rulebook 2.2.2(3)(Undertaking not to Challenge Validity).

1) 볼레로型 電子船荷證券의 證據的 機能

電子船荷證券이 종이선하증권상의 기능을 구현하기 위해서는 선하증권의 전통적 기능을 완벽하게 구현하여야 한다. 종래의 선하증권은 그 자체가 권원증권임과 동시에 증권상의 권리를 양도할 수 있는 유일한 수단이지만 電子船荷證券은 별도의 전자적인 방법에 의하여 그 기능을 대체하기 때문에 법적으로 복잡한 문제가 파생된다. 운송계약의 증빙으로서의 기능과 화물수령증의 기능을 구현하기 위해서는 전자문서의 증거능력과 증거력을 인정받아야 한다. 운송계약은 낙성·불요식의 계약이므로 반드시 서면화가 요구되지는 않는다. 따라서 전자적인 방법에 의해서도 계약을 체결할 수 있다. 하지만 전자문서에 의한 거래에 있어서 전자문서로 기존의 증서를 전자적으로 대체할 수 있는가의 문제는 여전히 남게 된다. 이러한 문제는 단순히 전자문서의 서면성을 인정하는 것으로 해결될 것이 아니고 특정거래나 소송과정에서 별도의 증서를 요구하는 경우에, 단순한 문서를 넘는 증서로서 인정될 수 있는 여부에 달려 있다.[86]

전자거래에 있어서 문서성과 서명성의 문제는 영미법계 국가들에 의해 발생하였다. 영미법계의 사기방지법[87](The Statute of Frauds)에서는 계약내용과 관련하여 당사자 사이에 분쟁이 발생, 당해 계약의 강제이행을 구하는 소송이 자주 제기된다. 구두증거를 인정함으로 인하여 발생할 수 있는 소송과정에서의 사기와 위증의 가능성을 배

---

86) 오병철, 「전자거래법」, 법원사, 2000, 89면.
87) 사기방지법은 처음에 당사자·배우자 및 이해관계인 등에게 모두 증인 자격을 인정하지 않았다. 그러나 증거법이 발달됨에 따라 사기와 위증을 방지하기 위하여 서면을 요구한 사기방지법은 존재가치가 사라지고 오용되는 경우가 많아졌다. 이에 영국은 1954년 계약집행에 관한 법률 개정법(Law Reform Act)을 제정하여 사기방지법을 폐지하였다. 서희원, 「영미법 강의」, 박영사, 1996, 316면.

제하기 위해 일정한 계약은 반드시 서명으로 된 서면으로만 입증될 때에만 강제이행이 가능하다. 영미법계 국가에서는 전문법칙(hearsay rule)[88]이나 최우량증거의 법칙(best evidence rule)[89] 등을 통해 증거허용성(admissibility)의 측면에서 증거능력에 제한을 두고 있는 까닭에 전자문서 혹은 전자적 기록의 증거능력을 인정할 수 있는지의 여부에 대해서 살펴보아야 한다.[90]

(1) 電子文書의 證據能力

문서의 증거능력은 유형물이 증거방법으로서 증거조사의 대상이 될 수 있는 자격을 말한다.[91] 전자문서는 정보를 전달하고 저장하는 데 각종 정보통신기술을 사용하므로 종이문서보다 효율적이지만 특성상 종이문서의 사용으로 인한 거래에 있어서 나타나지 않은 많은 문제점을 발생시킨다. 종이문서는 문서에 포함된 내용의 수정과 보완을 육안으로 식별할 수 있지만 전자문서는 자료의 수정 및 보완을 확인할 수 없는 가변적인 특성을 가지고 있기 때문에 법적으로 확실

---

88) "hersay is no evidence"로 표현되는 전문법칙은 영미에서 배심제도를 보완하기 위해 나온 제도이다. 재판을 직업적으로 하지 않은 배심원들은 증거가치에 대한 판단능력이 낮을 수밖에 없으므로, 증거가치가 미약할 위험성이 있는 전문증거는 아예 증거로 사용하지 못하도록 만들자는 취지에서 비롯되었다. 최영봉, "전자서명의 효력에 관한 연구",「국제무역연구」제9권 제1호(국제무역학회, 2003), 352면.

89) 최우량증거법칙은 법정에 제출되는 자료는 등본 등의 2차적 증거가 아닌 원본문서를 제출할 것을 요구하는 법칙이다. 데이터 메시지 자체를 원본으로 간주해도 법정에 제출되는 인쇄된 종이나 단말기의 디스플레이에 표시된 화면은 컴퓨터에 보존된 데이터 그 자체가 아니라 그것을 인간이 오감으로 지각할 수 있는 형태로 번역된 것에 불과하다는 것이다. 데이터 메시지에 그 자체의 증거능력을 일반적으로 긍정하기 위한 규정은 없다는 견해이다. 최영봉, 상게논문, 352면.

90) 양정호, 전게논문, 110~115면.

91) 이시윤,「민사소송법」, 박영사, 1994, 528면.

한 증명력을 부여하기가 어렵다.[92] 볼레로 규약집의 해석의 준거법이 되는 영국의 1995년 민사증거법에서는 문서의 개념을 디지털 메시지까지 포함하도록 개정하였다. 이에 따라 민사증거법 제1편(Part Ⅰ)에서도 이에 부응하여 생성된 문서가 증거로 인정되기 위한 기존의 다양한 요건들을 폐지하였다.[93] 따라서 영국법에서 전자문서의 증거능력은 확실하다. UNCITRAL Model Law에서 역시 "정보는 그것이 데이터 메시지의 형태인 것만을 이유로 법적 효력이나 유효성 또는 집행력을 부정 받아서는 안 된다."는 원칙규정, "계약의 청약이나 승낙은 데이터 메시지에 의해 표시할 수 있고 그것에 의해 계약의 유효성이나 집행력을 부여받아서는 안 된다."는 규정, 그리고 "의사표시나 기타 진술의 데이터 메시지인 것만을 이유로 그 법적 효력이나 유효성 또는 집행력을 부정 받아서는 안 된다."고 규정하여 전자문서의 증거능력을 인정하고 있다.[94] 미국 일리노이주의 전자상거래안전법(Illinois Electronic Commerce Security Act)은 "전자문서의 증

---

92) 황찬현, "전자문서의 민사증거법상의 문제", 「법조」 제516호(법조협회, 1999), 42면.

93) 미국의 경우에도 연방증거규칙(Federal Rules of Evidence) 제1001조에 의하면 '서면(writings)' 및 '기록(recordings)'은 전자적 기록 혹은 기타 형태로 된 편집자료(data compilation)를 포함하며, '인쇄물(print-out)' 혹은 특정 자료를 반영함으로써 읽을 수 있는 출력물(output)은 원본이 될 수 있다고 규정하고 있다. 또한 39개 주에서 채택하고 있는 통일전자거래법(UETA) 제13조에서는 전자적인 기록이나 서명이 연방증거규칙의 요건을 충족하는 한, 전자적인 형태로 되어 있다는 이유만으로 증거능력이 부인되지 않는다. 양정호, 전게논문, 111면.

94) 데이터 메시지의 증거능력과 관련하여 UNCITRAL Model Law에서는 데이터 메시지가 종이서류와 동일한 기능을 수행하게 된다면 전자메시지는 법적 요건을 충족한 것으로 판단하고 있다. 데이터 메시지가 종이서류와 동일한 기능을 수행하기 위해서는 '서면(writings)', '서명(signature)', '원본(original)'이란 요건을 모두 갖추어야 한다. 거래과정에 있어 컴퓨터에 보존된 데이터는 충분한 증거가 될 수 있다고 한다. 강원진, "전자무역거래 활성화를 위한 전자결제 시스템의 요건과 과제", 「국제상학」 제17권 제3호(한국국제상학회, 2002), 129면.

거능력과 관련하여 '전자적 기록' 또는 '전자서명의 증거로서의 허용성'의 판단에 있어 그것이 오직 전자적 기록 또는 전자서명이라는 이유만으로 또한 원본이 아니거나 원본의 형태가 아니라는 이유만으로 증거로서의 허용성을 부인하기 위한 어떠한 증거법상의 원칙도 적용될 수 없다."고 규정하고 있다.[95)]

(2) 電子文書의 證據力

문서의 증거력이라 함은 어떤 증거자료가 구체적 要證 사실의 증명에 현실적으로 기여하는 정도를 의미하는데 이러한 증거력은 형식적 증거력과 실질적 증거력으로 나누어진다.[96)] 형식적 증거력의 판단은 문서작성자의 사상의 표현으로 입증할 수 있는지의 여부와 실질적 증거력의 판단은 관련 문서가 要證 사실의 증명에 어느 정도 도움을 주는지의 여부에 있다.

먼저 형식적 증거력을 살펴보면, 문서의 입증자가 주장하는 특정인의 의사나 인식 등의 의미내용의 표현으로 인정받기 위해서는 먼저 문서가 특정인의 의사에 의하여 작성되었는지 여부를 확인해야 하고 이러한 확인을 문서의 진정성립의 입증이라고 한다. 그렇게 진정성립이 입증된 문서는 형식적 증거력을 가지게 된다. 우리나라 민사소송법 제358조에서 "사문서는 본인 또는 대리인의 서명이나 날인이 있는 때에는 문서의 진정성립을 추정"하고 있으며 동법 제359조에서는 "문서의 진부는 필적 또는 인영의 대조에 의해서 증명이 가능하다."고 규정하고 있다. 그러나 전자문서에서는 출력된 종이문서의 작명인을 특정하기가 곤란하고 인증서에 의하여 가입자의 이름을 전자문서의 작성자로 특정한다고 하여도 지질이나 잉크의 감정 및

---

95) 이병문 외 3인, 전게보고서, 113면.
96) 김홍규, 「민사소송법」, 삼영사, 2003, 423면.

필적감정 또는 인영의 대조에 의한 검증이 불가능하기 때문에 진정
성립에 많은 어려움이 있다.[97] 따라서 전자문서의 증거력을 인정하
기 위해서는 우리나라 전자서명법에서 전자문서에 공인전자서명[98]이
있는 경우, 당해 전자서명이 서명자의 서명, 서명날인 또는 기명날인
이고, 당해 전자문서가 서명된 후 그 내용이 변하지 않았음을 추정
하게 된다. 이러한 추정은 정보통신부에 의해 공인된 6개의 인증기
관에 의한 전자서명이 있는 경우에만 제한된다. 비공인인증기관에
대한 서명도 전자서명이 달성하고자 하는 목적을 달성할 수 있지만
진정성의 추정효력을 부여받지 못하게 된다. 법적 안정성과 효력을
보장받지 못하는 것은 전자선하증권의 보편화를 심각하게 저해한다.
앞서 기술한 바와 같이 기술적으로 동일한 시스템을 사용하고 있지
만 전자서명법상 공인인증기관으로 인정받지 못하여 전자서명의 진
정성을 추정받지 못하게 되는 것은 매우 불합리하다. 오히려, 해당
전자서명의 기술 자체가 외국에서 도입된 점, 베리사인사의 전자서
명기술력이 한발 앞서 있는 점 등을 고려할 때 공인인증기관의 폭넓
은 인정에 대한 입법적인 고려가 필요하다.

---

97) 전자문서는 일반 종이문서에 비하여 증명하기가 어렵다. a) 멸실 및 버
그(bug)의 위험성이 있고, b) 동 데이터에 해커(hacker)의 위험을 포함하
여 기록 후에 데이터의 개변 및 개서의 가능성이 있고, c) 전자문서와
출력된 종이 출력된 종이문서의 동일성이 문제가 될 수 있으며, d) 관련
기기 및 소프트웨어의 버전업에 의한 호환성 및 재현성에 지장을 줄 수
있고, e) 특허의 일시, 저작권 등 중요한 작성시점의 증명에 난점이 존재
하기 때문이다. 이병문 외 3인, 전게보고서, 119면, 황찬현, 전게논문, 41면.
98) 전자서명법상의 전자서명이라 함은 서명자를 확인하고 서명자가 당해 전
자문서에 첨부되거나 논리적으로 결합된 전자적 형태의 정보를 말하고
있으며, "공인전자서명"이라 함은 a) 전자서명생성정보가 가입자에게 유
일하게 속할 것, b) 서명 당시 가입자가 전자서명생성정보를 지배·관리하
고 있을 것, c) 전자서명이 있은 후에 당해 전자서명에 대한 변경여부를
확인할 수 있을 것, d) 전자서명이 있은 후에 당해 전자문서의 변경여부
를 확인할 수 있을 것 등의 4가지 요건을 갖추고 공인인증서에 기초한
전자서명을 말한다. 이병문 외 3인, 전게보고서, 115면 주227 재인용.

　문서의 내용이 要證 사실의 증명에 도움을 주는 실질적 가치로서
의 실질적 증거력은 형식적 증거력을 전제로 하며 형식적 증거력의
존재가 곧 실질적인 증거능력을 의미하지는 않는다. 다만 형식적인
증거력이 인정되면 작성자가 법률행위를 한 사실이 증명되기 때문에
해당 문서의 증거조사는 종료하게 된다. 문서의 실질적인 증거력은
민사소송법 제202조에 규정된 대로 변론의 전 취지와 증거조사의 결
과를 참작하여 법관의 자유심증으로 사회정의와 형평의 이념에 의하
여 논리와 경험의 법칙에 따라 판단하게 된다. 우리나라에서는 자유
심증주의99)에 따르고 있으므로 증거방법의 제한을 하지 않지만 서면
의 서명·날인 또는 원본성은 증거가치의 관점 또는 입증의 어려움에
있어서 중요한 의미를 지닌다. 민사소송법 제329조에서 사문서는 작
성자 본인 또는 그 대리인의 서명이나 날인이 있을 때는 그 문서가
작성명의자에 의하여 작성되고 그 사상을 표현하는 진정한 문서로
추정받는다. 따라서 반증에 의하여 추정을 깨지 못하는 한 이를 진정
한 문서로서 증거판단을 하여야 한다. 이 추정은 법률상의 추정이 아
니고 일종의 증거법칙을 규정한 것이다.100) 원칙적으로 증거능력의
제한이 없는 것으로 이해되고 있고, 또한 증거력에 있어서도 법관은
이를 이론칙과 경험칙에 입각하여 자유롭게 판단할 수가 있다. 따라
서 우리나라에서는 어떠한 전문증거(hearsay evidence)라도 법정에 증
거로 제출될 수 있으며, 자유심증주의에 따라 증거에 대한 평가가 이
루어지기 때문에 전자문서의 진정성립을 추정할 수 있다. 전자문서의

---

99) 자유심증주의란 법관이 재판의 기초로 되는 사실을 인정함에 있어서 심
　　리에 나타난 모든 자료에 대한 평가를 오로지 법관의 자유로운 판단에
　　맡기는 주의이다. 사실존부에 관한 법관의 심증형성에 관하여 아무런 제
　　약을 가하지 아니하는 입장이다. 민사소송절차의 자유심증주의하에서는
　　증거로 사용하기 위한 법률상의 적격, 즉 증거능력을 결한 문서란 있을
　　수 없다. 송상현, 「민사소송법」, 박영사, 2001, 620면.
100) 최영봉, 전게논문, 348면.

효력과 관련하여 우리나라 전자거래기본법 제5조에서는 “전자문서는 다른 법률에 특별한 규정이 있는 경우를 제외하고는 전자적 형태로 되어 있다는 이유로 문서로서의 효력이 부인되지 아니 한다.”고 규정하고 있다. 이 규정은 전자거래의 촉진 및 확대를 위하여 다른 법률에서 특별한 규정이 있는 경우를 제외하고는 전자문서를 기존 종이문서와 차별 없이 동일하게 법적 효력을 인정하고 있다.101)

볼레로 시스템하에서의 일체의 메시지는 CMP를 통하여 전달되고, CMP는 전송된 메시지를 일정기간 보존할 책임을 부담한다. 볼레로는 전송된 메시지의 진정성을 인증하고 더욱이 볼레로는 CMP를 통하여 전송된 일체의 메시지에 대한 해쉬값을 영원히 보존하고 있음을 판단해 볼 때, 법정에서 보안성, 신뢰성 전자기록의 지속성 등을 고려한다면 볼레로형 전자선하증권의 증거력을 충분히 이해할 것이다.102) 볼레로 규약집 2.2.(3)에서도 디지털서명(digital signature)이 첨부된 볼레로 메시지는 어느 법원에서든 당해 메시지의 증거로서 인정될 수 있고, 볼레로型 電子船荷證券 정본(authenticated copy)과 사용자의 주장은 당해 메시지의 제1순위 증거로 인정된다.103)

---

101) 전순환, 전게논문, 233면.

102) 김진환, 전게논문, 155면, 최준선, “UNCITRAL 전자상거래모델법과 우리나라 전자거래기본법(안)”, 「비교사법」 제5권 제2호(한국비교사법학회, 1998), 55∼56면; 박석재 · 신건훈, 전게논문, 63면.

103) Bolero Rulebook 2.2.(3)(Message as Evidence)
    (1) (Admissibility): Each User agrees that a Signed Message or a portion drawn from a Signed Message will be admissible before any court or tribunal as evidence of the Message or portion thereof.
    (2) (Primary Evidence): In the event that a written record of any Message is required, a copy produced by a User and any other User as primary evidence of the Message.
    (3) (Authenticated copies to Prevail): Each User agrees that if there is a discrepancy between the record of any User and the copy authenticated by Bolero International, such authenticated copy shall prevail. Bolero net, Bolero Rulebook (London: Bolero International Ltd., 1999), p.11.

2) 볼레로型 電子船荷證券의 權原證券的 機能

선하증권의 근본적인 목적은 선하증권을 소지하고 있는 물품의 소유자가 운송인의 보관에 운송 중인 물품을 신속히 처분할 수 있도록 하는 데 있는바, 이는 권원증권인 선하증권에 유통성을 부여함으로써 가능하다.[104] 정당한 방법으로 선하증권을 취득한 자는 선하증권상 양도인이 지니던 모든 권리와 의무를 취득하게 되며 운송인을 상대로 화물의 인도를 청구할 수 있는 권리와 이를 처분할 수 있는 화물처분권을 갖는다.[105] 그러나 선하증권이 권원증권으로서의 화물의 점유(possession goods)를 표창하기 때문에 양도의 점유는 단지 점유의 양도에 불과하게 된다. 다시 말하여, 선하증권은 권원증권으로서 화물의 소유권(property of goods)을 표창하는 것은 아니다. 소유권의 이전은 동산의 경우 물권이전에 대한 합의와 동시에 이루어지고[106], 선하증권의 양도는 오직 화물의 점유의 이전에 지나지 않는다.[107] 電子船荷證券은 선하증권에 필요한 모든 내용이 서면이 아닌 전자문서의 형태로 작성된다는 점, 電子船荷證券에 대한 권리자는 운송물에 대한 소유권을 가진다는 점, 電子船荷證券을 양도함으로써 운

---

104) 상법 제816조(수통의 선하증권과 양륙항에 있어서의 운송물의 인도)
 ① 양륙항에서 수통의 선하증권 중 1통을 소지한 자가 운송물의 인도를 청구하는 경우에도 선장은 그 인도를 거부하지 못한다. 권원증권은 증권의 소지인에게 운송물의 처분 및 인도청구권을 부여한다.

105) 오원석 / 양정호, 전게논문, 66면.

106) 민법 제188조(동산물건양도의 효력).

107) 담보의 목적으로 선하증권을 취득한 질권자인 은행은 화물의 소유권까지는 취득하지 못한다. 또한 화물의 매도인인 송하인이 매수인인 수하인에게 선하증권을 양도하면서도 특약을 맺어 일정시기까지는 화물의 소유권을 자신에게 유보할 수 있는데, 이러한 경우에도 선하증권의 양도와 소유권의 이전은 일치하지 않는다.(Sewell v. Burdick(1884) 10 App. Cas. 74.) 심재두, 전게논문, 90면.

송 중에 있는 운송물을 양도할 수 있다는 점 등에서 종이선하증권의 대부분의 기능은 電子船荷證券에 의해 대체가 가능하다.

유가증권제도는 실물증권의 발행을 전제로 하기 때문에 유가증권 상의 권리이전·행사 등 유가증권과 관련된 행위는 실물증권의 교부 또는 점유가 반드시 필요하다.[108] 電子船荷證券의 가장 근본적인 문제점은 전자적인 방법으로 물품의 점유권 및 처분권을 인정하는 경우에 종이선하증권의 배서·교부와 같은 법적 효력이 인정되느냐의 여부이다.[109] 만약 電子船荷證券이 일반적인 기능적 등가물로서 종이선하증권의 유가증권의 기능을 인정한다 하더라도 유가증권으로서의 법적 성질에 대한 인정여부는 별개의 문제이다. 선하증권은 운송 정보와 함께 그것에 체화된 권리의 이전을 증명하기 위한 방법이 수반되어야 하므로, 법적으로나 기술적으로 복잡한 문제를 야기하게 된다. 전자적인 기술방법이 마련되고 그러한 방법에 의해 당사자가 합의한다 하더라도 당사자 간 합의의 효력을 인정하는 법적 뒷받침 없이는 전자식 선하증권은 종이선하증권 같은 완전한 유통성을 보장할 수 없다. 電子船荷證券의 유통성은 결국 電子船荷證券의 유가증권성을 인정하는 문제로 귀결이 된다. 선하증권을 전자화하는 것은, 有價證券을 전자화하는 것이기 때문에 전자화된 유가증권의 성질에 대한 논의가 필요하다.

---

108) 정찬형, "전자증권제도 도입에 따른 법적 문제점 및 해결방안", 「증권예탁」 제40호(증권예탁원, 2001), 40면.

109) 배서란 유가증권의 유통을 촉진하기 위하여 법이 특히 인정한 유가증권의 간편한 양도방법으로서 배서인의 유가증권에 피배서인에게 유가증권을 양도한다는 뜻을 기재하고 기명날인 또는 서명하여 이를 교부한다. 다만 무기명식으로 발행된 유가증권은 교부만으로 권리를 양도할 수 있다. 배서나 교부 모두 유가증권의 양도의 효력요건으로서 민법 제450조의 대항요건과는 구별된다. 정경영, 전게논문, 500면.

(1) 船荷證券의 有價證券性

채권이라든가 사원권 등의 권리는 적절한 공시방법이 없어서 이들 재산권을 제3자에게 양도한다든가 담보를 설정하기가 어렵다. 이러한 무형의 권리에 대해 유통성을 확보하기 위한 수단으로 등장한 제도가 바로 유가증권[110]제도이다. 무형의 재산권을 유형의 증서에 화체시킴으로써 증권의 소지라는 공시방법을 가지게 되었고 일정한 요건을 갖춘 증권 소지인은 적법한 권리를 추정받게 되어 증권의 교부에 의해 권리양도를 의제함으로써 마치 동산과 유사하게 증권을 통해 무형의 재산권의 유통이 가능하게 되었다.[111]

유가증권의 정의에 관해서는 여러 가지 견해로 나누어져 있다. 유가증권이란 재산적 가치가 있는 사권(재산권)이 표창된 증권으로서, 그 권리의 발생·행사·이전의 전부 또는 일부를 증권에 의하여 하게 되는 것이라는 견해,[112] 재산권을 표창하는 증권으로서 그 권리의 이전에 관하여 증권을 필요로 하는 것이라는 견해,[113] 재산적 가치가 있는 사권을 표창하는 증권으로서 권리의 행사 및 이전에 증권을

---

110) 유가증권(Wertpapie)은 권리의 내용이 증권상의 기재에 의해 결정되고 또한 증권의 소지자가 권리자로 추정되므로 증권상에 표창된 권리의 유통성과 거래의 안정성이 확보되는 것인바, 우리나라의 어음수표법상 유가증권의 정의에 대한 통설 역시 유가증권은 재산권을 표창한 증권으로 그 권리의 발생·행사·이전의 전부 또는 일부를 증권에 의해야 하는 것으로 정의하고 있다. 안성포, "유가증권의 개념에 관한 소고", 「법학논총」 (단국대학교 법학연구소, 2003), 345면; 오원석 / 양정호, 전게논문, 69면.

111) 권리추정력은 민법의 동산 점유자와 유사하며 교부에 권리이전적 효력을 부여하나 배서를 요구하는 유가증권이 있다는 점이 특징이다. 그밖에 권리가 추정되는 자로부터 선의로 증권을 취득하게 되면 선의취득이 성립하고 이들 증서를 소지하고 있는 자가 권리를 행사할 경우 채무자는 일정한 사항을 형식적으로 확인할 경우 채무면책이 되는 효력이 있다. 정경영, 전게논문, 501면.

112) 서돈각 / 정완용 「제4전정 상법강의(하)」, 법문사, 1996, 59면.

113) 최기원, 「어음수표법」, 박영사, 2001, 16면.

120 ❏ 전자선하증권론

필요로 하는 것이라는 견해,114) 사법상의 권리를 표창하는 증권으로
서 권리의 행사를 위하여 증권의 점유를 필요로 하는 것이라는 견해
등 학설이 다양하다.115)

한편 영미법계에서는 유가증권 대신에 유통증권(negotiable instru-
ment)116)이라는 개념을 사용하고 있다. 동 증권의 개념은 영국 판례
법상 인정되어 오다가 1882년 영국의 환어음법(The Bill of Exchange
Act, 1882)에 성문화되고, 다시 미국의 통일상법전 제3장에 수정 보
완되어 정당소지인이론117)(the doctrine of holder in due course)과 함
께 발전되어 왔다. 유가증권은 무형의 권리를 증권화하여 권리양도절
차를 간소화함으로써 권리의 유통성을 높이기 위한 목적으로 사용된
다. 지명채권의 양도는 우리 민법 제450조에 규정된 대로 채권의 성
질이나 당사자의 의사표시 또는 법률에 의해 제한되며, 양도가 인정
되는 경우에도 이중양도의 경우 양도사실 및 그와 관련한 분쟁을 피
하기 위해 당사자 간의 양도에 관한 의사의 합치 외에 채무자 또는

---

114) 임홍근, 「상행위법」, 법문사, 1989, 309면.
115) 정동윤, 「어음·수표법」, 법문사, 2001, 42면; 정찬형 / 정희철, 「상법원
　　론(하)」, 박영사, 1996, 4면.
116) 영국에서 유통증권(negotiable instrument)이라고 하는 것은 환어음(bill of
　　exchange), 약속어음(promissory note), 수표(cheque), 이익배당금지급증
　　(dividend warrant), 무기명식배당금지급증(share warrants to bearer) 등을
　　말한다. 미국에서 유통증권이란 동 법전 제3장에서 규정하고 있는 협의
　　의 유통증권(negotiable instrument), 동 법전 제7장의 권원증권(documents
　　ot title) 및 동 법전 제8장의 투자증권(investment security)을 포함한다.
　　안성포, 상게논문, 344면.
117) 유통증권의 양수인이 정당소지인인 경우에는, 그 증권이 유효한 것이고,
　　그 문면상 정상이고, 또한 지급기한이 경과된 것이 아니고(not over due),
　　지급거절된 것을 그가 알지 못하는 경우에 선의로 그 증권을 대가로 지
　　급하고 취득한 자로 인정된다는 이론이다. 이러한 추정은 증권이 사기,
　　강박 또는 위법성에 의하여 영향을 받고 있는 경우에 적용되지 않는다.
　　그러나 소지인이 그 증권을 선의로 취득하였음을 입증하면 그는 증권에
　　기하여 소구할 수 있다. 이호정, 「영국계약법」, 경문사, 2003, 387면.

제3자에 대한 대항요건[118]을 필요로 한다. 이에 반해 유가증권에 의한 양도는 유통성을 보장하기 위해 배서·교부에 의한 간편한 방법으로 양도된다. 다만, 기명증권의 경우에는 그 성질상 유통이 제한되는바, 지명채권의 방법에 의해서만 양도가 가능하나 증권의 교부는 필요하다.[119] 유가증권제도의 법리는 증권의 소지를 통해 권리를 공시함으로써 무형의 재산권의 유통에 엄청난 기여를 하였지만 다음과 같은 몇 가지 한계점을 가지고 있다. 유가증권의 발행과 관련해서는 유인성과 무인성의 충돌문제, 유가증권을 분실하는 경우 공시최고, 제권판결[120]과 선의취득자의 보호 등의 문제 등은 유가증권이 해결해야 할 문제들이다. 특히 선하증권은 運送債權[121]을 표창한 유가증

---

118) 채무자에 대한 대항요건으로 채무자에 대한 통지 또는 승낙을 요하고 채무자 이외의 제3자에 대한 대항요건으로는 '확정일자 있는 증서'에 의한 통지 또는 승낙을 요한다. 정찬형, 「어음·수표법 강의」, 홍문사, 1999, 23면.

119) 오원석·양정호, 전게논문, 68면.

120) 선하증권의 멸실, 도난, 훼손 등의 사고가 발생하면 송하인은 운송인으로부터 선하증권을 재발급받거나 사고발생지 관할법원에 신고를 하고 공시최고에 의한 제권판결을 받아 그 선하증권을 무효로 할 수 있다. 민사소송법 제446조에 의거 신청인은 관할지 법원에 공시최고를 신청하고 선하증권 등본과 분실, 도난, 훼손 등의 사실을 증명하는 서류를 법원에 제출하여야 한다. 법원은 공시최고일자 3개월을 정하여 법원 게시판에 게시하고 관할 또는 공보에 게재하며, 또한 일간신문에 2회 이상 게재한다. 그 기일까지 증권에 대한 권리를 가지고 있는 자는 그 사실을 법원에 신고하고 선하증권을 제시하여야 한다. 최고 기간 내에 신고가 없으면 제권판결이 되고, 분실 또는 도난을 당한 자는 이 제권판결로 권리를 주장할 수 있다. 양정호, 전게논문, 144면.

121) 선하증권이 표창하는 운송채권은 운송의 목적물에 관한 인도청구권을 포함하는바 이것 역시 채권에 해당한다. 선하증권을 양도하거나 담보로 잡히는 등의 처분은 운송물 인도청구권이라는 채권의 처분이다. 다만, 선하증권은 물품을 상징하는 권원증권으로 선하증권의 인도가 운송물 자체의 인도와 동일한 효력을 지니게 되는 물권적 효력이 인정되므로 운송채권의 처분 시 운송채권에 관한 급부의 객체 또는 목적물인 운송물 자체의 처분이 결부될 여지가 있다. 이균성, "선하증권의 법률관계", 「무역상무연구」 제10권(한국무역상무학회, 1997), 87면.

권의 일종으로 지명채권양도의 경우처럼 채무자나 제3자에 대한 대항요건을 갖출 필요가 없다. 배서의 연속이 있는 선하증권의 소지인이나 단순 소지인에게 정당한 권리자로서의 자격이 부여되므로 정당하게 선하증권을 취득한 선의의 소지인 이외에는 누구도 운송인으로부터 화물의 인도를 청구할 권리가 없다.[122]

(2) 有價證券의 電子化

권리의 유체화라는 이념에서 출발한 유가증권이 시대의 흐름에 따라 역으로 주체화(전자화)되어 탈증권화가 가능해졌다. 프랑스에서는 장부증권(valeurs mobilières scripturale), 덴마크에서는 전자증권(electronic securities), 미국과 영국에서는 무증서증권(uncertificated securities)으로 부르고 있으며, 우리나라에서는 이를 무증권화(dematerialization)라고 부르고 있었으나 최근 학계 등에서 '전자증권'이라는 용어를 사용하고 있다. 정보통신기술을 이용한 전자거래가 발달함에 따라서 유가증권에서도 전자화가 이루어지고 있으며 유사증권의 전자적 대체물로서 유가증권성이 인정될 수 있는 전자어음·전자수표·電子船荷證券 등을 전자유가증권이라 한다.[123] 전자유가증권은 유가증권법상

---

122) 상법 제820조·제133조.

123) 전통적으로 서류는 교부(hand over)가 용이한 반면, 일정한 등록기관에 서류를 가지고 권리를 등록하는 것은 매우 복잡한 절차가 필요하다. 따라서 거래나 이동이 잦지 않은 부동산이나 고가의 물건의 경우에는 권리확보방법으로 등기에 의한 방법이 선호된 반면, 자주 거래되고 이동이 잦은 동산의 경우에는 서류의 교부에 의한 권리이전 방식이 선호된 바, 무역거래에 있어서도 운송 중인 물품에 대한 거래가 자주 발생하기 때문에 선하증권의 배서·교부에 증권을 유통시킴으로써 선하증권상 체화된 권리를 다른 사람에게 양도하는 방법을 취하게 되었다. 이에 전자식 선하증권의 유통성과 관련하여 논의된 방법들은 현대의 정보기술을 이용하여 기존의 오프라인 환경에서 복잡한 절차로 인해 꺼려왔던 등기(혹은 등록)에 의한 방법을 거래가 자주 발생하고 이동이 잦은 동산

유가증권의 개념에 대해서는 재산권을 표창하는 증권이라는 데 일치하지만 권리와 증권의 결합에 대해서는 전자문서증권과 전자등록증권으로 학설이 대립하고 있다.

가. 電子文書證券

전자등록부를 이용하지 않고 현재의 증권을 전자문서화함으로써 권리를 전자문서에 표창하는 방법으로 전자문서가 증권의 기능을 대체한다는 점에서 엄밀하게 보면 전자문서증권이라 할 수 있다. 권리 자체가 전자문서로 표창되어 네트워크를 통해 유통되기 때문에 전자문서의 소지를 실물 유사증권 소지인과 동일한 권리를 부여하고, 실물 유가증권에 대한 이론을 적용시키는 방법이다. 전자증권에서 무권화된 권리는 유가증권 개념의 연장선상에서 파악하여 유가증권상의 권리로 의제하거나 동 증권권상의 권리가 실물이 아닌 전자매체에 의하여 표창된 것으로 이해함으로써, 전자증권제도의 법적 안정성과 투자자에 대한 권리보호가 가능하다는 견해가 있다. 하지만 서류상의 문서를 전자적인 방법으로 표창한 것이기 때문에 위·변조에 매우 취약하다. 권리표창이 물리적 서면이 아닌 전자매체에 의한다는 점에서 유가증권에 관한 현행 법률을 적용하는 방향에서 입법하되 관련규정을 변경하여 규정하여야 한다는 주장이다.[124]

의 매매에 도입함으로써 서류의 지연으로 발생하는 문제들을 해결하고자 하는 것이다. 전자식 선하증권의 유통성은 전자식 선하증권에 대한 권리를 개인 혹은 제3자에 의해 관리되는 등록 시스템에 등록 및 변경함으로써 달성하게 된다. 오원석·양정호, 전게논문, 72면; 손진화, "주식 등의 전자등록제도의 도입방안", 「상사법 연구」 제22권 제3호 특집호(한국상사법학회, 2003), 77~78면.

124) 정찬형, "전자증권제도의 도입에 따른 법적 과제", 「상사법 연구」 제22권 제3호(한국상사법학회, 2003), 17면.

나. 電子登錄證券

전자등록증권은 실물을 발행하지는 않지만, 재산적 권리를 중앙등록기관의 증권등록부에 등록함으로써 증권이 표창하는 권리에 대한 권리자와 권리내용을 인정하고, 이러한 등록에 기초하여 권리의 이전·담보설정 및 행사를 인정하는 방법이다. 권리를 표창하는 증서 대신에 정보처리능력을 가진 증권등록부상의 등록을 새로운 권리의 표창방식으로 인정하자는 것이다. 권리의 변동에 있어서 증권의 소지는 필요하지 않고 등록부상 등록(registration)에 따라 권리의 변동이 이루어진다.[125]

전자등록증권은 유가증권의 특성이라 할 수 있는 서면성, 기명날인 혹은 서명요건, 권리의 표창성, 권리의 증권결합성 등의 특징을 전혀 가지지 않으므로 유가증권으로 보기 어렵다. 권리의 유체화라는 이념으로 유가증권이 발생되었지만 이와는 반대로 유가증권이 무체화가 되기 때문에 실물증권의 발행을 전제로 하는 기존의 유가증권의 법리와는 차이가 있다. 전자등록증권에서는 유가증권성을 부인하면서도 권리가 단순한 채권 또는 사원권으로 회귀하는 것이 아니라, 전자등록부에 의해 공시되는 새로운 법률관계가 형성된 것으로 본다. 따라서 전자등록부라는 권리장부에 권리를 등록할 경우 등록의 법적 효력에 대한 설명의 문제와 권리를 이전할 경우, 이전 등록을 권리이전 행위의 성립요건이나 효력요건 혹은 대항요건으로 볼 것인가 하는 부분이 문제가 된다는 것이다. 결국 전자등록제도를 중심으로 전개되는 법률관계를 해결함에 있어 상법과 관련법의 대폭적인 개정 혹은 새로운 입법이 요구된다는 주장이다.[126]

---

125) 안성포, 전게논문, 357~358면.

126) 정경영, "전자증권의 법적 성질과 전자등록제도에 관한 고찰", 「상사법연구」 제22권 제3호(한국상사법학회, 2003), 123면.

다. 小 結

電子船荷證券 등 유가증권의 전자화에서 구현하고자 하는 권리변동은 일반유가증권과 다음과 같은 차이점이 있다. 종이선하증권은 운송인에 의해 등록부가 작성되는 것이 원칙이지만 電子船荷證券에서는 전자등록기관에 의해 작성된다. 따라서 운송인의 기명날인이 아닌 전자등록기관의 신뢰성에 따라 권리의 진정성을 보장받는다. 전자선하증권은 실제로 교부되고 소지의 대상이 되는 증권이 아니다. 이는 증권이 실제로 유통이 되지 않기 때문에 등록기관의 등록에 따라 모든 권리관계가 확정된다. 電子船荷證券이 성공적으로 활용되기 위해서는 거래당사자 간의 신뢰성의 확보가 매우 중요하다. 전자유가증권을 전자문서증권으로 파악한다면 전자문서의 위·변조가 상대적으로 쉽기 때문에 電子船荷證券의 신뢰성에 문제가 생길 수 있다. 볼레로型 電子船荷證券은 시스템상 CMP 및 권리등록장치 등 별도의 등록장치를 운영하고 있고 볼레로 시스템의 근본취지가 모든 무역서류의 전자화를 추진하고 있다는 점, 안정성이 확보된 디지털서명을 기반으로 하는 점[127] 등을 생각해 볼 때 전자등록증권의 성질을 갖는 것이 타당하다. 電子船荷證券을 전자등록증권으로 이해한다면, 기존의 법체계로는 중앙등록 시스템 등을 선택하는 볼레로형 전자선하증권을 규율하지 못하는 상황이 발생할 수 있기에 전자선하증권의 안정적인 운용을 보장해 주기 위한 입법 내지 법구조 개선이 필요하다.

---

127) 볼레로 시스템에서는 최근에 65개 이상의 서류들이 전자적 형태로 변환이 가능하다. Florian Gehrke, 「New Attempts at Electronic Documentation in Transport Bolero- The end of the experiment, the beginning of the future?」, University of Cape Town, 15, April, 2001, p.16; 박석재·신건훈, 전게논문, 150면.

5. 볼레로型 電子船荷證券의 流通性

1) 流通性의 意義

유통성(negotiability)이라 함은 환어음이나 약속어음 등과 같이 계약상의 권리를 표창하는 증권에 특유한 성질로서, 단순한 교부(소지인식의 경우) 또는 배서·교부(지시식의 경우)에 의하여 증권상의 권리가 양도되고 양수인이 양도인의 원칙에 어떠한 하자가 있다는 사실을 모르고 유상으로 증권을 양수한 경우에는 그러한 하자에 영향을 받지 아니하고 증권상의 권리를 취득하며, 채무자에게 채권양도의 통지를 할 필요가 없는 것을 말한다.128) 선하증권의 유통성은 원본의 선하증권 소지인에게만 물품을 인도하여야 하는 운송인의 책임에 기인하는 것으로 정당한 당사자에게 화물의 정확한 인도가 이루어질 수 있도록 하기 위한 것이다.129) 선하증권의 권원적 기능과 유통성은 별개의 문제로, 운송 중인 물품을 신속하게 처분이 가능하도록 하는 선하증권의 근본적인 기능은 유통성을 부여함으로써 달성할 수 있다.130)

유가증권의 소지인이 소유권을 타인에게 이전할 목적으로 물품을 타인에게 교부하는 것을 이전(transfer)이라 한다. 이전의 방법에는 유통(negotation)과 양도(assignment)가 있다.131) 유통은 소지인과 지

---

128) 정찬형, 전게서, 18~19면.

129) 최석범, "電子船荷證券의 활성화를 위한 도입모델에 관한 연구", 「무역학회지」 제22권 제3호(한국무역학회 1997), 405면.

130) 선하증권의 근본적인 목적은 선하증권의 점유로 물품의 점유를 추정하는 권원증권성과 배서·교부에 의하여 증권상의 권리가 양도되는 유통성이다. 오원석·양정호, 전게논문, 67면.

131) 영국과 미국은 선하증권의 권원증권성은 인정하면서도 선하증권의 유

시식 선하증권에 사용되는 용어로서 양도는 기명식 선하증권에 사용
되는 용어이다. 유통과 양도의 차이는 피이전자의 채무자에 대해 부
담하는 일체의 항변에 대한 면책여부 외에도 증권의 이전에 있어 유
통의 경우 유통자가 피유통자에게 단순히 교부 또는 배서 후에 교부
하면 되지만, 양도의 경우 증권상의 채무자에게 양도의 취지를 통지
하여야 한다. 유통 이외의 방법에 의한 증권상의 권리의 양수인은
증권상의 정당한 권리자이지만 정당한 소지인은 아니다. 기명식 선
하증권은 동산과 동일하게 취급되기 때문에 유통은 될 수 없으나 양
도는 가능하다.132)

선하증권은 지명채권의 양도와는 달리 채무자나 제3자에 대한 공
시방법이 불필요하다. 그 대신에 배서의 연속이 있는 선하증권의 소
지인이나 단순 소지인에게 증권상 정당한 권리자로 인정되기 때문에
선하증권을 소지한 자 이외에는 어느 누구도 운송인으로부터 화물의
인도를 청구할 권리가 없다. 電子船荷證券에서는 물리적으로 선하증
권을 점유할 수 없는 까닭에 제3자는 그 점유사실을 명확히 알기가
어렵다. 電子船荷證券이 무역에서 널리 활용되기 위해서는 이러한
문제를 해결하는 공시기능이 필요하다. 電子船荷證券에서는 권리의
전자적 이전과 운송계약 관련 데이터를 보존·등록하여 권리를 포함

통성에 대해서는 인식의 차이를 보인다. 영국의 경우 선하증권은 환어
음과 같은 유통증권이 아니라 선하증권을 이전하여 운송인이 운송 중에
있는 화물의 점유권을 이전하는 것이므로 선하증권의 유통성은 단순한
양도와 동일시한다. 특히 양수인은 양도인이 지니던 이상의 권리를 취
득할 수 없는 제약 때문에 선하증권의 유통성은 환어음 등의 유통성과
는 다르다. 미국의 경우 선하증권의 배서에 의하여 화물의 소유권과 소
송권을 피배서인에게 양도할 수 있고, 송하인이 선하증권을 양도하면
송하인은 선하증권에 의하여 증명된 운송계약상의 권리와 함께 선하증
권에 명시된 화물을 인도하며 선하증권에 기재된 화물은 본선에 선적
되었음을 표창하는 추정적 증거이므로 양도성 유통증권이라는 입장이
다. 정찬형, 「영미어음·수표법」, 고려대학교 출판부, 2001, 21~23면.

132) Uniform Bills of Lading Act(UBLA) §29; Uniform Sales Act(USA) §34.

하는 데이터를 전송하는 등 등록기관이 공시기능을 담당하기 때문에 등록기관의 역할이 매우 중요하다. 전자선하증권은 권리의 내용이 전자기록의 형태로 되어 있고 운송물에 대한 제 권리의 행사가 개인 키와 권리등록을 갱신하는 방법으로 이루어지기 때문에 선하증권의 기재내용과 권리의 행사 등이 분리되어 운영된다.

電子船荷證券에서의 권원증권성을 구현하는 데에는 많은 어려움이 있다. 전자적인 형태의 저장된 기록을 출력하기 때문에 기존의 종이 문서가 가지고 있는 유일성의 기능을 대체하기 힘들고 전자선하증권에 유통성이 인정되기 위해서는 물품 통제권 혹은 물품에 대한 권리가 오직 의도된 자에게만(to the intended and no other than intended, person) 양도되었다는 확실한 보장(reliable assurance)이 요구된다. 데이터 메시지의 전자적 교환이 이러한 두 가지 기능과 등가를 이루기 위해서는 데이터 메시지에 유일성(uniqueness)을 부여하는 수단이 필요하다.133)

요컨대 전자식 선하증권은 물리적으로 점유가 불가능하며 배서·교부와 같은 방법을 사용하여 양도할 수 없다. 따라서 電子船荷證券의 유통성을 확보하기 위해서는 권리의 추정이나 배서·교부에 의하여 양도가 가능하여야 하며 전자적 메시지의 교환을 통하여 권리의 이전에 신뢰성을 부여할 수 있어야 한다. 이하에서는 전자선하증권의 유통성에 대한 입법례 등을 고찰하기로 한다.

---

133) UNCITRAL Report of the Working Group on Electronic Data Interchange (EDI). U.N. DocA / Cn.9 / 421 30th session(28 May-14 Jine 1996). pp.40.

2) 電子船荷證券의 流通性에 대한 立法例

(1) 國際聯合國際去來法委員會 模範法

국제연합국제거래법위원회모범법(United Nations Commission on International Trade Law Model Law)[134] 제2편(특정 분야의 전자상거래) 제1장(물품운송)은 두 개의 조문으로 구성되어 있다. 동법 제16조에서는 물품운송계약과 관련된 행위를 규정하고 제17조는 운송서류에 관하여 규정한다. UNCITRAL Model Law는 제17조(3)항에서 데이터 메시지의 전송을 통한 권리의 이전 시 갖추어야 할 법적 요건을 정하고 있는바 "오직 한 사람에게만 권리가 부여되고 오직 한 사람[135]만이 의무를 취득하여야 하는 경우, 당해 권리나 의무의 이전

---

134) UNCITRAL은 오스트리아의 비엔나에 주 사무소를 두고 있는 국제연합의 산하기구로 국제물품 매매, 운송, 보험, 결제, 무역서류, 분쟁의 중재 등의 법률적 문제를 취급하고, 통일법 제정을 검토하기 위하여 1966년 12월에 설립되었으며, 국제거래의 사법 분야를 통일시키기 위하여 활동하고 있는 유엔기구이다. 모범법은 1984년에 UNCITRAL 제17차 회의에서 UNCITRAL사무국이 내놓은 "Legal aspects of automatic data processing"라는 보고서에 의하여 처음 시작되었다. 이 보고서는 컴퓨터 기록의 법률적 가치, 서면의 요구, 인증문제, 선하증권 문제 등의 주제와 관련된 법률적 문제를 다룬 것이었다. UN / EDIFACT의 개발을 담당하고 있던 UN / ECE의 활동을 주목하고 있었던 UNCITRAL은 이후 1985년의 제18차 회의 이후에서 이 보고서를 주제로 채택하여 논의한 결과, 모범법이 바탕이 되는 권고안을 내놓았다. 이후 1988년, 1990년, 1991년에 거듭되는 회의마다 내용이 보완되어 주로 EDI의 법률적 문제 등에 대하여 초안이 작성되어 오다가 1992년에 전자상거래라는 표현이 추가되며, 1995년에 모범법 초안을 완성하였고, 1996년 제29차 회의에서 그 명칭을 바꾸어 모범법으로 채택하였으며, 1998년에는 일부조항을 개정하였다. 정완용, "디지털 시대의 경제변화에 따른 전자상거래의 영향", 「인터넷 법률」 제3호(법무부, 2000), 69면.

135) 선하증권의 소지인은 선하증권을 1번 이상 양도할 수 없으며, 2명 이상의 선하증권에 화체된 물품에 대하여 공동으로 소유권을 취득하는

을 위해 종이문서를 교부하도록 하는 법적 요건은 당해 권리나 의무의 이전이 하나 혹은 그 이상의 데이터 메시지에 의해 전달되는 경우에도 충족된다. 다만 그러한 데이터 메시지에 유일성을 부여하기 위해 신뢰할 만한 방법을 사용하여야 한다."고 규정하고 있다. 동 조항에 의하면 하나 혹은 그 이상의 데이터 메시지의 전송은 그러한 데이터 메시지에 유일성을 부여하기 위한 신뢰할 만한 방법이 사용된다면 종이문서의 양도에 의한 권리의 이전과 동일한 효력을 지니도록 하고 있다. UNCITRAL Model Law 제17조(3)항[136]에 따라 만일 본 조항이 국내법으로 채택되는 경우에는 종이문서 없이 전자적인 방식에 의한 권리의 부여나 양도를 허용한다. UNCITRAL Model Law 제17조(5)항[137]은 하나 혹은 그 이상의 데이터 메시지가 사용되는 경우에는 당해 데이터의 메시지가 종료되어 종이문서로 대체되는 경우에만 종이문서를 사용할 수 있으며 해당 종이문서에는 데이터

경우는 1회 양도로 된다. 양정호, 전게논문, 85면.

136) UNCITRAL Model Law Article 17 (Transport Documents)

(3) If a right is to be granted to, or an obligation is to be acquired by, one person, and if the law requires that, in order to effect this, the right or obligation must be conveyed to that person by the transfer, or use of a paper document, that requirement is met if the right or obligation is conveyed by using one or more data messages, provided that reliable method is used to render such data message or messages unique. Material, "UNCITRAL Model Law on Electronic Commerce", 「한국해법학회지」 제21권 제2호(한국해법학회, 1999), 273면.

137) UNCITRAL Model Law Article 17 (Transport Documents)

(5) Where one or more messages are used to effect any action in sub paragraphs (f) and (g) of article 16, no paper document used to effect any such action is valid unless the use of data message had been terminated and replaced by the use of paper documents. A paper document issued in these circumstances shall contain a statement of such termination. The replacement of data messages by paper documents shall not affect the rights or obligations of the parties involved. Material, 전게자료, 273면.

메시지의 사용이 종료되었다는 기재를 포함해야 한다고 규정하고 있다. 동일한 권리가 특정시점에서 데이터 형식이나 종이문서 형식으로 병행되어 사용될 위험을 회피하기 위한 의도이다. UNCITRAL Model Law에서는 전자적인 기록의 배타적인 지배(exclusive control)는 점유와 일치하는 것으로 보고 있다. 유통성 서류는 종이의 여부를 떠나서 정보를 전달하는 매체의 형태보다는 권리의 이전에 중점을 두어야 하며 전자적인 방법에 의해서 작성된 매체라도 부인되지 않는다는 것이다. UNCITRAL Model Law는 "선하증권을 포함하여 '데이터 메시지'(data message)에 의해 이전되는 모든 형태의 정보에 적용되고 기능상 '동등접근방법'(functional equivalence approach)을 이용하여 지금까지 전자메시지가 종이메시지와 동일한 지위를 향유하지 못하게 했던 많은 장벽들을 제거하고 있다."는 점에 의의가 있다.[138]

(2) 美國統一電子去來法

미국통일주법전국대위원회(The National Conference of Commissioners on Uniform State Laws: NCCUSL)는 1999년 7월 29일 2년간의 노력 끝에 미국통일전자거래법(Uniform Electronic Transaction Act: UETA, 이하 'UETA'라 한다.) 최종안을 승인하였다. UETA는 전자상거래상의 전혀 새로운 법규범이 아니고 기본적으로 전자거래에 관한 UNCITRAL Model Law와 미국통일상법전(Uniform Commercial Code; 이하 'UCC'라 한다.)의 관련 조항을 조화시켜 만든 입법이다. UETA는 전자서류나 전자서명이 실거래의 대체관계에 있는 서면이나 수기서명과 많은 부분에서 기본적으로 동등하다는 것을 보여주는 절차법이다. UETA는 전자기록과 서면기록은 원칙적으로 동일한 효력을 가지며 전자서명을 일반서명과 동일한 법적 효과를 향유할 수 있도록 필요한 범위

---

138) 안철경·김용덕, 전게논문, 104면.

내에서 기존의 미국 계약법을 수정하고 있다.[139]

UETA는 제16조[140](양도성 기록)에서 전자적으로 양도 가능한 증서로 인정할 수 있는 기준을 설정하고 있다. 본 조는 전자어음 등의 등가물인 전자문서의 작성, 양도 가능성, 강제 가능성을 법적으로 지원하고 있다. UETA상 약속어음의 대응물이 되기 위해서는 서면에 의한 약속어음과 동일한 내용의 조건을 포함하여야 하고, 전자기록은 서명되어야 한다.[141] 기록의 발행자가 UETA에서의 양도성 기록으로 취급되는 데 동의하여야 하며 양도성 기록에 사용된 수단이 그 기록에 대한 권리를 가진 자의 동일성 입증에서 신뢰성을 보장할 수 있어야 한다.[142] 이러한 요건이 충족되면 전자기록은 양도성 기록이 되고, 양도성 기록 대한 권리자가 UCC 3장의 소지인에 상응하게 된다. 본질적으로 이러한 구조는 유통의 3가지 물리적 속성인 引渡·背書·占有를 입법화한 것이다.[143]

---

139) 손태우, "미국의 통일전자거래법(Uniform Electronic Transaction Act) 최종안의 내용과 의의", 「인터넷 법률」 제3호(법무부, 2000), 73~75면.

140) UETA Section 16 (a) In this section, "transferable record" means an electronic record that; (1) would be a note under[Article 3 of the Uniform Commercial Code] or a document under [Article 7 of the Uniform Commercial Code] if the electronic record were in writing; and (2) the issuer of the electronic record expressly has agreed is subject to this [ACT]. (a) 본 절에서: "양도 가능한 기록물"이란 ① UCC 제3조의 어음이나 UCC 제7조의 서류가 전자적으로 기록될 때 ② 전자적 기록물의 발행자가 명시적으로 본 법에 적용된다는 것을 동의했을 때 적용된다. 나승성, "전자어음의 법적 문제점 검토", 「인권과 정의」 통권 제233호(대한변호사협회, 2003), 9면.

141) UETA Section 9.

142) UETA Section 16.

143) 정경영, "미국 통일전자거래법(Uniform Electronic Transaction Act: UETA)에 관한 연구", 「상사법연구」 제19권 제2호(한국상사법학회, 2000), 277면; R. David Whitaker. Rules Under the Uniform Electronic Transactions Act for an Electronic Equivalent to a Negotiable Promissory Note, business Lawyer, p.444-445,(Nov. 1999) 재인용.

기록의 무결성과 권리를 보유한 자로 인정되기 위해서는 기록의 유일한 원본이 존재하여야 하고 그 원본으로 권리자에게 확인, 전달하고 보존되어야 한다. 정본 확인된 양수인을 부가 혹은 변경하는 사본 혹은 정정본은 권리주장자의 동의를 얻어야 하며 사본과 사본의 사본은 정본이 아님을 쉽게 확인될 수 있어야 하고 정본의 정정시 그 정당성이 쉽게 확인될 수 있어야 한다(제16조(c)(1)).[144]

양도성 기록은 전자기록의 일종으로서 만일 전자기록이 서면으로 되면 UCC 제3장의 어음이나 UCC 제7장의 권원증권으로 될 수 있고 전자기록의 발행인이 동법의 적용을 받은 양도성 기록에 명백히 동의한 것으로 된다. 이처럼 어음 또는 융통증권을 양도성 기록으로 취급하는 데 채무자의 동의를 요구하는 것은 채무자의 동의 없이 어음 또는 융통증권이 종이에서 전자형태로 전환되는 것을 방지하기 위함이다. 만일 양도성 기록에 의한 권리실행을 반대하는 자가 있다면 실행을 하고자 하는 자는 자신이 양도성 기록을 통제하고 있다는 것을 합리적으로 증명해야 한다. 그 예로 양도성 기록의 조건을 검토하고 양도성 기록의 통제권자의 신원을 확인시키기에 충분한 양도성 기록의 정본 및 관련 사업기록에 접근하는 것이 포함된다. 그리고 별도의 합의가 없는 한 양도성 기록의 통제권자는 양도성 기록의 소유자(holder)이며, 그 소유자는 UCC에 나타난 정당소지인(a holder in due course), 권원증권이 적절히 유통된 소유자 또는 구매자의 권리 및 항변을 포함한 UCC상의 동등한 기록 또는 서면의 소유자와 같은 권리와 항변을 지닌다. 주의할 점은 이러한 권리를 획득하거나 행사하기 위해 引渡·背書·占有를 요하지 않는다는 것이다. UETA 제16조는 UCC상의 관련 조문이 전자적 도구를 충분히 수용하기 위해 개정 또는 수정되기까지 적용되는 보충규정에 불과하다.[145]

---

144) 정경영, 전게논문, 277면.
145) UETA에서는 전통적인 종이문서 대신에 어느 특정의 기술이나 시스템

(3) 美國電子署名法

미국에서는 1996년 유타주를 중심으로 전자서명법에 대한 논의가 진행되었으며, 그 결실로 2000년 6월 16일 미국의회에서 전자서명법 (Electronic Signatures in Global & National Commerce Act, 이하 'E-sign Act'라 한다.)이 채택되었고 같은 해 6월 30일 클린턴 대통령이 서명하여 2000년 10월 10일에 발효되었다. 미국에서는 동법의 제정을 계기로 전자문서가 종이문서와 동등한 법적 지위를 갖추게 되었다.[146] 특정 州가 UETA를 채택하거나 거의 유사한 입법을 제정하는 경우에는 E-Sign Act가 적용되지 않는다.[147]

E-Sign Act 제201조(양도 가능한 기록)[148]는 전자적 형태의 약속

을 사용하도록 규정하지 않는다. 대신 전자적 메시지나 기록이 기존의 종이문서에 의한 방법과 동일한 기능, 권리의 이전이나 보안을 위해 사용된 시스템이 충족해야 할 일정한 기준을 정하고 그러한 요건을 충족하는 경우 법적 효력을 부여한다. 오원석, 전게논문, 75면.

146) Michael. E Arruda and Irria. Shestakova, 「US Enacts E-Sign: The Electronic Signatures in Global and National Commerce Act」, p.1; http://www.ola.org/usenacts.pdf, 이석재, 「전자정부분야 진단 및 해외벤치마킹」(한국전산원, 2001) 231면 참조.

147) 연방법인 E-Sign Act 규정에 UETA의 많은 규정을 도입하고 있지만, 두 법이 동일하지는 않다. UETA는 E-Sign Act에서 규율하고 있지 않는 부분까지 포함하고 있고 다른 쟁점에 대해서는 별도로 규율하고 있기 때문이다.(Section 102(Exemption To Peremption) (a) In General. -A State statute, regulation, or other rule of law may modify, limit, or supersede the provisions of section 101 with respect to State law only if such statute, regulation, or rule of law - (1) constitutes an enactment or adoption of the Uniform Electronic Transactions Act as approved and recommended for enactment in all the States by the National Conference of Commissioners on Uniform State Laws in 1999, except that…….), 손태우, 전게논문, 74면.

148) 이호용, "미연방 전자서명법", 「인터넷 법률」 제3호(법무부, 2000), 186~187면. 제201조(양도 가능한 기록) (a) (정의) 이 조의 목적상

어음이 종이약속어음과 등가물로 취급되기 위해 충족해야 하는 기술적이고 영업절차(business process)적인 기준을 제시하고 있다. E-Sign Act상의 양도 가능한 기록에 관한 조항은 일부 UETA 제16조에 근거를 두고 있어서 UETA상의 요건과 거의 대부분 유사하다. 다만 UETA상의 양도 가능한 기록은 약속어음이나 선하증권과 같은 권리

---

    (1) (양도 가능 기록) "양도 가능 기록"은 다음과 같은 전자 기록을 말한다.
       (A) 해당 전자 기록이 서면으로 작성되었다면 UCC 제3조의 어음에 해당한다. 양도 가능 기록은 전자서명을 사용하여 집행될 수 있다.
    (2) (기타 정의) "전자 기록", "전자서명", "사람"은 이 법 제107조에 규정된 의미와 동일하다.
  (b) (권한) 양도 가능 기록에 포함된 이익의 양도를 입증하기 위해 채용된 시스템에 의해 특정인이 양도 가능 기록 발행 또는 양도 대상자임이 확인되면 해당자는 양도 가능 기록에 대한 권한을 갖는다.
  (c) (조건) 양도 가능 기록이 다음과 같이 작성, 저장 및 지정되었으면 그 시스템은 (b)항을 만족하고 해당자가 양도 가능 기록에 대한 권한을 갖는 것으로 간주한다.
  (d) (소지인의 지위) 별도로 합의된 바가 없으면 양도 가능 기록에 대한 권한을 주장하는 자가 UCC 제1~201(20)조에 정의된 바와 같이 양도 가능 기록의 소지인이 되며, UCC상의 동등한 기록 또는 문서의 소지인과 동일한 권리와 방어권을 갖는다. 또한, UCC 제3~302(a)조, 제9~308조 또는 개정 제9~330조의 해당 제정법상의 요건을 만족하면 소지인 또는 구매인으로 권리와 방어권을 갖는다. 이 항에 의한 권리의 취득 또는 행사에는 교부, 소지 및 배서가 요구되지 않는다.
  (e) (채무자의 권한) 별도로 합의된 바가 없으면 양도 가능 기록상의 채무자는 UCC상의 동등한 기록 또는 서면상의 동등한 채무자로서의 권리와 방어권을 갖는다.
  (f) (권리의 입증) 집행 대상자의 요청이 있을 시에는 양도 가능 기록을 집행하려는 당사자는 자신이 해당 양도 가능 기록에 대한 권리를 갖고 있다는 합리적인 입증을 제시하여야 한다. 입증에는 양도 가능 기록 또는 관련 사업 기록의 인증본에 대한 접근을 포함할 수 있으며, 양도 가능 기록의 조건들을 확인하고 양도 가능 기록에 대한 권한을 갖는 자의 신원을 확인할 수 있어야 한다.

증권의 등가물을 포함하는 반면, E-Sign Act에서는 양도 가능한 기록의 정의를 오직 약속어음에만 적용되도록 하고 있다.[149] UETA의 경우와 마찬가지로 E-Sign Act에서도 특정시점에 전자약속어음으로 행사할 수 있는 권리를 지배하는 자는 오직 1명임을 요구한다. 전자약속어음이 생성되고 유통되며 E-Sign Act 제201조상 전자약속어음을 지배하는 자는 종이약속어음을 점유한 당사자와 마찬가지로 선의의 소지인이 될 수 있다.[150]

3) 볼레로型 電子船荷證券의 流通性

볼레로型 電子船荷證券에서는 권리등록 시스템에 기록된 소지인이 정당한 권리자가 된다. 권리등록 시스템에 소지인으로 기록된 자만이 기록변경을 지시할 수 있고 일단 기록이 변경되면 이전의 소지인의 기록은 삭제되어 추가적인 지시를 할 수가 없다. 권리등록 시스템은 일정시점에서 볼레로型 電子船荷證券의 소지인은 1명이라는 유일성을 확보해 준다. 유통 가능한 볼레로型 電子船荷證券을 발행하기 위해서는 다음의 절차를 따라야 한다. 운송인은 송하인의 지시에 따라 송하인을 지정한 다음 선하증권의 소지인을 지정하거나 지시당사자[151](to order party)를 지정하고, 수하인을 지정하거나 볼레로型 電子船荷證券을 백지 배서한다.[152] 이러한 과정을 거쳐 지참인

---

149) E-Sign Act Section 201(a).

150) 오원석, 전게논문, 77면.

151) 지시당사자라 함은 사용자 중에서 볼레로型 電子船荷證券의 소지인으로 지정되지 않은 자로서 종이선하증권의 경우 유통 가능한 선하증권의 피배서인을 말한다. 권재열, 전게논문, 307면, 주65 재인용.

152) U.C.C §3∼104(a), 백지 배서한다는 것은 유가증권의 수취인을 기재하지 않는 무기명식을 뜻한다. 미국에서는 유통증권에 무기명식을 명문으로 인정하고 있다.

소지인으로서 소지인을 지정한다. 선하증권의 소지인을 지정하거나 지시당사자를 지정하는 지시가 없는 경우 운송인은 지참인 소지인으로서 송하인을 지정하여야 한다.153) 선하증권이 권원증권으로서 유통성을 가지기 위해서는 증권발행 시에 지시식(to order) 내지 소지인 출급식(to bearer)을 분명히 하는 문언을 포함하여야 한다는 UCC §3-109와 동일한 입장이다. 지시식 권원증권을 양도하기 위해서는 배서와 증권의 교부가 필요하지만 소지인 출급식 권원증권의 양도에는 증권의 교부만으로 충분하다.154)

운송인이 수하인을 지정한 경우에는 그 볼레로型 電子船荷證券은 양도성을 가지지 못한다.155) 이처럼 운송인이 수하인을 지정하는 경우에는 그 지정된 수하인만이 운송물을 교부받을 권리를 갖게 되어 볼레로型 電子船荷證券은 양도성을 상실하게 된다. 현재까지는 볼레로型 電子船荷證券의 유통에 대한 충분한 사례가 축척되지 않아 법적 확신을 갖게 해주는 상관습이 아직 마련되지 않고 있다. 볼레로 규약집만으로는 발생하는 각종 사안이나 문제점 등에 대해 명확하게 규율하는 데 한계가 있다. 따라서 電子船荷證券의 유통성을 확보하는 법구조의 개선이 필요하다.

---

153) Bolero Rulebook 3.1.(4)(Original Parties).
154) 볼레로型 電子船荷證券이 발행된 경우에는 증권을 정당하게 제시하는 선하증권의 소지인에게만 운송인은 운송물을 인도하여야 하기 때문에 (Rulebook 3.6.(1)) 상환증권성은 충족된다. 볼레로型 電子船荷證券도 양도 가능 혹은 양도 불능 선하증권의 형식으로 발행이 가능하고(Rulebook 3.3.(2)) 운송인이 지시할 자(to order party)를 지명하게 되면 운송인은 그 지시할 자가 선하증권의 소지인이 되고 그가 또다시 지시할 자를 지명할 수 있기 때문에 (Rulebook 3.3.(3)) 지시증권성 역시 갖추고 있다. 이러한 효력은 당사자의 특약에 의하여 가입자들 사이에서만 인정된다는 것이 특이한 점이다. 김인현, 전게논문, 90면.
155) Bolero Rulebook 3.3.(6)(Making-Non Transferable).

[표3-5] 볼레로型 電子船荷證券의 流通性의 狀態

상태	입력시기	중지 및 종료	가능한 유통
유통불능	운송인, 현 지시식 소지인 지참인, 소지인 출급식 소지인이 볼레로型 電子船荷證券에 대한 수하인을 지정	유통불능상태는 영구적이고 볼레로型 電子船荷證券의 제출, 종이서류로의 전환, 수정에 의해 종료되는 경우에만 볼레로型 電子船荷證券은 종료된다.	없 음
유통가능	운송인이 지시당사자를 지정하거나 새로운 볼레로型 電子船荷證券을 백지 배서하는 경우	유통성은 선하증권이 소지인의 지정에 의해 유통불능이 되거나 선하증권이 종료되는 경우에 종료된다.	유통가능 선하증권의 현재의 지시당사자 또는 지참이 소지인이 연속적인 지시당사자 또는 소지인 출급식 소지인을 지정할 수 있고, 질권자 소지인을 지정하거나 수하인을 지정할 수 있다.
질권설정	소지인이 유통가능 볼레로型 電子船荷證券에 대한 질권자 소지인을 지정한 경우	담보권 설정상태는 담보권자 소지인이 담보를 집행하거나 포기하는 경우에 종료된다.	질권 설정 상태에서 담보의 집행과 포기가 가능하다. 또한 담보권자 소지인이 새로운 담보권자 소지인을 지정함으로써 담보를 이전하는 것이 가능하다. 또한 선하증권이 수정되거나 종이서류로 전환될 수 있다. 유통은 질권을 포기하는 경우를 제외하고 가능하지 않다.

자료: 최석범, 전게논문, 65면.

6. 볼레로型 電子船荷證券上의 法的 效果

1) 볼레로型 電子船荷證券上의 物權的 效力

전자선하증권에서는 권원증권성을 인정받지 못하므로 종이선하증권과 동일한 효력을 인정해 주기 위해서는 다른 법리의 채용이 필요하다. 선하증권에서 인정되는 물권적 효력을 전자선하증권에서 대체하는 개념이 필요하다. 볼레로형 전자선하증권은 CMP와 권리등록 시스템으로 소지인의 유일성을 확보할 수는 있다. 볼레로 규정집에서는 법적인 해결책으로 볼레로형 전자선하증권의 유통성을 확보하기 위하여 '점유이전의 승인'의 법리를 도입하고 있다.[156)

(1) 船荷證券의 物權的 效力

운송물은 매도인이나 매수인의 수중을 떠나 선박을 통하여 운송된다. 즉 소유권을 갖는 자가 운송물을 직접 점유하지 못하고 운송인이 점유하므로 물권변동에 있어서 현실적 인도가 일어나지 않는다. 따라서 사람들은 운송 중인 화물에 대한 점유를 나타내는 징표로서의 기능을 선하증권에 부여하게 되었다.[157)

---

156) 電子船荷證券이 권원증권으로 인정을 받게 되면 점유이전의 승인과 경개의 법리를 채용할 필요가 없다. 물권적 효력은 점유이전의 승인, 채권적 효력은 경개에서 구현하고 있다.

157) 예컨대 현대상사에서 운송물을 한국에서 미국으로 수출하면서 이를 한진해운에 적재하고 선하증권을 발행하였다면 운송물을 현재 점유하고 있는 자는 운송인인 한진해운이다. 현대상사가 현금이 필요하여 이를 롯데상사에 양도하려 한다고 하면, 육상에서 동산의 소유권을 이전하려면 가격 등에 대한 협의를 거쳐 먼저 매매계약을 체결하게 될 것이다. 이를 소유권 이전에 대한 물권적 합의라고 한다. 다음으로는 매수인에

선하증권에 의하여 운송물을 받을 수 있는 자(선하증권의 적법한 소지인)에게 선하증권을 교부한 때에는 그 교부는 운송물 위에 행사하는 권리(소유권·질권)의 취득에 관하여 운송물을 인도한 것과 같은 동일한 효력을 갖는다.[158] 선하증권의 취득자는 물권적 효력에 근거하여 운송물이 멸실 또는 훼손된 경우에는 운송인에 대하여 소유권 침해를 원인으로 한 불법행위책임도 물을 수 있다.[159] 만약 선하증권이 이미 발행되고 운송물이 운송된다면, 운송물의 물권변동에 있어서는 인도와 물권적 합의가 필요하며 인도에 대해서는 민법 제190조[160]와 민법 제450조[161]에서 규정한 요건을 갖추어야 한다. 민법 제190조에 의한 물권변동[162]과 상법상의 선하증권의 물권적 효력

게 현금을 지급하고 동산을 현실적으로 인도받고서 완전한 소유권을 취득하게 될 것이다. 그런데 해상에서 운송되고 있는 운송물에 대해서는 이러한 정상적인 절차를 밟을 수 가 없다. 그래서 물권적 합의와 더불어 현대상사는 대금을 지급받음과 동시에 선하증권을 롯데상사에게 건네주게 된다. 상법에서 선하증권의 교부에 대하여 인도와 동일한 효력을 인정(상법 제820조·상법 제133조)하고 있으므로 이렇게 하여 롯데상사는 운송물에 대한 소유권을 완전하게 취득하게 되는 것이다. 김인현, 전게서, 178면.

158) 상법 제133조(화물상환증 교부의 법적 효력) 화물상환증에 의하여 운송물을 받을 수 있는 자에게 화물상환증을 교부한 때에는 운송물 위에 행사하는 권리의 취득에 관하여 운송물을 인도한 것과 동일한 효력이 있다. 선하증권에 대한 규정인 상법 제820조는 상법 제133조를 준용한다.

159) 대법원 1983.3.22 선고 82 다카 1533 판결.

160) 민법 제190조(목적물 반환청구권의 양도) 제3자가 점유하고 있는 동산에 관한 물권을 양도하는 경우에 양도인이 그 제3자에 대한 반환청구권을 양수인에게 양도함으로써 동산을 인도한 것으로 본다.

161) 민법 제450조(지명채권양도의 대항요건) ① 지명채권의 양도는 양도인이 채무자에게 통지하거나 채무자가 승낙하지 아니하면 채무자 기타 제3자에게 대항하지 못한다. ② 전항의 통지나 승낙은 확정일자 있는 증서에 의하지 아니하면 채무자 이외의 제3자에게 대항하지 못한다.

162) 김준호, 「제5판 민법강의-이론과 사례-」, 법문사, 1999, 390면. 여기서 말하는 반환청구권은 물권적 청구권이 아니라 채권적 청구권이다. 소유권 이전의 합의와 반환청구권의 양도에 의해 비로소 소유권이 이전하는 것이

의 규정에 있어서는 다음과 같은 견해가 대립하고 있다.

첫째, 상법 제133조는 별도의 상법상의 규정이며 민법 제190조는 선하증권에 의한 물권변동 시 배제되기 때문에 상법 제133조의 적용여부에 관계없이 민법 제450조에서 규정하는 대항요건이 필요하지 않는다는 절대설이다.[163]

둘째, 상법 제133조에 의한 물권변동이 있기 위해서는 운송인의 운송물에 대한 점유가 있어야 한다는 상대설이다. 직접·타주 점유가 필요하며 민법 제450조 대항요건의 적용여부에 관해서는 엄격상대설과 대표설로 다시 학설이 나뉜다. 엄격상대설은 민법 제450조가 적용되기 때문에 운송인에 대한 통지 및 승낙의 대항요건까지 구비되어야 한다는 주장이고, 대표설은 선하증권은 운송물을 대표하는 것이므로 증권의 인도는 운송물의 간접점유를 이전하는 것이며 상법 제133조는 민법 제190조의 특별규정이라고 한다.[164]

셋째, 상법 제133조는 민법 제190조와 달리 선하증권 자체의 운송물 인도청구권을 유가증권법으로 양도하는 것으로 운송인의 직접점유가 필요하며 운송인의 자주·타주 점유의 여부와 민법 제450조의 대항요건은 필요 없다는 유가증권 효력설[165]이다.

넷째, 대법원은 "선하증권은 운송물을 수령할 것을 증명하고 양륙

므로, 그 전단계인 반환청구권이 물권에 기한 청구권이 될 수 없기 때문이다. 따라서 반환청구권의 양도에는 채권양도에 관한 규정이 준용된다.

163) 이병태, 「전정상법(상)」, 1988, 법문사, 328면.

164) 강위두, 「상법총칙·상행위법(상법강의 I)」, 형설출판사, 1997, 430면; 서돈각·정완용, 「제4전정 상법강의(상)」, 법문사, 1999, 237면; 정찬형, 「상법강의(상)」, 박영사, 2001, 339면.

165) 정동윤, 「상법(상)」, 법문사, 2000, 259면; 김정호, 「상법강의(상)」, 법문사, 1999, 280면.

항에서 정당한 소지인에게 운송물을 인도할 채무를 부담하는 유가증권으로서……운송물을 처분하는 당사자 간에는 운송물에 관한 처분은 증권으로써 해야 하며 운송물을 받을 수 있는 자에게 증권을 교부한 때에는 운송물을 인도한 것과 동일한 물권적 효력이 발생하므로 수하인 또는 그 이후의 자는 운송물의 소유권을 취득한다.”고 판시하고 있다.166) 그러나 운송인이 운송물을 점유하지 않는 경우에는 선하증권의 채권적 효력만을 인정하여야 한다는 의견도 있다. 즉 “선하증권은 해상운송인이 운송물을 수령한 것을 증명하고 양륙항에서 정당한 소지인에게 운송물을 인도할 채무를 부담하는 유가증권으로서, 운송인과 그 증권 소지인 사이에서 증권기재에 따라 운송계약상의 채권관계가 성립하는 채권적 효력이 발생하고, 운송물을 처분하는 당사자 사이에는 운송물에 관한 처분은 증권으로서 하여야 하며, 운송물을 받을 수 있는 자에게 증권을 교부할 때에는 운송물 위에 행사하는 권리의 취득에 관하여 운송물을 인도한 것과 같은 동일한 물권적 효력이 발생하므로 운송물의 권리를 양수한 수하인 또는 그 이후의 자는 선하증권을 교부받음으로써 그 채권적 효력으로 운송계약상의 권리를 취득함과 동시에 그 물권적 효력으로 양도목적물의 점유를 인도받은 것이 되어 그 운송물의 소유권을 취득하게 된다.”는 것이다.167)

요컨대 운송물 반환청구권을 증권화하는 것이 선하증권이며 선하증권 없이는 물권변동이 일어나지 않는다는 점 등을 감안해 본다면 선하증권의 인도는 운송물의 인도를 대표하는 것이다. 따라서 민법

---

166) 대법원 1998.9.4. 선고 96 다 6240 판결.
167) 전삼현, 「법률신문」 제2732호(법률신문사, 1998), 13면.

제190조는 상법 제133조의 근거규정이며 상법 제133조는 민법 제190조의 특칙으로 인정하는 대표설이 타당하다.

(2) 占有移轉의 承認

점유이전의 승인(attornment)이란 채권자가 채무자에 대하여 제3자에게 채무를 이행하도록 요청한 경우, 채무자가 동의하고 제3자에게 그러한 동의사실을 통지하였다면 제3자는 영국법상 약인의 제공 없이 채무자에 대한 청구권을 취득한다. 점유이전의 승인에 대해 영국법에서 매도인은 현실적으로 물품의 점유를 이전하거나 물품이 저장되어 있는 창고의 열쇠와 같이 물품을 지배할 수 있는 수단을 넘겨주거나 물품을 상징하는 권리증권을 교부함으로써 물품인도의무를 이행할 수 있다고 한다.168) 매매 당시 물품이 제3자의 점유 아래 있는 경우에는 물품을 점유하고 있는 자가 매수인에게 그를 대신하여 물품을 보관하고 있다는 것을 승인(acknowledge)함으로써 인도가 이루어진다. 이러한 승인을 영국에서 점유이전승인이라 한다. 물품을 점유하고 있는 수탁자가 타인을 대신하여 해당물품의 보관에 대하여 승인하는 것이다. 점유이전의 승인과 유사한 제도로서, 우리 민법상의 제도로는 "간접점유의 양도"가 있다. 간접점유의 양도란 목적물 반환청구권의 양도에 의한 점유권의 양도로서 간접점유자는 언제나 반환청구권을 가진다. 반환청구권을 양도169)함으로써 점유와 점유권

---

168) G.H. Treitel. The Law of Contract 10th ed Sweet & Maxwell, 1999, 620면; 양정호, 전게논문, 124면.

169) 반환청구권의 양도에 의한 인도라 함은 양도인이 타인에 의하여 점유하고 있는 경우에는 타인에 대하여 가지는 반환청구권을 양수인에게 양도함으로써 양수인에게 간접점유를 취득시키는 것이다. 이는 간이인도의 간소화의 효과이다. 이영준, 「새로운 체계에 의한 한국민법들 물권편」, 박영사, 2004, 6, 241면.

도 이전한다.170) 이때 반환청구권은 점유매개 관계에서 발생하는 채권적 청구권이므로 그 양도에는 채권양도에 관한 규정, 민법 제450조가 준용되어 점유매개자에 대한 통지 혹은 승낙을 요하게 된다.171) 종이선하증권의 경우 운송물에 대한 선하증권이 발행된 경우에는 그 증권의 교부는 증권상의 운송물을 인도하는 것과 같은 선하증권의 물권적 효력이 인정되지만, 증권의 교부에 의하지 않는 목적물 반환청구권을 양도하기 위해서 양도인과 양수인의 합의가 있어야 한다. 따라서 목적물 반환청구권의 양도가 제3자에게 대항하기 위해서는 통지나 승낙이 필요하다.

볼레로型 電子船荷證券은 발행 후 새로운 소지인을 지정함으로써 운송물의 추정적 점유권172)(constructive possession)을 이전한다. 볼레로型 電子船荷證券의 발행인인 운송인이 권리등록 시스템에 소지인으로 기록된 자의 지시에 따르기로 합의하는 권리등록의 기록 자체가 원본 종이선하증권에 해당한다. 운송인은 새로운 소지인의 지정시점으로부터 그 새로운 소지인에 대하여 운송물의 추정적 점유권을 승인하여야 한다. 이 경우 운송인은 볼레로 인터내셔널사를 자신의 취소할 수 없는 대리인으로 임명하게 된다. 볼레로 인터내셔널사는 권리등록장치에 대하여 메시지를 전송하는 방법으로 운송인이 양도에 의해 새롭게 지정된 자의 지시에 따라 운송물을 점유한다는 것을 확인하거나 그 지정된 자에 의한 점유이전의 거절통지를 수령하는 등의 역할을 수행한다. 볼레로型 電子船荷證券 소지인이 새로운 소지인을 지정하는 지시메시지(SMsg)를 CMP를 통하여 권리등록 시스템에 전송하면 권리등록 시스템에서는 운송인을 대신하여 수신인에

---

170) 민법 제196조·제190조.

171) 윤철홍, 「물권법 강의」, 1998, 박영사, 153면.

172) 추정적 점유는 어떠한 자가 실제로 물품을 보관하고 있지 않으나 법적 점유(legal possession)를 하는 경우를 의미한다. 양정호, 전게논문, 112면.

게 보내는 전송메시지(FMsg)에 '점유이전승인 통지'(attornment notice)를 추가한다.[173] 수신인은 권리등록기관으로부터 점유이전승인 통지를 받게 되며 규정에 따라 거절도 가능하다.[174] 거절을 할 경우에는 물품에 대한 점유는 이전하지 않게 된다. 운송인은 권리등록장치를 운영하고 있는 볼레로 인터내셔널사를 대리인으로 임명하고[175] 권리등록장치에 메시지를 보내는 방법을 통하여 양수인은 운송물이 揚陸港까지 운송되는 도중에도 점유권을 넘겨받을 수 있는 것이다.[176]

2) 볼레로型 電子船荷證券上의 債權的 效力

볼레로형 전자선하증권은 종이선하증권에서 인정되는 채권적 효력이 인정되지 않는다. 볼레로형 전자선하증권에서 운송계약의 조건 및 전자메시지의 전송에 의하여 권리등록 시스템에 저장된 권리등록을 변경하는 것으로는 배서·교부에 의한 권리이전의 효력을 달성할 수 없다. 볼레로 규약집은 경개라는 개념으로 볼레로型 電子船荷證券 소지인이 운송계약상의 권리를 취득하는 절차를 설명하고 있지만 우리나라에서는 종이선하증권의 채권적·물권적 효력에 의하여 운송물에 대한 권리와 운송계약상의 권리를 취득하기 때문에 우리 민·

---

173) 피지정인에게 추정적 점유가 이전된다는 사실을 주지시키기 위하여 통상 다음과 같은 내용을 포함한다. "귀하는 볼레로 규정집에 따라 볼레로型 電子船荷證券의 소지인으로 지정되었습니다. 볼레로型 電子船荷證券 소지인으로서 자격을 지니고 유지하고 있는 결과 그에 추가하여 볼레로 인터내셔널은 볼레로型 電子船荷證券 발행인(운송인)의 대리인 자격으로 운송인이 귀하의 지시에 따라 물품을 보관 중인 사실을 확인합니다." 양정호, 전게논문, 124면.

174) Bolero Rulebook 3.5.2(New Holder's Right to Refuse Designation).

175) Bolero Rulebook 3.4.1(Procedure for Transfer of Possession).

176) Bolero Rulebook 3.4.2(Bolero International as Carrier's Agent).

상법과는 다른 이론을 구성하고 있다.177) 따라서 볼레로 시스템상의
경개 개념과 모순되지 않는 법구성이 필요하다.

(1) 船荷證券上의 債權的 效力

선하증권은 해상물건운송계약의 내용을 증명하고 운송인이 운송물
수령사실을 증명하는 증거증권이며, 동시에 운송물 인도청구권을 표
창하는 채권증권이다. 그러므로 선하증권의 소지인은 그 증권과 상
환으로 운송물의 인도를 청구할 수 있다.178) 선하증권은 법률상 당
연히 지시증권성을 가지고 있기 때문에 배서금지의 문구가 없는 한
배서 양도할 수 있고179) 선하증권이 제3자에게 양도된 때에는 소지
인과 운송인 사이의 법률관계는 선하증권에 기재된 바에 따르게 된
다. 선하증권이 발행된 경우에는 운송인이 그 증권에 기재된 대로
운송물을 수령 또는 선적한 것으로 추정되므로, 증권에 기재된 물건
과 실제로 受領·船積된 물건이 다른 경우 또는 공권이 발행된 경우
에 운송인은 반증이 없는 한 채무불이행의 책임을 져야 하고, 반증
이 있다 하더라도 증권의 선의취득자에게 대항할 수 없다.180) 이를
선하증권의 채권적 효력이라 한다.181)

(2) 更 改

'점유이전승인'은 오직 추정적 점유의 이전에 관한 문제만을 다루
므로 운송계약상 권리·의무가 새로운 소지인에게 이전되도록 하기

---

177) 상법 제59조·132조·133조·820조, 민법 제190조·제509조.
178) 상법 제820조·제129조.
179) 상법 제820조·제130조.
180) 상법 제814조의2.
181) 이범찬·최준선, 전게서, 818면.

위해서는 별도의 해결방안이 필요하다. 이때 해결책으로 등장한 개념이 바로 '경개'이다. 볼레로 시스템에서는 영국법상 인정되는 계약당사자원칙182)(principle of privity of contract)이 존재하여 제3자를 위한 계약의 효력 등이 허용하지 않는다. 그래서 운송인과 볼레로型 電子船荷證券의 소지인 간에 계약관계형성의 기초를 제공하기 위해 경개의 법리를 도입하였다.183) 각국이 채권양도에 서면에 의한 통지 등 일정한 형식을 갖출 것을 요건으로 하기 때문에 이러한 요건을 피하기 위한 이유도 있다. 미국법상에서의 '경개184)(novation)란 본래 계약의 당사자가 아닌 사람이 당사자의 지위를 갖는 대체계약(substituted contract)이다.'185) 경개로 인하여 구계약상의 채무가 소멸되는 점은 한국 민법과 동일하지만, 영미법상에서는 대체 계약 중에서 당사자의

---

182) 계약당사자관계원칙이란 일반적으로 '어느 계약의 당사자 이외의 어떤 사람에게도 그 계약에 의하여 발생하는 권리를 부여하거나 의무를 부담시켜서는 안 된다.'는 영국계약법상의 이론이다. 즉 송하인과 운송인 간에 체결된 운송계약, 매도인과 매수인 간에 체결된 물품매매계약은 계약당사자만을 구속할 뿐이며 제3자인 수하인 또는 운송인에게는 이들과의 계약에 의한 것 이외의 어떠한 권리나 의무가 인정되지 않는다는 원칙이다. 이성철, "영국해상물건운송법(Carriage of Goods By Sea Act, 1992)1992에 관하여", 「한국해법학회지」 제15권 제1호(한국해법학회, 1993), 199면.

183) 근대법상 채권은 독립한 재산권으로서 그 동일성을 상실함이 없이, 채권자의 변경은 채권양도에 의하여, 또한 채무자의 변경은 채무인수에 의하여 채권관계의 변동을 달성할 수 있기 때문에 대륙법계에서는 그 존재의의가 크지 않다. 곽윤직, 「채권총론」, 박영사, 1993, 538~539면.

184) Second Restatement of Contract §280.

185) 미국 계약법상 채권양도(assignment)는 계약상의 권리 전부 또는 일부나 기타 청구권을 양수인에게 이전시키는 양도인의 의사표시를 가리킨다. 채권양도는 양도인으로부터 양도목적인 재산권을 행사할 수 있는 권리를 박탈하는 것이지만, 그럼에도 불구하고 채권양도는 양도인이 양도대상인 채권과 관련하여 부담하고 있던 채무를 면제시키지 않는 것이 보통이다. 채권의 양수인은 그 선택에 따라 양도인의 채무를 이행한다 하더라도 양도인의 채권자(양수인의 채무자)가 양도인을 면책시켜 주지 않는 한, 양도인은 여전히 거래당사자로 남아 있게 된다. 양명조, 「미국계약법」, 법문사, 1996, 254~255면.

변경을 내용으로 하는 것을 특히 경개라고 한다. 영미법상의 경개의 요건으로는 구계약이 유효하여야 하며 새로운 계약은 구계약당사자와 새로운 당사자 사이에 체결되어야 한다. 구계약자와 당사자 사이에 존재하는 채무는 소멸되어야 하고 새로운 계약은 유효하며 강제가능(enforceable)하여야 한다.[186] 우리 법상에서 경개라 함은 채무의 중요한 부분을 변경함으로써 구채무를 소멸시키는 동시에 신채무를 성립시키는 계약을 말한다. 경개는 특별한 양식을 요하지 않으며 낙성계약, 구채무의 소멸에 대한 대가로서 1개의 내용을 이루는 유상계약, 신구채무의 성립과 소멸을 인과관계로 갖는 유상계약이다.[187]

우리 법상 경개의 성립요건을 살펴보면 소멸할 수 있는 채무가 존재하여야 하며[188] 소멸할 구채무가 유효하게 존재하여야 하며, 신채무가 성립하여야 한다. 신채무가 성립하지 않으면 이미 행하여진 경개는 무효이고 반대로 구채무는 원칙적으로 소멸하지 않게 된다.[189] 그리고 채무의 동일성을 결정하는 중요한 부분, 채권의 발생원인과 채권자, 채무자, 채무의 목적 등 채무의 중요한 부분에 변경이 있어야 하며 자유로운 채무의 성립으로 예전의 채무를 소멸시키려는 경개의사가 존재하여야 한다. 마지막으로 계약변경의 당사자가

---

186) 명순구, 「쉽게 읽히는 미국 계약법 입문」, 법문사, 2004, 159면; 이호정, 「영국계약법」, 경문사, 2003, 370면.

187) 경개는 다음과 같은 점에서 대물변제 및 채권양도와 채무인수와는 구별된다. 대물변제는 본래의 급부에 갈음하는 다른 급부의 실현에 의해 채권을 소멸시키는 점에서 경개와 유사하지만 그러나 대물변제는 본래의 급부에 갈음하는 다른 급부를 현실로 이행할 것을 내용으로 하는 요물계약이다. 채권양도는 당사자의 의사와 관계없이 이루어지는 점에서 채권자 변경으로 인한 경개와 구별된다. 면책적 채무인수는 채권자의 의사를 무시할 수 없기 때문에 채무변경으로 인한 경개와 구별에 문제가 있다. 신·구채무가 동일성을 결여한 것으로 판단되는 경우에 한하여 경개의 성립이 인정된다. 윤철홍, 「요해 채권총론」, 1999, 법원사, 369면.

188) 민법 제503조.

189) 민법 제504조.

존재하여야 한다. 특히 채권자 변경으로 인한 경개는 신·구채권자와 채무자 이외에 3면 계약에 의하여야 한다. 이러한 경개의사가 불명확한 경우에는 경개가 되지 않기 때문에 당사자의 의사가 합치되어야 한다.[190] 당사자를 변경하는 경개계약에는 채권자가 변경되는 경우와 채무자가 변경되는 두 가지 경우가 있으며 특히 채권자 변경에 의한 경개는 우리 법상 신·구채권자와 채무자와의 3면 계약에 의하도록 하고 있다. 채무자도 반드시 계약당사자가 되어야 하는 점에서 채권양도와 구별된다. 따라서 제3자에게 대항하려면 확정일자 있는 증서로 하여야 한다.[191]

볼레로型 電子船荷證券이 생성된 이후에 소지인을 지정하는 것은 볼레로 시스템을 사용하는 사용자들 모두 경개계약의 성립 및 효력에 동의하는 것을 의미한다는 볼레로 규정집에 의하여 구현된다. 볼레로 규정집에서 규정하고 있는 경개는 1855년 영국선하증권법이나 1992년 해상화물운송법[192](The Carriage of Goods by Sea Act 1992: COGSA 1992)에서 규정하는 것처럼 운송계약상의 권리가 송하인으로부터 수하인에게 양도되는 것과는 다르다. 경개는 관계당사자의 동의를 얻어 당사자의 지위에 변경을 가져오는 것이며 권리를 양도하는 것은 아니다.[193] 볼레로 규약집에서는 첫째 선하증권의 새로운 소지인이 이전 소지인의 지명을 승낙한 시점이나 지명을 거절할 수 있는 때로부터 24시간이 경과한 시점 중에서 빠른 것에 따라, 운송

---

190) 윤철홍, 전게서, 360~370면.
191) 민법 제502조(채권자 변경으로 인한 경개) 채권자의 변경으로 인한 경개는 확정일자 있는 증서로 하지 아니하면 이로써 제3자에게 대항하지 못한다. 곽윤직, 전게서, 498면.
192) COGSA 1992는 1855년 선하증권법을 폐지하고 새로이 제정된 법으로서 선하증권의 법적 효력 내지 선하증권에 의한 법률관계를 다룬 법이다. 이병문 외 3인, 전게보고서, 95면, 주178 재인용.
193) 양정호, 전게논문, 126~128면.

인과 새로운 소지인이 電子船荷證券 원문에 기재된 내용과 조건에 따른 운송계약이 체결된다.194) 둘째 양수인은 운송계약상 모든 권리와 의무를 취득하고195) 양도인의 권리와 의무는 소멸된다는 점에 대하여 운송인·양도인·양수인 등은 합의한다.196)

선하증권의 채권적 효력은 우리 상법에 의하면 민법 제509조·상법 제59조·상법 제814조의2에 의하여 양도인인 송하인이 갖는 운송물에 대한 인도청구권이 양수인에게 이전된다고 보지만, 볼레로型 電子船荷證券에서는 경개계약의 효력으로서 운송물에 대한 인도청구권이 발생한다. 이때의 경개는 채권자의 변경에 의한 경개가 되어 3면계약이 된다. 종이선하증권에서는 운송인과 최종적으로 경개계약을 체결한 선하증권 소지인만이 운임, 체선료 등에 대한 의무를 부담하게 되지만 볼레로 규약집은 볼레로형 전자선하증권을 양도한 경우에도 양도인이 송하인인 경우에는 그 의무만은 존속한다는 당사자 사이의 특약을 체결하고 있으므로 송하인은 최종 선하증권 소지인과 운임 등에 대하여 연대책임을 부담하게 된다.197)

---

194) Bolero Rulebook 3.5.1(1)(New Parties to Contract of Carriage) Upon the acceptance by the new Holder-to-order Consignee Holder of its Designation as such, or at the expiry of the 24 hour period allowed for the refusal of the transfer under Rule 3.5.2 whichever is the earlier, a contract of carriage shall arise between carrier and new Holder-to-order or Consignee Holder either.

195) Bolero Rulebook 3.5.1(2)(Accession to Rights and Liabilities) The new Holder-to-order or Consignee Holder shall be entitled to all the rights and accepts all the liabilities of the contract of carriage as contained in or evidenced by, or deemed to be so contained in or evidenced by the Bolero Bill of Lading.

196) Bolero Rulebook 3.5.1(3)(Prior Designee's Right and Liabilities Extinguished) The immediately preceding Holder-to-order's light and liabilities under its contract of carriage with the Carrier shall immediately cease and be extinguished.

197) Bolero Rulebook 3.5.1(3)(a) Such immediately preceding Holder-to-order

7. 볼레로型 電子船荷證券上 運送物의 引渡와 종이船荷證券으로의 變更

1) 볼레로형 電子船荷證券上의 運送物의 引渡

종이선하증권의 경우에는 선하증권의 소지인이 양륙항에서 선하증권을 제시·상환하여 운송물을 인도한다.[198] 볼레로형 電子船荷證券의 경우 선하증권이 실물로서 발행되지 않기 때문에 전자식 선하증권의 소지인으로 등록된 자가 양륙항에서 운송물을 인도받기 위해서, 종이선하증권처럼 실물을 제시할 수 없다. 따라서 선하증권의 소지인 또는 대리인이 운송인에게 물품의 인도를 청구하는 경우에 당사자의 신원을 확인할 수 있는 장치가 필요하다. 볼레로 규약집에서는 수하인(surrender party)의 지시 또는 그의 지시를 받은 자가 운송인으로부터 물품을 인도받기 위해 전자적으로 제시할 것을 규정하고 있다.[199] 볼레로型 電子船荷證券의 수하인은 권리등록 시스템에 기록된 볼레로형 전자선하증권의 활성상태(activate status)를 종료상태(end status)로 전환한다. 전환된 이후 볼레로 시스템에서는 운송인에게 볼레로型 電子船荷證券이 반납된 사실과 그 당사자를 통지한다.[200]

볼레로型 電子船荷證券에서는 지시 당사자 겸 소지인(holder to order party)이 볼레로型 電子船荷證券을 반환한 후에는 효력이 종료하고 더 이상 권리등록 시스템을 통한 거래가 이루어지지 않는다고만 규정하고 있다.[201] 운송인이 볼레로型 電子船荷證券의 소지인이

---

is also the Shipper, in which case its rights but not its liabilities under its contract of carriage with the Carrier shall cease and be extinguished.

198) 상법 제816조·상법 제129조.

199) Bolero Rulebook 3.6(1)(Persons entitled to Delivery).

200) Bolero Rulebook 3.6.(3)(Termination of Bolero Bill of Lading).

아닌 자에게 운송물을 오인도할 경우로 인한 책임의 소재에 대해서는 명확하지 않다. 볼레로型 電子船荷證券의 경우 규약집에 의해 합의한 경우, 개별적인 소지인에게 운송인에 대한 채무를 부여하는 것이 가능하며 그로 인해 운송인에게 개별 소지인에 대하여 물품의 오인도(misdelivery) 혹은 물품의 멸실 또는 손상의 책임이 부여될 수 있다. 경개에 의하여 운송인과 계약관계가 체결이 되므로 운송계약상의 권리를 부여받아 오인도 등의 손해에 대하여 운송인을 상대로 소를 제기할 수 있다. 운송인에게 상대적으로 과중한 부담을 주게 된다. 운송인의 책임부담의 경감을 위해서는 볼레로型 電子船荷證券이 반환된 경우 운송물품을 인도하여야 하는 진정한 권리자를 확인하는 방법과 절차를 이행한 후에는 운송물품의 오인도에 대한 책임을 면하도록 하는 규정의 보완이 필요하다.

2) 종이船荷證券으로의 變更

볼레로型 電子船荷證券에 의한 운송계약상 권리이전 문제와는 별도로 볼레로型 電子船荷證券의 양도는 볼레로 시스템의 가입자 사이에서만 유효하다. 볼레로 시스템에서의 규약집은 시스템 사용자들 사이에서만 적용되기 때문에 운송물품에 대한 권리가 제3자에게 이전되는 경우에는 유효한 권리이전의 수단을 제공하기가 어렵다.

볼레로型 電子船荷證券의 경우 볼레로 시스템의 사용자이면서 발행자인 운송인, 양도당사자 간의 의사는 볼레로 규정집에 의하여 사용자들 사이에는 인정이 된다. 하지만 볼레로 시스템의 비사용자에게 물품에 대한 추정적 지배를 이전하고자 하는 경우에는 볼레로型 電子船荷證券에 의한 거래를 종료하고 보통법상 권원증권으로 인정

---

201) Bolero Rulebook 3.7.(5)(End of the Bill of Lading).

되는 종이선하증권으로의 변경의 방법을 택하고 있다. 볼레로 시스템에서는 운송인에 의하여 물품이 인도되기 전 어느 때라도 현재 소유권자의 요청에 의하여 종이선하증권으로 전환할 수 있다는 규정을 마련해 놓고 있다.202) 운송인은 소지인으로 전환요구를 받는 즉시 종이선하증권을 발행하여야 한다.203) 만약 전환요구를 받은 후 발행한 종이선하증권과 볼레로型 電子船荷證券 사이에 차이가 있다면 전자적 기록을 우선시한다.204) 종이선하증권은 전자적 기록에 근거하여 발행되었기 때문에 종이선하증권으로 전환된 사실을 알게 된 이상 권리등록장치에 권리등록을 할 수 없다. 볼레로 시스템은 종이선하증권과 병행하여 사용할 수 있게 함으로 인하여 종이서류에서 전자서류로 이행되는 과도기적 상황을 극복하려는 시도를 하고 있는 것으로 생각된다.

생각건대 볼레로 시스템 가입자 사이에 電子船荷證券의 유통은 볼레로 규약집에서 서로 합의한 다자 간 계약에 의거 양도 가능한 선하증권으로서의 효력을 보유하지만, 볼레로型 電子船荷證券에서 종이선하증권으로 변환된 경우 선하증권의 효력을 갖기 위해서는 상법에서의 선하증권과 동일한 효력을 인정하거나 혹은 별도의 특별법을 제정하여야 한다.

---

202) Bolero Rulebook 3.7.(1)(Persons Entitled to Switch to Paper) At any time before the goods to which the Bolero Bill of Lading relates have been delivered by the Carrier, a current Holder, Holder-to-order, Pledge Holder or Bearer Holder shall be entitled to demand that the Carrier issue a paper bill of lading in accordance with the Operation Rules.

203) Bolero Rulebook 3.7.(2)(Form of Paper Bill of Lading) The Carrier shall, immediately upon receipt of such a demand, issue a paper bill of lading which set out.

204) Bolero Rulebook 3.7.(3)(Discrepancies) In the event of any discrepancy between the paper bill of lading so issued and the electronic record of the Bolero Bill of Lading, the electronic record shall prevail.

8. 볼레로型 電子船荷證券 常用化時 나타나는 變化

1) 電子船荷證券 常用化時 實務運用上의 變動

볼레로형 전자선하증권의 사용은 종이선하증권의 특성에 맞게 관행처럼 사용되어 오던 무역실무에도 많은 변동을 가져올 것이다. 볼레로형 전자선하증권은 운송인이 직접 전자적으로 선하증권을 발행하게 되므로 선장이나 현지의 대리점이 선장을 대신하여 선하증권을 발행하는 일은 사라질 것이다. 따라서 "선장을 대리하여(on behalf of the Master, for the Master)"라는 문구는 사라지게 되어 선장이 선박소유자의 대리인 혹은 정기용선자의 대리인으로 서명을 하는 것이냐에 의하여 운송인을 확정하게 되었던 종래 대리의 법리는 더 이상 유용하지 않게 될 것이다. 다만 정기용선자가 선박소유자를 대리하여 선하증권을 발행한다는 부기를 하는 경우에 운송인 확정의 문제는 여전히 남을 것이다. 각 선사가 선하증권의 이면약관을 볼레로형 전자선하증권에 삽입하거나 편입하게 될 때에는 이면약관에 대한 해석이 문제가 된다. 볼레로 시스템으로부터 운송물 인도를 위한 선하증권의 제시가 있었음을 통지받은 운송인은 운송물에 대한 인도를 요구하는 자와 통지받은 자와 일치여부를 확인한 다음 선장에게 운송물의 인도를 지시하여야 하므로 인도지시서(delivery order)가 필요하다. 볼레로는 인도지시서에 대하여 서비스를 제공하지 않는다. 선박과 선사 사이가 망으로 연결되어 있다면 전자적으로 명령을 내릴 것이나, 그렇지 않은 경우에는 하도지시서가 필요하고 인도지시서의 전달과정에서 위조의 가능성이 있다.205)

---

205) 책임주체 확정과 관련해서는, 김인현, 「선박운항과 관련된 책임주체 확정에 대한 연구」(고려대학교 박사학위논문, 1998) 참조, 김인현, 전게논

2) 電子船荷證券 常用化時 海商法의 變動

電子船荷證券이 전면적으로 도입되기 이전에는 종이선하증권이 동시에 발행이 된다. 상법 제813조제3항(선하증권의 발행)의 경우 電子船荷證券이 발행하게 된다면, 선장의 서명만으로는 선하증권의 발행에 대한 진정성을 확보할 수 없기 때문에 상법 제813조제3항은 사실상 사문화된다. 상법 제814조제1항의 선하증권의 기재사항은 별다른 차이가 없다. 다만 볼레로型 電子船荷證券에서는 소지인의 성명은 선하증권의 발행 시에 기입되도록 하고 있고 기명날인은 전자적인 것으로 변경될 것이다. 제2항의 부지약관의 효력은 그대로 유효하다.

운송인의 통지수령인에 대한 통지를 송하인 및 선하증권 소지인에게 통지한 것으로 간주하는 규정은 소지인이 운송인에게 인도요구통지를 하게 되는 볼레로 규약집과 상충이 된다. 이는 강행규정이 아니므로 사적 자치의 원칙에 따라 볼레로 규약집이 우선 적용될 것이다.[206] 상법 제814조의2(선하증권 기재의 효력)에서는 상법 제131조(화물상환증의 문언증권성)와 적용이 동일하지만 운송인은 운송물을 선하증권의 기재대로 선적하는 것을 추정하는 것에 불과하기 때문에 선의의 제3취득자에게 대항하지 못한다는 점에서 차이가 있다. 볼레로型 電子船荷證券에서는 문언증권성은 볼레로 규약집 2.2.2의 내용을 침해하지 않고 물품의 외관상태에 대한 진술은 종이선하증권의 범위와 같이 운송인을 동일하게 구속한다.

문, 86~90면. 참조하여 재구성.
206) 김인현, 전게논문, 86~90면.

9. 小 結

볼레로型 電子船荷證券은 인터넷을 활용하여 나타나게 된 새로운 전자무역 시스템이다. 선하증권의 위기상황에 대해 대처할 수 있는 가장 효과적인 수단이며 종이선하증권에 대한 선도적인 기능적 등가물로 평가되고 있다. 메시지의 완전·무결성을 보장하기 위하여 SWIFT에 의하여 운영되고 그 서비스는 최신의 암호기술을 이용하기 때문에 보안, 전자서류의 인도보증, 서류의 원본성 유지, 상호 호환성 등의 장점이 있지만 운용상 문제점이 발생하고 있다. 이러한 문제점을 보완하여 보다 완벽한 제도를 구축하려는 노력이 필요하다.

볼레로 시스템은 기술적 하부구조를 유지하기 어려운 국가나 지역이 존재하기 때문에 세계적으로 활용하기에는 어려움이 있다. 중소기업에서는 볼레로 넷을 사용하기 위한 비용이 상당한 부담이 된다. 또한 메시지의 보완 및 관리문제이다. 볼레로 넷은 서비스에 많은 관계자가 관여하여 제공하는 서비스이고 많은 이용자가 접속할 것이 예상되기 때문에 보안을 더욱 강화할 필요가 있다.[207] 은행은 기존의 신용장의 서류심사업무의 개선점이 없기 때문에 단지 선하증권만 전자화하는 것은 큰 이점이 발생하지 않는다.[208] 볼레로 규약집에서는 볼레로型 電子船荷證券을 이용한 무역거래에서 거래의 당사자가 입은 손해에 대한 구체적인 구제절차와 손해배상액[209]에 관하여 규

---

207) 우광명, "전자식 선하증권 사용의 활성화에 관한 연구", 「국제무역연구」 제9권 제1호(국제무역학회, 2003), 19면.

208) 김용덕·임경범, "電子船荷證券과 전자결제 시스템의 문제점 및 향후 대응전략", 「해운연구 이론과 실천」 제4호(한국해운학회, 2002), 29면.

209) 손해가 발생한 경우 원인 특정은 곤란한 것도 많으며, 또한 공적 통신업자(common carrier)의 책임보상은 법령에서 일정액으로 제한되어 있는 것이 통례이다. 박석재·신건훈, 전게논문, 152면.

정을 두고 있지 않다. 당사자 권리구제에 관련 사항은 볼레로 운영체계의 사용자를 대표하는 볼레로 협회와, 볼레로 사용자 간에 체결되는 볼레로 협회 서비스 계약서(BAL Service Contract)에 명기되어 있다. 개별약정우선의 원칙에 따라 사용자가 계약서의 내용과 다른 합의를 하는 경우 공서양속에 위반되지 않는 한 합의사항이 약관에 우선한다.210) 이는 양 당사자의 교섭력(bargaining power)의 차이에 따라 서비스 계약의 내용이 달라질 수 있다. 그러나 당사자 간의 교섭력의 차이에 따른 권리구제절차와 손해배상액 기준의 개별화는 사용자를 차별적으로 대우하는 것으로 되어 있어 궁극적으로 볼레로 운영체계의 전반에 대한 신뢰를 저하시킬 우려가 있다.211)

현재 우리 해상법 및 관련법에서 볼레로형 電子船荷證券은 상법상의 선하증권이 아닌 당사자 사이의 합의된 서류에 불과하다. 볼레로 시스템은 세계 18개국의 국내법을 검토하여 법적 규범화하기 위한 규약집을 만드는 등 법적 인프라를 구축하였지만 電子船荷證券에 대한 구체적인 법적 근거는 우리는 물론 세계 각국에서 아직 널리 마련되지 않고 있다. 電子船荷證券의 발행 및 양도를 규정할 수 있는 국제적 규범의 부재를 인식하여 볼레로 규약집에 동의함으로써 전자무역의 법적 안정성을 높이고 있으나212) 양도 가능한 電子船荷證券이 안정된 국내외 법체계하에서 운영되어 관습화되기에는 상당한 시일이 걸릴 것이다.213) 전자선하증권이 안정된 법적 구조 아래

---

210) 약관규제에 관한 법률 제4조.

211) 권재열, 전게논문, 316면.

212) 김용덕·임경범, 전게논문, 25~26면.

213) 정완용 교수는 '전자식 선하증권의 법·제도적 과제'라는 주제발표에서 우리은행·외환은행이 국제전자무역 시스템인 볼레로型 電子船荷證券을 사용하더라도 현 단계에서는 우리나라 상법상 선하증권 규정이 적용되지 않는 문제점이 있다고 지적하였다. 엄윤대 박사도 '電子船荷證券이 실무적으로 활성화되지 못하는 이유는 기술적인 문제보다 법률적 뒷받침의 미흡이 더 큰 요인으로 작용한다.'는 견해를 피력하였다(디지털 타임스 2005.1.14).

서 사용될 수 있도록 현행법제의 틀에서 선하증권의 효력을 인정하여 주는 보완장치 마련이 시급하다. 오랜 기간을 거쳐 상관습으로 정착된 선하증권이 무역업무의 효율성을 높이기 위해 국제 간에 활용되는 특성을 감안할 때, 무역업무의 효율성을 높이기 위해 추진되는 선하증권의 전자화의 활용을 촉진하는 로드맵(road map)을 제시하는 노력이 필요하다. 우리나라 수출입 화주들이 電子船荷證券의 필요성을 절실히 인식하고 있지만 비용·법적 안정성에 대한 문제점 때문에 아직 電子船荷證券의 활용여건이 성숙돼 있지 않다. 무역관계자들의 활용의지와 함께 정부·학계 등의 적극적인 지원과 연구노력이 필요하다.

第4章
電子船荷證券法私案 및
關聯法 檢討

1. 序　說

電子船荷證券은 당분간 전통적인 선하증권으로 인정받는 것이 아니라 사적 자치의 원칙에 의해 선하증권을 당사자 간 전자적 방식으로 운영하는 데 합의한 서식에 불과하다. 송하인과 운송인이 합의한 서식인 전자선하증권이 유통이 가능한 권원증권인지의 여부에 대해서는 추가적인 검토가 필요하다. 미국의 통일상법전과 달리 우리나라는 '유가증권'에 대한 통일적인 법체계가 미비한 상태이다. 유가증권을 개별적으로 규율하는 어음법 같은 특별법의 형태와 선하증권의 발행규정처럼 상법상의 일부 조항의 형태로 존재하고 있다. 다만 유가증권의 정의규정, 권리의 변동 등 기타 제한사항이 구체적으로 규정될 경우에만 유가증권성을 인정하여 주는 유가증권법정주의를 채택하고 있다.[1) 우리 상법에서는 제813조·제820조 등과 같이 선하증

---

1) 유가증권은 유통성 및 피지급성의 확보를 위하여 법의 특별한 보호를 받고 있고, 이러한 유가증권법은 강행법적 성질을 갖고 있다. 따라서 유가증권의 종류와 내용 등을 법에 의하여 제한하여 그의 남용을 방지하는데 이것을 유

권에서는 종이문서에 의하여 증권화하는 것을 예상하였기 때문에 종이선하증권에 관한 규정만 입법이 되어 있다. 그러나 可視性(visibility) 및 可讀性(readability)을 지닌 종이선하증권과는 달리 電子船荷證券은 종이문서를 전제로 만들어진 관련 법규정이 적용되지 못한다. 따라서 선하증권을 전자화하기 위해서는 당해 법률의 규정을 전자문서에 적합하도록 개정하는 작업이 필요하다. 볼레로 시스템과 같이 당사자 간의 약정에 의해 법적인 공백을 해결하는 방법도 고려해 볼 수 있지만 이는 개인 간의 약정에 불과하고 기존 법체계에는 변화를 주지 못할 뿐만 아니라 그 효력의 여부는 결국 현행법 테두리 내에서 판단된다. 당사자 간 합의의 내용에 다툼이 있는 경우 기존 강행법규에 의해 해석될 수밖에 없고 합의내용이 강행법규에 저촉되는 경우에는 그러한 약정은 효력을 발휘할 수 없게 된다.[2]

[表4-1] 法 / 制度 部門에서 電子貿易 支援을 위해 가장 重要한 課題

(단위: %)

	전 체	기관별			
		거래알선	금 융	물류 / 통관	기 타
선하증권 등 유가증권의 전자화를 위한 법령의 제정	42.9	22.2	66.7	61.5	33.3
공공부문의 전자문서 이용 강제규정 도입	15.7	22.2	–	23.1	16.7
전자무역 활용기관에 대한 금융지원 내지 세제 지원	18.6	22.2	8.3	–	27.8
전자인증에 대한 국가 간 상호 인정 협정 체결	22.8	33.4	–	15.4	22.2

자료: e트레이드팀 "전자무역 추진실태 및 실천방안 – 수출입기관 대상 설문조사 결과분석 –"(무역협회, 2002), 16면.

가증권법정주의라고 한다. 유가증권법정주의의 구체적인 예로는 유가증권에 화체되는 권리는 재산권(채권·물권·사원권)에 한하고 신분권·명예권 등은 유가증권화 될 수 없다는 점, 유가증권상의 권리내용은 증권의 문언에만 의하여 정하여 지는 점, 유가증권에 고유한 양도방법이 규정되어 유가증권은 이러한 양도방법에 의하여 양도되는 점 등이다. 정찬형, 전게서, 29~30면.

2) 안철경 / 김용덕, 전게논문, 109면.

법적인 공백상태는 전자선하증권의 글로벌화에 결정적으로 장애가 되고 있다. 한국무역협회는 2002년 무역유관기관들의 전자무역실태 및 범국가적 차원의 전자무역추진을 위한 실천과제에 대한 의견을 수렴하여 전자무역 사업추진을 위한 기초자료로 활용하고자 거래알선에서부터, 물류, 결제에 이르기까지 각종 무역 서비스를 제공하고 있는 국내 무역유관기관을 대상으로 설문조사를 실시하였다.3) 무역유관기관들은 전자무역 지원 시 시급하고 중요한 해결과제로, 선하증권, 환어음 등 무역관련 유가증권의 전자화를 위한 근거법령의 제정을 가장 중요한 과제로 인식하고 있다. 전자거래가 일반화되어 감에 따라 전자인증에 대한 국가 간 상호 인정협정을 체결해야 한다는 의견도 보이고 있다.

[表4-2] 貿易關聯 電子文書 流通 活性化의 障碍要因

(단위: %)

	전　체	기관별			
		거래알선	금　융	물류 / 통관	기　타
전자문서 이용 강제규정 미비	38.6	11.1	66.7	69.2	25.0
전자문서 수용에 대한 인식 결여 및 소극적 태도	44.3	77.8	33.3	15.4	50.0
EDI등 전자문서 중개 시스템 미비	8.6	–	–	–	16.7
전자문서, 송수신 기관 간의 협조 미흡	8.6	11.1	–	15.4	8.3

자료: e트레이드팀, 전게보고서, 16면.

무역주체들의 전자문서 수용에 대한 인식결여 및 소극적 태도가 무역관련 전자문서의 유통이 활성화되지 못하는 이유이며 전자문서의

---

3) 섬유식물조합 등 무역관련업체, 외환은행 등 금융기관, 한진해운 등 물류업체, EC21 등 거래알선업체 및 기타 무역 90개 기관에 2002년 10월 28일부터 11월 8일까지 온라인 설문 회수 방법을 통하여 조사되었다.

이용에 대한 강제규정의 미비가 가장 큰 장애요인으로 파악되고 있다. 따라서 전자문서의 유통 활성화를 위해서는 강제규정의 도입의 고려 및 유통가능성을 확보할 수 있는 법의 제·개정이 요구된다. 국제무역은 거래의 단위가 크기 때문에 손해가 일단 발생하면 대형화가 되고 항상 분쟁의 소지를 내포하고 있다. 電子船荷證券에 대해서 현행법상에 권원증권성과 유통성을 명백히 인정하지 않는다면 실무에서 電子船荷證券을 안정적으로 사용하는 데 큰 부담을 느끼게 된다.

요컨대, 電子船荷證券이 실무에서 활용되지 못하는 가장 큰 이유는 법률적 문제가 명확하게 해결되지 않고 있기 때문이다. 국제무역에서는 볼레로형 전자선하증권의 발행·이용이 활발해지고 있지만 거래당사자 간 권리의무관계를 명확히 할 수 있는 법적 기반은 미흡하다. 당사자 간 교환약정인 볼레로 규약집만으로는 법적 확신에 한계가 있으며, 법률지식이 낮은 주체 등에게도 사용을 확산시킬 수 있는 입법이 필요하다. 전자선하증권 관계당사자들의 분쟁발생 시 법원의 판결에 판단의 준거가 되는 명시적인 실정법이 필요하며, 법적 불안정성을 해소시키기 위하여 전자선하증권의 유통을 보장하는 입법 및 개정이 반드시 필요하다. 볼레로型 電子船荷證券에 대한 우리 법제로의 편입방법으로는 해상법을 개정하여 이에 관한 규정을 새로 삽입하고, 관련 조항을 수정하는 방안과 電子船荷證券에 대한 특별법을 제정하는 방안 등을 생각해 볼 수 있다. 전자의 경우에는 법무부와 해상법 개정위원회에서 상법 제814조제1항을 개정하는 방안과 선주협회가 제시한 상법 제813조의제2항을 신설하는 방안이 많은 학자들과 실무에서 검토되고 있다.4) 한편, 電子船荷證券의 대체수단으로서 해상화물운송장에 관한 규정을 해상법 조문에 신설하자는 견해도 있다. 이에 여기서는 電子船荷證券의 입법에 대한 여러

---

4) 電子船荷證券의 상법 해상편 신설안도 해상화물운송장의 도입을 전제로 하고 있다.

가지 의견을 살펴보고, 본 논문에서 주장하는 電子船荷證券을 독립적으로 규율하는 입법론의 타당성에 대해서 논의하기로 한다.

2. 海上貨物運送狀 關聯規定 海商法 新說案

1) 序 說

해상화물운송장 관련규정 해상법 신설의 근거는 선하증권의 위기상황에 대응하기 위하여 운송을 증명하고 소지인에게 운송물을 인도하면 운송채무가 이행되는 해상화물운송장의 활용이 필요하다는 것이다.[5] 해상화물운송장은 다음과 같은 세 가지 상업적 용도로 쓰이고 있다. 첫째, 항구와 항구 간의 운송에 이용되는 해상화물운송장으로, 이러한 유형으로는 GCBS 해상화물운송장(1979) 및 발틱국제해운동맹(BIMCO) 비유통 해상화물운송장이 항구와 항구 간에 이용되는 해상화물운송장이다. 둘째 복합운송을 위한 해상화물운송장으로, 이러한 유형으로는 P&O Nedlloyd 비유통해상화물운송장[6](Non-Negotiable Waybill) 이외에도 발틱국제해운동맹 Linewaybill, Combiconwaybill 및 Multiwaybill 95 등도 이에 해당한다. 셋째, 벌크화물과 같은 특정한 물건의 운송을 위한 해상화물운송장이다. 유류화물을 위한 Tankwaybill 81, 화학제품 운송물을 위한 Chemtankwaybill 1985, LPG 화물을 위

---

5) 우리나라에서는 해상화물운송장을 규율할 강행법규가 없어 당사자가 계약으로 운송조건을 정해야 하는 등의 문제가 있으며 전자화에 대한 방향도 추가적인 논의가 필요하다고 한다. 「해상화물운송장 전자화 해야」(무역일보, 2005.1.29).

6) 이러한 해상화물운송장은 마치 복합운송증권처럼 운송인이 수령부터 인도까지 책임을 지는 형태이다.

한 Gastankwaybill, 식물류 화물운송을 위한 Worldfoodreceipt 99 등이 대표적이다.[7]

화물 인도 시 상환증권인 선하증권을 사용하지 않는 사례가 점점 늘어나고 있으며 국내수출금액에서 차지하는 비중으로 보면 전체의 52.3%가 해상화물운송장에 의한 거래에 해당한다고 한다. 유럽과 미국 간의 거래에서는 해상화물운송장의 이용이 선하증권보다 더 활성화되어 있으며, 선하증권의 지연도착 및 해상화물운송장의 이용 현황과 외국의 사용례를 볼 때 우리나라에서도 해상화물운송장의 입법이 필요하다는 주장이다.[8] 電子船荷證券의 개발이 법적·시스템적으로 많은 시간이 소요되므로 電子船荷證券의 대체물로써 해상화물운송장의 전자화를 먼저 구축하는 것이 필요하다. 전자무역추진위원회에서도 電子船荷證券의 개발을 대전제에 놓고, 이의 중간단계로 해상화물운송장의 전자화가 운송증권의 전자화에 충분히 기여할 수 있다는 입장을 보이고 있다. 한국무역정보통신과 동아시아 전자무역(PAA) 등 글로벌 전자무역사업에 참여하고 있는 외국기관들도 상용화가 느린 電子船荷證券보다는 해상화물운송장에 더 많은 관심을 보이고 있다. 왜냐하면 해상화물운송장은 관련 당사자가 송하인과 운송인 및 목적지의 수하인으로 한정이 되어 이들이 전산 시스템을 갖추기만 하면 현대의 정보통신 네트워크 환경에서는 해상화물운송장의 전자화가 가능하다는 것이다. 해상화물운송장에 의한 운송이 가능한 화물은 운송도중 전매가 이루어지지 않는 운송물이다. 그중에서 거래당사자 간에 신용이 쌓여서 물품의 대금결제에 문제가 없는 화물은 굳이 권원증권인 선하증권을 사용할 필요가 없다. 수출입 물품의 결제형태 중 단순 송금방식이나 계좌이체(open account)방식[9]

---

7) 정완용, 전게논문, 16~19면.

8) 엄윤대, 전게논문, 191면.

9) OAT(open account transaction)란 수출입 업자 간에 수출입에 관한 포괄

그리고 추심방식 중 D / A(document against acceptance) 결제방식[10]은 운송증권과 대금지급여부와는 상관없이 서류가 수하인에게 인도되는 것이므로 이러한 거래에 있어서는 권원증권인 선하증권을 사용할 필요가 없이 적기에 운송인으로 화물을 인도받을 수가 있다. 따라서 동 사안 같은 경우에 비유통성 해상화물운송장은 선박의 고속화에 따른 선하증권의 문제점을 극복할 수 있는 하나의 좋은 대체수단이 될 수 있다고 한다. 따라서 실무에 활용되는 해상화물운송장에 대해서 입법적인 조치가 필요하다는 주장이다.

2) 海上貨物運送狀 關聯 立法例

1970년대부터 해상화물운송장이 이용되기 시작한 이후로 그 이용을 촉진하기 위한 많은 입법례가 각국에서 나타나고 있다. 영국선주협회

적인 계약을 맺고 동 계약에 따라 각각의 purchase order에 의하여 물품을 선적한 후, 선적서류를 은행을 경유치 않고 수입자에게 직송하며, 건별로 결제하지 않고 일정기간마다 상호 대금결제(계좌이체 방식)하는 방식인데, 우리나라는 2000년 이후부터 높은 증가를 보이고 있다. OAT 방식의 특징은 환어음을 발행하지 않으며, 선적서류를 수입자에게 직접 송부하고, 수입자의 신뢰를 바탕으로 결제하는 점에서 COD, CAD와 같으나, 수출대금채권의 발생시기는 OAT가 선적통지와 동시에 대금채권이 성립하는 데에 비해, COD는 물품인도시점, CAD는 선적서류인도시점에 수출대금채권이 성립하는 점이 다르다. 엄윤대, 전게논문, 191면.

10) D / A조건은 수출자와 수입자 간의 신용을 바탕에 두고 거래하는 것으로, 수입자가 수출자 발행의 환어음(accept)을 인수하는 것만으로 선하증권을 취득케 하여 수입자가 물품대금을 지불하지 않고도 화물을 인도받을 수 있도록 하는 것이다. 그러므로 이러한 D / A결제방식을 채택한 수출자는 구태여 권원증권인 선하증권을 선택할 필요 없이 해상화물운송장에 의한 운송으로 지정된 수하인이 물품을 인도받도록 하고, 어차피 만기일에 대금을 지급받는 것이므로 수출대금결제 측면에서는 선하증권이든 다른 운송서류이든 상관이 없기 때문에 D / A조건에는 해상화물운송장이 필요하다. 엄윤대, 전게논문, 192면.

와 국제무역간소화위원회는 1977년에 국내화물운송장(national waybill)을 개발하였으며 1979년에는 GCBS Commonshort Form Sea Waybill을 사용하였다. 영국은 1992년 선하증권법의 폐지를 대체하는 해상물건운송법(COGSA)을 제정하였고, 여기에서 선하증권 이외에 해상화물운송장과 기타 서류 등에 대하여 규정하고 있다. 국제복합운송협회(The International Federation of Freight Forwarders Associations: FIATA)는 1977년 비유통복합운송장(Non-negotiable FIATA multimodal transport waybill)을 만들었다. 일본은 1978년에 일본선주협회가 "협회 Waybill"을 제정하여 선사들이 사용되기 시작하였고 1981년 일본무역간소화위원회(The Japan Simplication of Trade Procedure Board: JASTPRO)는 "Sea Waybill 사용지침"을 마련하였다. 국제정형거래조건 2000(INCOTERMS 2000)과 신용장통일규칙(UCP500) 제24조에서도 해상화물운송장이 비유통서류로서 사용될 수 있도록 규정하고 있다. 1970년대 이래 현재에 이르기까지 해상화물운송장은 폭넓게 국제운송 분야에서 많이 사용되고 있고 영국 등의 경우 해상화물운송장을 해상운송서류의 하나로 입법하고 있다. CMI에서도 해상화물운송장에 관한 통일규칙(Uniform rules for Sea Waybills: 1990)을 제정하였다.

3) 法案의 內容

CMI에서 나온 해상화물운송장 통일규칙을 기본모델로 각국의 입법례 등을 참고하여 해상화물운송장 발행에 관한 규정을 신설하자는 것이다. 해상법 선하증권에 대한 규정 다음에 해상화물운송장 관련 규정을 삽입하여 해상화물운송장의 기재사항, 기재의 효력, 운송물의 인도에 대한 내용, 송하이나 수하인의 변경청구권에 대한 내용 등을 신설하는 시안을 제시하고 있다.[11] 구체적 시안은 다음과 같다.

첫　째, 운송인의 책임경감금지 조문의 해상화물운송장의 준용이다
　　　　상법 제787조의 감항능력주의의무 및 제789조의3의 비계
　　　　약적 청구에 대한 규정에 반하여 운송인의 의무 책임을 경
　　　　감 또는 면제하는 당사자 간의 특약은 효력이 없다. 운송
　　　　물에 관한 보험의 이익을 운송인에게 양도하는 약정 또는
　　　　이와 유사한 약정도 또한 효력이 없음을 상법 제790조는
　　　　운송인의 책임경감금지로 규정하고 있다. 해상화물운송장
　　　　이 상법에 추가된다면 제4항을 신설하여 해상화물운송장이
　　　　발행된 경우에도 제1항의 규정을 적용해야 한다는 것이다.

둘　째, 해상화물운송장의 정의규정을 상법 제820조의2에 신설한다.
　　　　해상화물운송장이란 '운송인이 운송물을 수취 또는 선적하
　　　　였음을 확인하고 양륙항까지 운송하여 지정된 수하인에게
　　　　인도할 것을 약정하여 발행하는 운송계약의 증거서류'이다.

셋　째, 제820조의3 해상화물운송장의 발행규정을 신설한다. 운송
　　　　인은 운송물의 수령 또는 선적 후에 용선자 혹은 송하인
　　　　의 청구에 의하여 해상화물운송장을 교부하고 선장 또는
　　　　기타의 대리인에게 위임하여 해상화물운송장을 발행·교부
　　　　할 수 있다. 용선자 또는 송하인의 청구가 있는 경우에는
　　　　전자문서로 발행할 수 있다는 규정을 명시하여 전자해상
　　　　화물운송장의 도입에 대해서도 언급하고 있다.

넷　째, 제820조의4 해상화물운송장의 기재사항에 대한 조문의 신

---

11) 박원수, "해상화물운송장에 관한 서설적 고찰", 「해운물류연구」, Vol.4(한
　　국해운물류학회, 1987); 배병태, "Sea Waybill에 관한 CMI 통일규칙과
　　1990년대의 해상운송법 통일에 관한 문제논점(CMI 제34차 파리국제회의
　　참가보고)" 「한국해법학회지」 제12권 제1호(한국해법학회, 1991), 7면; 엄
　　윤대, 전게논문, 157면 이하, 정완용, 전게논문, 16~19면; 최준선, "운송
　　법 개정시안에 대한 고찰", 「한국해법학회지」 제25권 제2호(한국해법학회,
　　2003), 275~277면 이하 등 참조.

설이다. 상법 제814조의 선하증권의 기재사항과 유사하지만 제1항에서 해상화물운송장이 전자문서로 발행된 때에는 전자서명을 하여야 한다는 문구를 추가하였다. 또한 해상화물운송장을 나타내는 표시, 운송인의 명칭, 위험물의 표시, 갑판적 문언, 운송물의 인도일 등은 신설하였다. 이 밖에도 선하증권의 담보성을 규정한 상법 제814조제3항을 제외한 제2항과 제4항은 해상화물운송장에도 준용한다.

다섯째, 상법 제820조의5 해상화물운송장기재의 효력을 신설한다. 선하증권 기재의 효력을 규정한 상법 제814조의2를 토대로 신설된 조문이다. 운송물의 수량 또는 상태에 관한 해상화물운송장의 기재는 운송인의 유보문구가 없는 한 운송인과 송하인 사이에서는 기재된 대로 운송물을 수령한다는 추정적 효력을 갖는다.

여섯째, 상법 제820조의6을 신설하여 해상화물운송장의 운송물의 인도에 대해서 규정한다. 운송인은 해상화물운송장의 수하인 또는 그 대리인임을 증명하는 자에게 운송물을 인도한다. 선하증권이 가지는 유가증권성이 없기 때문에 운송인은 수하인임을 주장하는 자에 대하여 신원확인을 위한 상당한 주의의무를 다하였음을 입증한 경우에는 오인도에 대한 책임을 면하게 된다.

일곱째, 상법 제820조의7 송하인의 수하인 변경청구권 규정을 신설한다. 송하인은 운송인에 대하여 운송계약의 내용변경을 요청할 수 있으며, 운송물이 목적지의 수하인에게 인도되기 이전에는 서면 기타의 방법에 의하여 수하인의 변경을 요청할 수 있다.

4) 法案의 問題點

해상화물운송장은 電子船荷證券의 대안이 되지 못한다. 송하인의 수하인의 변경청구권은 규정상 혼동이 올 수 있으며 법적용여부가 불명확해질 수 있다. 이하에서는 동 법안의 문제점에 대해서 간단히 언급하고자 한다. 법조문의 개별적인 문제점을 살펴보면 아래와 같다. 해상법 신설안 제820조7의제1항에서 송하인은 운송인에 대해 운송계약의 변경을 요청할 수 있다고 규정하고 있다. 동 규정에 의한다면 송하인은 운송인의 내용변경을 요청할 수 있으므로 일단 해상화물운송장을 발급한 후에 변경을 요청할 수 있다. 송하인이 사후에 변경을 요청하는 경우에 대해서는 운송계약의 내용에 구속을 받는 자는 운송인이므로, 송하인과 운송인이 별도의 합의를 하여야 한다. 따라서 동 조 제1항의 적용여부가 불명확해질 수 있다. 동조 제2항의 해석상 수하인이 운송물을 인도받기 전까지는 송하인이 운송인에게 변경요청을 하면 반드시 변경하여야 한다. 그러나 동조 제1항에서는 운송인이 합의를 하지 못하면 운송인은 거부할 수도 있다는 해석의 여지가 있을 수 있으므로 서로 충돌이 될 수 있다. 송하인만을 규정하였기 때문에 수하인의 지위에 대해서는 명확한 언급이 없다. 따라서 수하인이 계약을 체결하기 위해서는 송하인의 위임을 받아야 한다. 그러나 실무상 CIF(Cost, Insurance, Freight) 계약의 경우에는 송하인이나 운송인이 배를 지정하고 계약을 체결하지만 FOB(Free on the Board) 계약의 경우에는 수하인이 배를 지정하게 된다. 즉 운임부담과 배의 지정을 수하인이 하기 때문에 인도된 운송물을 가져오는 것 자체가 수하인의 책임이 된다. 이러한 경우에 운송계약의 변경요청권은 송하인에게만 있고 수하인은 권한이 없기 때문에 상대적으로 수하인에게 매우 불리하게 된다.

앞서 살펴본 바와 같이 해상화물운송장은 권원증권이 아니므로 운송물의 인도와 상환으로 제출할 필요가 없고, 수하인은 자신의 정당한 신분만을 증명하면 운송물을 수령할 수 있다. 해상화물운송장에서는 운송물이 목적지에 도착한 후 수하인이 인도를 청구하기 전까지 송하인은 운송인에 대하여 운송의 중지, 운송물의 반환, 그리고 수하인을 변경할 수 있으므로 수하인으로 지정된 자의 법적 지위가 선하증권의 소지인보다 불안정하다. 해상화물운송장은 현재 선하증권의 위기 및 한계를 극복할 수 있는 실무적인 해결책은 될 수 있지만 거래관행상 확실한 입지를 확립하지 못하고 있을 뿐만 아니라 거래당사자들 역시 서류의 본질을 명확히 이해하지 못하여 실무거래에 그 사용이 제한되어 있다. 선하증권의 유통성을 포기하는 데에서 출발하는 해상화물운송장은 국제무역의 일부분을 담당할 수는 있지만 전체를 포괄하지는 못한다.[12] 우리 상법 제814조의2에서는 선하증권 기재내용에 대해서는 확정적 증거력을 부여하고 있어 선의의 선하증권 소지인을 보호, 유통성을 보장하고 있지만 해상화물운송장은 그와 같은 내용을 명기하지 아니하는 한 확정적인 증거력이 인정될 수 없다. 선하증권은 유가증권이므로 그 소지인이 송하인의 권리를 취득하여 운송물의 멸실 또는 훼손이 되는 경우 운송인에게 손해배상

---

12) 엄윤대 박사는 "해상화물운송장은 유통이 불가능하고 권원증권이 아닌 특징을 살려 약정된 수하인에게 증권과 상환함이 없이 화물을 인도하기 위한 목적으로 개발된 것임에도 불구하고 기존의 전자화의 시도는 해상화물운송장에 억지로 담보력이 있도록 권원증권성을 불어넣어 전자화하려 했기 때문에 실패로 돌아갔으며, 해상화물운송장의 전자화 대상은 권원증권을 요하는 결제방식 대신에 화물운송에 한정하고 이를 전자화하는 방식으로 추진하여야 한다."고 주장한다. 또한 "해상화물운송장의 활용을 높이기 위해 무역거래당사자들에 대한 홍보를 강화하여 해상화물운송 시 무조건적으로 선하증권을 선택하는 것을 지양하는 한편, 운송 중 전매되지 않고 대금결제에 문제가 없는 화물은 해상화물운송장의 활용을 권장해야 한다."고 한다. (무역일보, 2005.4.14).

을 청구할 수 있지만 해상화물운송장의 수하인은 운송물이 도착하지 아니하는 경우에는 손해배상 청구권을 가지고 있지 않다. 해상화물운송장은 운송물의 인도 시 해상화물운송장을 제시할 필요가 없으며 운송물을 잘못 인도하는 경우가 발생할 수 있다. 서류에 의한 물건의 매매가 불가능하고, 수하인을 수입지의 은행으로 지정할 필요성이 제기되는 등 화환결제가 없는 무역관계에만 적용이 가능하다. 화환결제를 필요로 하는 경우에는 반드시 선하증권이 필요하다. 곡물, 원유, 가스 등은 운송 중에도 시세변동이 심하므로 전매(resale)가 빈번한 운송물에는 사용이 불가능하다. 은행 역시 물적 담보가치를 확보할 수 있는 선하증권을 선호하고 있다.

5) 小 結

국내의 학자 대부분은 상법상에 電子船荷證券과, 해상화물운송장에 대한 규정을 같이 신설하는 방안을 제시하고 있다. 하지만 電子船荷證券에 대한 독립적인 입법방안에 대해서는 아직까지 아무런 논의가 없다. 해상화물운송장을 근간으로 한 전자해상화물운송장이 발행된다 할지라도 국제무역을 다 포괄하지 못하므로 電子船荷證券의 출현이 불가피하다. 또한 해상화물운송장은 권원증권이 아니므로 별도의 조문을 신설하여도 기존의 상법조문과 충돌되지 않는다. 하지만 電子船荷證券의 경우 권원증권성을 가지는 종이선하증권의 기능을 구현하여야 하므로, 기존의 상법규정과 많은 모순이 발생한다. 전자서명 등이 문서의 서명을 대체할 수 있지만, 전자선하증권의 경우 권리등록장치에서 발행·등록 등이 처리된다면 종이의 발행을 근거로 하는 상환증권성 등과 같은 상법규정은 적용이 힘들다. 위에서 살펴본 바와 같이 해상화물운송장은 선하증권의 역할을 완전히 수행하지

못한다. 해상화물운송장은 선하증권의 위기를 해결하기 위해 전자선
하증권으로 발전하는 과도기적 산물이므로 결국 전자선하증권에 대
한 법제로의 편입이 필요하다.[13) 電子船荷證券의 발행에 대한 규정
을 해상법에 신설하고 해상화물운송장에 관련 조항을 삽입하는 것은
입법상 혼란을 초래할 수 있으며 효율적인 측면에서도 바람직하지
않다. 왜냐하면 전자선하증권이 실용화되어 해상화물운송장의 사용이
사라지게 되면 각각의 조문에 대해서 수정이 불가피하기 때문이다.

3. 電子船荷證券 關聯規定 海商法 新說案

2005년 4월 21일 법무부는 대통령에 대한 업무보고에서 기업하기
좋은 법적 환경을 조성하기 위해 세계최초로 동년 7월부터 실제 발행
·유통 예정인 전자어음제도의 성공적 정착을 지원하는 것과 아울러
법령 등을 국제기준에 맞게 개정해 전자수표, 電子船荷證券 등 선진
제도의 도입을 골자로 한 2005년도 주요업무 계획을 보고하였다.[14)
우리나라는 이미 전자거래기본법과 전자서명법이 제정·시행되고
있으며 전자서명과 인증을 위한 공인인증기관도 설립되어 활용되고
있다. 따라서 전자적 해상운송서류에 대하여 종이해상운송서류와 같
은 법적 효력을 인정하는 데 큰 무리는 없다. 다만 선하증권의 경우
상법상의 선하증권의 발행(제813조), 선하증권의 기재사항(814조), 선

---

13) 大崎正瑠, 「船荷證券の研究」(白桃書房, 1998) 79~80면.

14) 법무부는 글로벌 스탠더드(global standard)에 맞는 민·상사법제를 구축
하기 위해 2005년 2월부터 상사법제 정비팀 및 경제법령자문단을 설치
하여 전자어음제도의 성공적 정착을 지원하고 회사법, 해상법을 국제기
준에 맞게 개정하는 작업을 추진하고 있다. 「2005년 법무부 업무보고」
(한국경제신문, 2005.4.21).

하증권의 발행(제820조), 선하증권의 물권성(제133조·제820조), 상환증권성(제129조·820조)에 관한 규정 등은 전자선하증권에 직접 적용하는 데 무리가 있다. 전자선하증권이 발행된 경우에도 동 규정들과 동일한 효력을 인정받을 수 있도록 법적 근거 및 입법이 필요하다. 선하증권의 유가증권성을 인정하기 위한 장치로서 국내의 대부분의 학자들은 해상법 개정을 통한 電子船荷證券 규정을 신설하는 방안을 제시하고 있다. 선하증권은 유가증권이기 때문에 엄격한 기재사항을 요구하고 있으며, 電子船荷證券의 해상법상 조문신설도 전자적으로 기재사항을 구현하는 것을 중심으로 논의하고 있다.

電子船荷證券을 해상법으로 편입하는 방법에는 두 가지가 제시되고 있다. 상법 제814조의제1항 선하증권의 기재사항에 전자적인 방법으로 선하증권에 대한 기재사항과 서명을 해당조문에 삽입하는 방법과, 제813조의2를 신설하여 電子船荷證券에서도 종이선하증권의 효력을 인정하자는 방법이다.

1) 電子船荷證券 關聯規定 海商法 新設案의 內容

해상법상 전자선하증권 관련규정을 신설하는 방법에는 기존의 선하증권의 기재사항을 규정한 상법 제814조제1항에서 기계적·전자적인 방법으로 운송인이 선하증권에 기명날인 또는 서명을 할 수 있다는 취지를 덧붙이는 방법이다. 구체적인 법안의 내용은 "선하증권에는 다음의 사항을 기재하고 운송인이 기명날인, 서명 또는 서명 날인하여야 한다. 다만 운송인의 기명날인 또는 서명은 운송인을 확인할 목적의 기계적·전자적 방법으로 할 수 있다."[15] 운송인의 명칭과 운송인의 주된 영업소 소재지를 기재사항에 추가하는 상법 제814조

---

15) 최준선, 전게논문, 280면.

제1항 제11호·12호를 신설하는 내용도 포함한다. 이는 추후 전자선하증권의 발행인이 운송인이 될 가능성이 크기 때문에 법적으로 명확한 확정을 위해서 동 사항을 추가한 것으로 생각된다.

선주협회 및 법무부 해상법 개정위원회에서는 전자선하증권에 대하여 상법 제813조의2(전자선하증권)를 신설하여 電子船荷證券의 법적 효력을 부여하는 방안을 제시하고 있다. 향후 도입될 電子船荷證券에 법적 효력을 부여할 수 있도록 CMI 규칙과 UNCITRAL Model Law 및 볼레로 규약집 등을 종합적으로 검토하여 추가조문을 신설하여야 한다고 한다.

2) 電子船荷證券 關聯規定 海商法新設案의 問題點

전자선하증권 관련규정 해상법 신설안은 선하증권의 서면증서를 단순히 전자문서로 대체하는 방식을 전제로 유통방법에 관해서도 선하증권에 관한 규정을 적용하자는 견해이다. 하지만 동 견해에서는 선하증권을 단순히 전자화시켜 유통하는 경우에는 안전성과 신뢰성을 확보하지 못하며, 볼레로型 電子船荷證券 등의 법적 효력을 보장하지 못한다. 볼레로型 電子船荷證券은 전자등록부에 등록하는 것으로 배서·교부의 효력을 구현하는 시스템을 가지고 있고 실물선하증권이 발행되지 않기 때문에 전자등록에 대한 법적 효력을 보장하여야 한다. 앞서 살펴본 바와 같이 선하증권에서 내포되어 있는 유가증권상의 효력과 물권적·채권적 효력 등은 전자선하증권에서 법적 효력을 인정받기가 힘들어 현재의 종이선하증권의 운용에 근거한 해상법 규정에는 적용이 어렵다. 따라서 본편'해상'에 준용된다는 규정만으로는 실무에서 많은 혼란이 생길 것이다.

電子船荷證券이 상용화된다면 상법 제814조제1항에 규정하는 서명이 전자서명으로 대체될 것이다. 상법 제814조제4항의 경우 "운송인이 선하증권에 기재된 통지수령인에게 운송물에 관한 통지를 한 때에는 용선자 또는 수하인 및 선하증권 소지인 기타 수하인에게 통지한 것으로 본다."로 규정되어 있지만 볼레로 규약집에서는 볼레로형 전자선하증권의 소지인이 운송인에게 인도통지를 하여야 한다. 동 규정은 강행규정이 아니기 때문에 사적 자치의 원칙에 의거, 볼레로 규약집이 우선 적용될 것이다. 볼레로型 電子船荷證券을 포함하여 電子船荷證券이 본격적으로 도입되면 상법 제815조(등본의 교부), 제816조(수통의 선하증권과 양륙항에 있어서의 운송물의 인도), 제817조(수통의 선하증권과 양륙항 외에서의 운송물의 인도), 제818조(2인 이상의 소지인에 의한 운송물의 인도청구와 공탁), 제819조(수인의 선하증권 소지인의 순위)는 적용이 배제된다. 또한 제820조(준용규정), 제129조(화물상환증의 상환증권성), 제130조(화물상환증의 당연한 지시증권성), 제132조(화물상환증의 처분 증권성), 제133조(화물 상환증의 물권적 효력)도 일정부분에서는 電子船荷證券에 적용하기 어렵고 적용상의 의미가 없어질 것이다.[16] 따라서 이러한 입법적 고려 없이 단순히 전자선하증권의 발행과 기재에 대해서만 해상법 규정을 신설한다면 전자적인 방법으로 발행·유통이 되는 電子船荷證券에 대해서 법적인 효력을 완전히 보장하지 못한다.

전자문서의이용촉진등에관한법률안 제7조에서는 상법의 개정에 대해서 논의하고 있다. 동 개정안으로는 상업장부, 회계장부의 비치·공시 혹은 전자문서에 의한 통지와 같이 단순 전달의 목적을 구현할 수 있는 규정[17]만을 대상으로 하고 있기 때문에 기본법인 상법 내의

---

16) 김인현, 전게논문, 86∼90면.
17) 대표적인 규정은 상법 제144조 3항의 신설이다.
　　제144조(공시최고)
　　　③ 송하인이 동의한 때에는 제2항의 공고는 운송인의 홈페이지나 전

개정이 가능한 형태이다. 그러나 유통성까지 확보가 되어야 하는 선하증권에서는 위와 같은 방법은 실효성을 거두기가 어렵다.

電子船荷證券과 관련된 법 제정과 개정에는 국제적 국내적 움직임이 아직은 미흡하다. 2002년 4월 UNCITRAL 제9차 회의[18]에서 대부분의 국가들은 전자적 통신(electronic communication)에 관한 규정과 종래의 종이문서와 전자적 기록이 상호 동일한 효력을 부여하자는 제안이 있었다. 앞으로 종이문서와 전자문서 사이의 효력은 같아지게 될 것이다. 국내에서 역시 종이선하증권과 전자선하증권의 효력상의 동일성을 인정하는 데 초점을 두고 있다. 한편 상법의 해상편은 국제화되고 전문화된 분야인 까닭에 電子船荷證券의 도입을 위한 각국의 입법례와 조약 등을 고려한 후 상법에 반영하자는 신중론도 생각해 볼 수 있다. 그러나 미국을 비롯한 선진국에서는 전자선하증권에 대한 입법례[19]가 존재하고 있지만, 電子船荷證券에 대해서 구체적으로 완전하게 규율하는 입법은 아직 나타나지 않고 있고 각국의 법체제가 정비되거나 통일된 국제조약 출현하는 데에는 많은 시간이 소요된다. 우리는 1962년 상법 제정 후 각종 국제조약을 수용하는 과정을 경험했다. 국제조약 자체가 여러 나라의 법체계 등을 검토하여 협상과 타협의 과정을 거쳐 작성이 되었으므로 우리 법체

자관보 또는 특정된 전자신문에 할 수 있다. 이 경우 화물상환증에 기재된 약관에 이러한 뜻이 명시되어 있는 경우에는 송하인이 동의한 것으로 본다.

④ 운송인이 제1항 및 제3항에 규정된 공고를 하여도 그 기간 내에 권리를 주장하는 자가 없는 때에는 운송물을 경매할 수 있다.

18) 운송법 협약초안(Draft Instrument on Transport Law)의 제정을 위한 회의로 미국 뉴욕에서 개최되었다.

19) 입법례 등을 살펴보면 호주개정해상운송법(Sea-Carriage Documents Act, 1997: 해상운송서류법), (The Carriage of Goods by Sea Regulations, 1998: 해상운송법), 미국해상운송법(The Carriage of Goods by Sea Act-COGSA) 개정안, Montreal 제4의정서 개정 제5조(Airwaybill의 EDI화를 송하인의 동의를 조건으로 인정) 등이 있다. 손주찬, 전게논문, 238~239면.

계와 완벽하게 조화되기는 어려울 뿐만 아니라 조약의 규정을 모두 법조문화하기에는 불가능할 것이다. 덧붙여 국제조약은 상세하고 구체적으로 규정하고 있지만 상법은 원론적이고 추상적인 경우가 많다. 대부분의 국제조약이 우리 법체계와 다른 영미법의 구조를 가지고 있는 점, 법률전문가들마저도 조약의 원문과 생성과정에 대한 배경지식 없이 법조문 자체만으로는 내용 파악이 어려운 점, 내용이 추상적이기 때문에 법적인 해석에 많은 어려운 점등을 고려해 볼 때 국제조약에 많은 기대를 하는 것은 사실상 무리가 있다. 우리나라에서는 유가증권인 전자어음의 제도를 성공적으로 정착하기 위하여 전자어음법을 제정하여 성공적으로 운영하고 있다. 세계적으로 우수한 초고속 인터넷 네트워크와 정보통신기반기술을 가지고 있으며, 전자무역에 있어서 선도적인 역할을 담당할 수 있는 저력이 있다. 따라서 외국의 입법례와 국제조약을 선도할 수 있는 전자선하증권 관련법을 제정하여야 한다.

3) 法務部 海商法 改正試案

(1) 序 論

전자선하증권 관련규정을 우리 법제로 편입하는 방법에는 종이 선하증권을 단순히 전자문서로 대체하는 방식을 전제로 하여 선하증권에 관한 규정을 해상법에 신설하자는 방안이 제시되었다. 내용을 살펴보면 기존의 선하증권의 기재사항을 규정한 상법 제814조제1항에 '선하증권에는 다음의 사항을 기재하고 운송인이 기명날인, 서명, 또는 서명날인하여야 한다. 다만 운송인의 기명날인 또는 서명은 운송인을 확인할 목적의 기계적·전자적 방법으로 할 수 있다.'는 내용

178 □ 전자선하증권론

을 삽입하는 것이다.[20]

신설방안 제시 이후 선주협회 및 법무부 해상법 개정특별위원회(이하 '특별위원회'라 한다)에서는 전자선하증권에 대하여 별도의 조문을 신설하는 방법이 중점적으로 논의 되었다. 전자선하증권을 새로 규정하는[21] 방법에는 세부적으로 두 가지 안이 논의되었다. 첫 번째 안에서는 '운송인은 선하증권 대신에 동일한 효력이 있는 전자식 선하증권을 발행할 수 있다'고 규정한다. 두 번째 안에서는 두 가지 항으로 나누어 보다 구체적으로 서술하고 있다. 제1항에서는 '당사자는 합의된 방식과 절차에 따라서 전자문서형태로 선하증권을 발행할 수 있다'고 규정하며 제2항에서는 '전자문서형태로 발행한 전자선하증권을 포함하여 전자적 방식으로 체결된 해상운송계약은 유효하고 이에 대하여 본편 해상 규정이 준용된다.'고 규정한다.[22] 여러 차례의 공청회와 학자와 실무자 들 간의 논의를 거쳐 최근 특별위원회에서는 해상법 개정시안(이하 '개정시안'이라 한다)[23]을 확정하였다.

(2) 內 容

개정시안이 기존의 시안과 구별되는 가장 큰 특징은 제864조(전자선하증권)에 5가지 항을 신설하고 전자선하증권의 발행·배서·양도에 대한 구체적인 내용까지 서술된 점이다. 운송인은 용선자 또는

---

20) 운송인의 명칭과 운송인의 주된 영업소 소재지를 기재사항에 추가하는 상법 제814조제1항 제11호·12호를 신설하는 내용도 포함한다. 최준선, "운송법 개정시안에 대한 고찰", 「한국해법학회지」 제25권 제2호(한국해법학회, 2003), 280면.
21) 해상법 개정시안 제813조의2.
22) 정완용, 전게논문, 40~41면; 손주찬, "해상법(상법 제5편)의 문제점과 개정사항의 검토", 「한국해법학회지」 제24권제2호(한국해법학회, 2002), 238~239면.
23) "법개정자료 해상법 개정시안", 「한국해법학회지」 제27권 제2호(한국해법학회, 2005).

송하인의 동의를 얻어 제854조의 선하증권을 발행하는 대신에 법무부 장관이 지정하는 등록기관에 등록을 하는 방식으로 전자선하증권을 발행할 수 있다.24) 전자선하증권은 운송물의 상태, 선적항, 운임, 운송인의 성명과 주소지 등 상법 제855조제1항에 대한 정보가 포함되어야 하고 운송인이 전자서명을 하여 송신하고 용선자 또는 송하인이 이를 수신할 때 효력이 발생함을 규정한다.25) 전자선하증권의 권리자는 배서의 뜻을 기재한 전자문서를 작성한 다음 전자선하증권을 첨부하여 지정된 등록기관을 통하여 상대방에게 송신하는 방식으로 그 권리를 양도할 수 있고26) 제3항에 정한 방식에 따라 전자적 배서를 상대방이 수신하면 제854조의 선하증권을 배서하여 교부한 것과 동일한 방식이 있음이 인정되고, 제2항 및 제3항의 전자문서를 수신한 권리자는 제854조의 선하증권을 교부받은 소지인과 동일한 권리를 취득한다.27) 전자선하증권의 등록기관의 지정요건, 발행 및 배서의 전자적인 방식, 운송물의 구체적인 수령절차 기타 필요한 사항은 하위법령인 대통령령으로 정한다.28)

（3）改正試案 檢討

가. 內容과 立法形式의 問題

개정시안은 기본법인 상법에 전자선하증권의 도입과 발행 및 배서 등에 관한 규정을 신설하고 세부적인 사항은 대통령령에 위임하는 입법 형식을 채택하고 있다. 미국이나 호주의 입법례에서 종이선하증권이 규정하고 있는 해상운송법에서 전자선하증권에 관한 규정을

---

24) 해상법 개정시안 제864조제1항.
25) 해상법 개정시안 제864조제2항.
26) 해상법 개정시안 제864조제3항.
27) 해상법 개정시안 제864조제4항.
28) 해상법 개정시안 제864조제5항.

두고 있고 이 경우 통일적인 규율이 가능하기 때문에 우리나라의 경우에도 전자선하증권에 관한 기본적인 규정을 상법에서 규정하고 기타 전자선하증권 관리기관의 지정 등 상세한 절차적인 사항은 대통령령으로 규정하는 입법형식이 타당하다는 것이다.[29] 그러나 개정시안에서 변동 없이 입법이 된다면 전자무역과 관련된 사항은 대외무역법에서, 전자선하증권에 대한 규정은 상법에서, 전자선하증권 관리기관 등은 대통령령에서 규정하는 등 전자선하증권에 대하여 여러 법체계가 나누어 입법이 되기 때문에 실무상, 정책 추진에 많은 혼란이[30] 예상된다.

헌법 제75조에는 '대통령은 법률로 구체적으로 위임받은 사항 혹은 법률을 집행하기 위하여 필요한 사항에 대하여 대통령령을 발할 수 있다'고 규정하고 있으며 또한 법률에서 대통령령으로 위임하고자 하는 경우 법률에서 구체적으로 범위를 정하여 위임하도록 하고 있다. 개정시안에 따르면 전자선하증권 등록기관의 지정요건, 발행 및 배서의 전자적인 방식, 운송물의 구체적인 수령절차 등은 대통령령으로 정한다고 명시하고 있다. 전자선하증권의 기록 등의 사항은 대통령령에서 규정하지 못할 가능성이 있고 재위임이 필요한 사항이 발생할 수 있는 등 전자선하증권의 권리행사와 관련하여 지나치게 많은 부분을 하위법령에 위임하고 있는 문제점이 있다.

또한 전자선하증권상 운송물의 인도를 위한 송·수신의 시기 등은

---

29) 정완용, "해상법의 IT화–전자선하증권의 입법론적 고찰을 중심으로–", 「상사법 연구」, 제24권 제2호(한국상사법학회, 2005), 351면.

30) 정완용, 전게논문, 326면. 정완용 교수는 '정부가 현재 추진 중인 전자무역촉진법(안)에서는 신용장 및 은행보증장과 같은 서면의 전자적 형태를 법에 규정하고 있다. 이들 가운데서 우선 전자선하증권의 경우 선하증권 규정을 두고 있는 상법 해상편에 전자선하증권의 법적 효력을 인정하는 관련 규정을 두고, 아울러 전자무역촉진법 등에 무역 관련 서류의 하나로 규정하는 것이 바람직할 것이다'고 주장한다.

상법에 규정하고 운송물의 인도청구 여부 등은 대통령령에 위임하고
있다. 전자선하증권이 유통되어 재배서되는 경우 전자선하증권의 동
일성에 대한 표시 등의 문제가 발생할 수 있다. 전자선하증권의 발
행과 관련된 정보의 제공, 약관의 명시와 통지, 이의제기와 분쟁처리
절차, 반환 및 수령거부 등의 내용은 대통령령에 규정되지 않으면
세부적으로 위임입법하기가 어렵다. 하위법령에 위임입법이 되지 않
는다면 전자선하증권의 운용과 관련하여 법적 공백상태가 발생할 수
있다.

전자어음법의 입법례에서 보는 바와 같이 전자선하증권의 정의와
관리기관, 등록 및 유통에 관한 사항과 전자선하증권거래의 안전성
확보 및 이용자 보호, 전자선하증권관리업무의 감독과 벌칙 등은 기
본 법률에서 규정하고 전자선하증권의 관리기관 지정요건과 절차 및
안전성 확보 기준 등 구체적으로 위임된 사항과 그 시행에 관하여
필요한 사항을 규정하는 방법 등을 참고해야 한다.

무역거래의 특성상 분쟁이 발생하는 경우가 빈번하며 전자선하증
권의 유통을 확대하려면 법률 당사자 간, 분쟁 발생 시 손해배상에
대한 근거 등의 피해자 구제와 전자선하증권 관리기관이 그 책임과
의무를 다하지 못하는 경우 벌칙규정과 과태료 부과 등의 제제조치
가 요구된다. 벌칙규정과 과태료 부과를 위해서는 우리 헌법 제12조
제1항 죄형법정주의 원칙상[31] 벌칙과 과태료 부과를 위해서는 죄형
법정주의에 의거하여 범죄와 형벌 등에 대해서는 입법부가 제정한
형식적 의미의 법률로 규정하는 경우에만 재재가 가능하다. 사회현
상의 복잡화와 국회의 전문적·기술적 능력의 한계 및 시간적 적응능
력의 한계로 인하여 형사처벌에 관련된 모든 법규를 예외 없이 형식
적인 법률에 의하여 규정하는 것이 불가능하기 때문에 긴급한 필요

---

31) 대법원 2003. 11. 14. 선고 2003 도 3600 판결.

가 있거나 미리 법률로써 자세히 정할 수 없는 부득이한 사정이 있는 경우에 한하여 위임하는 법률이 구체적인 요건과 형벌의 종류와 폭을 명확하게 규정되는 경우에 한하여 위임입법이 가능하다.[32] 개정시안 역시 전자선하증권관리기관에 대한 벌칙과 과태료 부과규정이 필요하며 동 사항을 하위법령에서 규정하는 경우 죄형법정주의 원칙의 예외에 해당할 수 있는지는 검토가 필요하다.

또한 개정시안만으로는 전자선하증권의 적용범위가 불분명해진다. 전자선하증권이 널리 활용된다 하더라도 전자선하증권이 폭넓게 유통되기 전에는 운송물의 권리이전을 위하여 종이선하증권으로 변환되는 경우가 많이 발생할 것으로 예상된다. 실제로 볼레로 시스템에서는 운송인에 의하여 물품이 인도되기 전 어느 때라도 현재 소유권자의 요청에 의하여 종이선하증권으로 전환할 수 있다는 규정을 마련해 놓고 있으며[33] '운송인은 소지인으로 전환요구를 받는 즉시 종이선하증권을 발행하여야 한다'고 규정하고 있다.[34] 종이선하증권의 발행·유통·배서 등은 기본법인 상법에서 규정하고 있지만 개정시안에 의하면 전자선하증권에 관하여 일차적으로 상법에 규정이 있는 경우를 제외하고는 대통령령에 위임된 사항에 한하여 적용된다. 전자선하증권의 발행 후 종이선하증권으로 변환되는 경우, 전자선하증권의 세부적인 사항은 대부분 대통령령에서 규정될 것이기 때문에 종이와 전자선하증권의 동일한 법적 효력을 보장하기 위해서 다른 법적 구조가 필요하게 된다.

---

32) 대법원 2002. 11. 26. 선고 2002 도 2998 판결.
33) Bolero Rulebook 3.7.(1) (Persons Entitled to Switch to Paper)
34) Bolero Rulebook 3.7.(2) (Form of Paper Bill of Lading)

4) 小 結

선하증권의 위기상황을 극복할 수 있고 종래의 선하증권의 기능을 완벽하게 수행하기 위해서 다른 여러 제도와 해결책이 등장하였다. 그러나 전자선하증권의 도입이 최선이며 그중에서 특히 볼레로형 전자선하증권의 실용화가 필요하다. 電子船荷證券을 도입하기 위해 상행위의 기본법인 상법 해상편에 조문을 신설하는 방안과 해상화물운송장에 대한 규정을 海商法 物件運送의 章에서 별도의 款으로 신설하는 것은 선하증권의 위기현상에 대한 일시적인 미봉책은 될 수 있지만 근본적인 해결책이 되지 않는다. 종이선하증권과 電子船荷證券이 병행하여 사용이 된다면 전자적 방식의 업무처리가 가능하도록 법규가 개정된 부분과 여전히 과거의 오프라인 방식의 업무처리가 합법적인 것으로 규정되어 있는 법규가 서로 충돌할 수 있다. 電子船荷證券의 조문을 신설하자는 견해는 전자선하증권의 발행 등에 대해서만 상법상에 규정하고 기타 선하증권의 효력부분은 기존의 상법조문을 적용하자는 논리이므로, 실무에서 안정적으로 운용하기 위해서는 종이선하증권에 관련된 규정 등에 대하여 모든 해상법 규정을 정비하여야 한다. 電子船荷證券이 완전히 실용화되기 전까지는 종이와 電子船荷證券이 병행되어 사용될 것으로 예상이 되므로 굳이 상법 해상편에서 포괄하고 싶다면 해상화물운송장의 입법례처럼 電子船荷證券의 발행은 물론 선하증권 상의 권리자를 중앙등록기관에 등록할 수 있는 근거규정, 공인된 전자서명이 된 문서에 의해 권리의 등록 및 이전이 되고, 전자선하증권의 배서·교부와 동일한 효력을 인정하는 조문들과 별도의 款에서 규정하여야 한다. 전자문서에 대한 입법이 기존의 법률관계 및 법체계에 변동이 없는 중립성을 요구받는다면 조문신설은 해상법 전체 법규의 틀에서 혼동을 줄 수 있다. 상법상의 관련규정 및 제도에 電子船荷證券에 대한 특징을 개별적으로 반영하는 것은 입법론으로서도 바람직하지 않다. 영미법은 판례 등을 통하여 구체적인 사건 등에서 해당법리에 대한 이정표 제시가 가능하지만 대륙법계의 성문법은 치밀하고 상세히 규정을 하기 위해서 조문을 수정하는 방법만으로는 한계가 있다. 기본법으로서의 상법을 개정하는 것은 절차 및 형식상 매우 많은 단계를 거치게 된다. 기존의 민·상법으로는 각종 전자화로 발생하는 문제와 전자적인 무역거래로부터 파생하는 모든 문제를 규율하기가 사실상 어렵다.

전자화라는 거대한 물결은 새로운 입법의 패러다임을 요구하고 있다. 개정시안은 전자선하증권에 대한 기존의 논의에서 한층 진일보된 면을 보여주고 있다. 그러나 앞서 살펴본 바와 같이 전자선하증권의 도입에 대한 기본적 사항을 해상법에 규정하고 세부사항을 대통령령에 위임하는 방법보다는 별도의 특별법을 제정하여야 한다.[35]

기존의 상법으로는 각종 전자화로 파생되는 문제점에 대하여 효과적으로 대응하기가 사실상 힘들고 기본법을 개정하는 것은 절차 및 형식상 많은 단계를 거치기 때문에 법 제정에 따른 입법비용과 적재적시에 대응하는 데 비효율적이다.

전자어음법 등의 제정과 같이 電子船荷證券의 도입에 대한 사항은 기본법인 상법에 근거규정을 마련하고 전자선하증권을 구현하는 데 필요한 주요 사항들을 아우를 수 있는 독립적인 법률의 제정이 법의 운영에 탄력성과 변화를 적시에 제공할 수 있으며, 입법상 소모되는 비용을 줄일 수 있다. 또한 상대적으로 電子船荷證券의 사용에 있어서 발생하는 모든 문제들에 대해 상호 연관적인 부분을, 포괄적으로 정비가 가능하며 시의 적절하게 개정 및 변화가 가능하다.

---

35) 상법 제752조제2항과 같이 책임제한 절차에 관한 기본적인 규정은 상법에 규정을 하고 책임제한절차개시의 신청, 공고, 참가, 배당 기타 필요한 사항은 따로 법률로 정하는 것도 전자선하증권에 관련 법을 제정할 때 참고할만한 입법례라 생각한다.

비교법적 관점에서도 미국이나 호주는 영미법계 국가들로써 판례 등을 통하여 구체적인 사건 등에서 해당법리에 대한 이정표의 제시가 가능하지만 대륙법계의 성문법은 조문의 수정으로 치밀하고 상세하게 규정하기가 어렵다. 또한 우리는 상법의 커다란 틀 안에 해상운송에 대하여 규정하는 형태를 취하지만 미국 등 판례법계 국가의 경우는 별도의 해상운송법을 입법 운용 중에 있음을 감안하여야 한다. 개정시안처럼 1개의 조문과 4개의 항으로 전자선하증권의 유통성과 권원증권성에 대하여 효과적으로 보장하기에는 힘들다. 전자선하증권을 우리법제에 편입시키는 가장 최선의 방법은 電子船荷證券에 대해서 별도의 특별법을 제정하는 것이다.

UNCITRAL에서 운송법 제정을 위한 국제회의를 계속해 왔고 2006년 말 조약을 채택하기 위한 외교회의 등이 예정되어 있는 만큼 국제조약의 추이 등을 살펴본 후 2007년에 해상법을 개정하는 것이 바람직하다는 견해도 경청할 만하다.[36]특히 미국 등 구미 각국 선진국에서도 UNCITRAL 운송법 제정 등의 추이 등을 검토한 후 입법하려는 경향을 보이고 있다. 따라서 전자어음법을 근간으로 UNCITRAL 운송법 및 외국의 입법례와 전자선하증권의 표준으로 추정되는 볼레로형 전자선하증권의 볼레로 규약집에 규정된 점유이전의 승인과 경개의 법리에 대한 사항까지 포괄할 수 있도록 하는 방안에 대한 검토와 추가적인 논의가 필요하다.[37]

---

36) http://www.momaf.go.kr/news/momaf/N_momaf_category_view.asp?ID=100 072908& RNUM=6&Code=ocean_special.

37) 필자는 학위논문 등에서 전자어음법을 근간으로 하여 별도의 법률인 전자선하증권법사안을 제시하였다. 다수의 학자들은 특별법 제정의 의도와 취지에 대해서 공감하고 있으며 볼레로 규약집을 충실히 반영하는 방법으로 입법을 하자는 견해가 설득력을 얻고 있다. 향후 상세하고 포괄적으로 법 제도가 정비된다면 IT기술과 기반에서 선진국인 우리가 전자선하증권의 도입 등에서 선도적인 역할을 할 수 있을 것이다.

4. 電子船荷證券 關聯法의 檢討

1) 電子어음의發行및流通에關한法律

(1) 電子어음法 立法背景

1997년 말 외환위기 이후 기업의 연쇄부도 등으로 인한 어음제도의 병폐가 대두되면서 정부를 중심으로 어음의 존폐여부가 논의되었으며 금융권에서도 어음을 대체할 만한 기업 간 결제제도를 고안하여 이용해 오고 있다. 어음의 폐해를 줄이기 위한 정부의 어음이용 억제방침에도 불구하고 정치권 일부에서는 어음관리비용 감소 등의 편의와 유가증권의 전자화 추세에 맞추어 전자어음 도입을 골자로 하는 전자어음법안을 제정하게 되었다.

민주당의 '전자상거래활성화를 위한 법령정비 정책기획단' 산하 '전자결제분과위원회'는 2001년 9월 7일 재정경제부, 금융감독위원회, 법무부 및 한국은행이 참석한 가운데 당·정협의회를 개최하였고 참석기관 대부분은 전자어음제도의 도입에 대해 회의적인 의견을 표명하였으나, 국회에서는 2001년 11월 29일 조재환 의원 등 국회의원 145명이 실물약속어음을 전자적 형태로 발행하는 것을 지원하기 위한 "전자어음의발행및유통에관한법률안"을 발의하였다.[38] 국회법제사법위원회는 전자어음법안을 부분적으로 손질하여 2003년 5월 23

---

[38] 이는 국제적으로 보편화되고 있는 "유가증권의 전자화"의 한 현상이기는 하지만 전자화의 발전단계라는 측면에서 본다면 외국에 비해 상당히 앞서 선진화가 진행된 단계이다. 외국의 경우 상대적으로 일찍 어음제도에 전자적 시스템을 도입하였지만 그것은 실물어음의 발행을 전제로 한 '어음의 부동화(immobilization)' 수준에 머무르고 있기 때문이다. 권종호, "전자어음제도의 도입과 법리적 과제", 2003년 제1차 특별세미나 전자어음제도의 입법과제(한국증권법학회, 2003) 세미나 자료 1면.

일 공청회를 개최하여 다양한 의견을 수렴하였다. 관계부처와의 협의 및 국회에서 대폭 수정되어 통과된 후, 2004년 3월 2일 제245회 국회 제11차 본회의에서 통과되고, 2004년 3월 22일 법률 제7197호로 공포되었으며, 전자어음법시행령은 2004년 12월 31일 대통령 제18637호로 공포되었다. 2001년 11월에 발의된 전자어음법은, 전자상거래의 활성화나 B2B거래의 결제수단의 다양화라는 측면에서 전자어음의 도입이 시급한 현안임을 고려하면 시의 적절한 입법으로 평가받고 있으며 2005년 1월 31일 법무부는 서울 삼성동 코엑스에서 전자어음 시연회를 열고 전자어음 시대의 개막을 선언하였다.[39]

(2) 電子어음法의 主要內容

전자어음법의 입법과정에서 핵심이 되는 문제는 전자어음에 관해서 유가증권으로서의 법적 효력을 인정하는 문제이다. 어음이 전자적인 방법으로 발행이 될 때, 현행법의 테두리에서 적용이 가능한지 여부의 검토는 필수적이다. 어음은 엄격한 요식증권이므로 서면에 법정 사항을 기재하여야 하며, 서면에 발행자의 기명날인 또는 서명을 하여야 한다.[40] 전자어음법에서는 전자어음을 유가증권으로 기존의 어음과 동일한 법적 효력을 인정하고 있다.

전자어음법 제3조에서는 "전자어음에 관하여 이 법에 규정이 있는 경우를 제외하고는 어음법이 정하는 바에 의한다."고 규정하고 있다.[41] 이는 바로 전자어음이라 하여 기존어음과 법리적으로 다른 것

---

39) 전자어음법 도입의 반대의견으로는 정찬형, "전자어음법의 문제점에 관한 소고", 「인터넷 법률」 제24호(법무부, 2004), 19~20면, "전자어음의 발행및유통에관한법률의 문제점", 「금융법 연구」 제1권 제1호(한국금융법학회, 2004), 105~108면. 참조.

40) 어음법 제1조·제75조.

41) 전자어음법 제2조는 한편으로는 기존의 지면형태의 어음도 전자어음과

은 아님을 전제로 한 것이고 전자어음에 대해서도 현행어음법은 당연히 적용된다. 다만 서면형태의 어음을 전제로 하여 입법된 현행어음법으로 대처할 수 없는 경우에 한해 동법이 적용됨을 명백히 하고 있다. 즉 어음법과 전자어음법은 민법과 상법의 관계처럼 일반법과 특별법의 관계에 있다는 입장이다.

특히 전자어음법이 전자어음에 관해 유가증권으로서 어음과 동일한 법적 효력을 인정하고 기본적으로 어음법의 적용을 전제로 하면서도 별도의 법률로서 입법을 추진하고 있는 것은 이미 기존연구에서 이 방식이 가장 우수한 입법방법으로 선호되었고[42] 전자어음은 발행에서부터 지급에 이르기까지 모든 과정이 전자적 방법으로 처리가 가능하여 실제 운영에 있어서 기존의 어음과는 다를 수밖에 없다는 현실을 반영하고 있다. 또한 입법기술적인 측면에서도 전자어음에만 적용되는 규정만을 모아 따로 입법하는 것이 보다 효율적이라는 측면을 고려하고 있다.[43]

(3) 電子어음法의 問題點

전자어음법은 환어음 등 모든 어음에 적용되는 것이 아니라, 약속어음에 대해서만 규정을 하고 있다. 환어음은 기존의 어음법 규정을 적용 받으며, 약속어음은 전자어음법의 규정을 받게 된다. 이는 어음 사용자들에게 혼란을 초래할 수 있으며 환어음의 사용이 더 많은 점 등을 고려해 보면, 전체 어음상거래를 포괄하지 못한다. 어음의 특성상 기업상 연쇄부도에 원인이 되며 어음의 폐해를 시정하기 위한 어

병용되는 것을 의미하는 규정이기도 하다. 왜냐하면 이 규정은 현행어음법의 존재를 전제하는 것인데 현행어음법은 지면형태의 실물어음을 그 적용대상으로 하고 있기 때문이다. 권종호, 전게논문, 22면.

42) 정완용, 전게논문, 62면.

43) 권종호, 전게논문, 22면, 나승성, 전게논문, 14면.

음에 대한 억제정책과는 맞지 않는다. 전자어음관리기관에 대한 문제점으로는 전자어음을 관리하는 중앙관리기구 및 시행기관 등이 제기능을 하지 못할 때 예기치 못한 비용이 증가할 수 있다.

전자어음법이 시행됨에 따라 동법시행령 제12조제5항에 의하여 법무부로부터 전자어음을 관리하는 중앙관리기구는 금융결제원이 전자어음기술지원 사업자는 한국슈퍼체크㈜로 지정되었다. 전자어음은 충분한 실험이나 검증이 부족한 상태에서 사용되기 때문에 발생 가능한 문제점을 모두 예상하기 어려우며 전자어음기술지원 사업자 등이 신설 벤처기업이기 때문에 사용자들의 외면을 받아 유동성 위기가 생길 수 있으며 관리기관의 예기치 못한 네트워크 장애 발생 시 예기치 못한 법적 문제가 발생할 가능성이 있다. 보안성이 확보된 전자문서 등도 위·변조의 가능성이 있고 해킹이나 크래킹 등의 위험에 무방비로 노출될 수 있는 등의 문제점이 미해결된 상태이다. 상법과 어음법 등을 종합적으로 고찰하여, 신중하게 접근하여야 하며44) 계속적인 연구와 보완이 필요하다.

2) 電子金融去來法案

(1) 電子金融去來法案 立法背景

CD / ATM, 컴퓨터 등을 통한 자금이체가 활발히 이루어짐에 따라 1993년과 1997년 가칭 전자자금이체법 제정을 위한 논의가 있었으나, 1997년 6월 금융개혁위원회는 전자지급결제 등 전자금융의 발전 추이를 좀 더 지켜본 후 입법하는 것이 바람직하다는 의견을 제시하여 입법을 추진하는 대신 금융기관의 약관을 정비하는 방향으로 선

---

44) 정찬형, 전게서, 464면, 전자어음법의 도입에 신중한 견해를 보이고 있다.

회하였다. 그 후 전자상거래가 급속히 확대됨에 따라 전자적인 대금 결제 비중이 증가하게 되었고 전자화폐 등 새로운 지급결제수단의 종류도 날로 확산됨에 따라 업계로부터 관련 법제가 미흡하다는 지적이 있어 2001년에 국회에서 전자지급결제 관련 입법을 추진하였다. 인터넷뱅킹 등 전자금융거래 확산 및 전자화폐 등 새로운 전자지급수단의 등장, 전자금융 사고발생의 증가에도 불구하고 기존 민·상법 및 금융관련 법률로는 전자금융거래의 전자적 특성으로 인한 제반 법적 문제의 명확한 규율에 한계를 느끼게 되었다. 금융과 통신의 융합현상이 진전되고 있으나 통신회사 등 비금융기관이 수행할 수 있는 금융업무 범위가 모호하고 이에 대한 감독장치가 미비한 이유로 제정이 추진되었다.45)

2001년 10월 당·정협의에서 지급결제는 금융제도·정책과 밀접하게 관련되므로 정부가 전자금융에 관련 법률을 2002년 중 국회에 제출하기로 합의하였고 이후 재정경제부 주관으로 금융감독위원회, 한국은행, 정보통신부, 금융결제원, 한국금융연구원 등 관계기관의 실무자를 중심으로 전자금융법 제정 작업을 추진하였다. 2002년 9월 12일 한국금융연구원은 실무 작업반의 法律要綱을 중심으로 전자금융거래법 제정방향에 대한 공청회를 개최하였고, 2002년 10월 재정경제부는 업계와 전문가의 의견을 수렴한 전자금융거래법을 입법 예고하였다. 2003년 8월 15일 전자금융거래법안이 마련되어, 국회에 제출, 재정경제위원회에 계류되었지만 금융업계의 반발로 제16대 국회가 종결되면서 자동폐기가 되었다. 2004년 8월 30일 동 법률제정안을 재입법 예고하였으며 전자금융거래법안은 2005년 6월 임시국회에서 재상정 심의를 거쳐 통과되면 이후 하위 법령을 제정하고 이르면 2005년 하반기에 시행될 예정이다. 2005년 인터넷뱅킹 시스템 해

---

45) 「전자금융거래법 제정방향(공청회 자료)(한국금융연구원, 2002), 5면.

킹사고 후 안전한 전자금융거래를 위한 법률제정의 필요성이 강조되고 있어 더욱 법 제정에 가속도가 붙을 전망이다.46)

(2) 電子金融去來法案 主要內容

전자금융거래법안의 주요내용으로는 전자금융거래의 기본요소(전자문서, 접근장치 등)·기본절차(거래 내용 확인, 오류정정 등)를 명확히 하고 전자화폐 등 새로운 전자지급수단에 의한 금융거래관계를 규율하였으며, 전자금융 사고 시 책임관계를 명확히 하기 위하여 접근장치의 위·변조 또는 해킹 등에 의한 전자적 사고로 발생한 손해에 대해서는 원칙적으로 금융기관·전자금융업자등의 책임부담을 명시하였다.

전자금융업의 건전한 발전을 위해 비금융기관으로서 전자금융업을 영위하는 자(전자금융업자)의 업무범위 등을 체계화하고 전자금융업자에 대한 감독·검사의 법적 근거를 마련하였으며, 금융기관·전자금융업자 등은 계약체결 시 약관을 공개토록 하여 이용자의 이의제기 또는 손해배상 문제 처리를 위해 자체 분쟁처리절차를 마련토록 하는 등 이용자 보호를 강화하였다.47)

전자거래기본법은 다른 법률에 특정한 규정이 없는 한 전자문서에 의하여 이루어지는 모든 거래에 대하여 이를 적용한다.48) 전자거래기본법에 의하면 전자문서는 다른 법률에 특별한 규정이 있는 경우를

---

46) 「전자금융거래법 임시국회 통과여부 관심」(아이뉴스, 2005.6.12).

47) 전자금융거래법의 핵심은 전자금융업무의 종류에 따라 사업자별로 진입요건(허가, 등록, 등록면제 등)을 두는 것과, 각 사업자별로 의무를 부과하는 것(사고 시 손실책임 등), 소비자 피해보상 관련 금융기관의 무과실입증책임을 규정한 것이다. 「전자금융거래법 제정안 입법예고」(재정경제부 보도자료, 2004.8.30).

48) 전자거래기본법 제3조.

제외하고는 전자적 형태로 되어 있다는 이유로 문서로서의 효력이 부인되지 아니한다고 규정하여 전자문서에 서면과 같은 법적 효력을 부여하고 있다.[49] 전자금융거래법안 제4조제2호[50]에 의하면 새로운 입법이 없이는 선하증권을 비롯한 유가증권은 전자문서에 의할 수 없음을 명시적으로 규정하고 있다. 따라서 동 법안이 수정 없이 국회를 통과하게 된다면 상법이나 별도의 독립법으로 電子船荷證券의 발행 및 유통에 대해서 규정을 해야 전자문서의 법적 효력을 명확히 인정받을 수 있다. 동 법안은 전자어음법과 같이 전자금융거래법에 의거 電子船荷證券法의 제정에 중요한 계기를 마련해 줄 것이다.

(3) 問題點

전자금융은 정보통신과 금융이라는 2개의 서로 다른 영역이 결합하여 만들어진 산물이며 이러한 전자금융을 규제하기 위한 법이 전자금융거래법이다. 따라서 법안의 반영에서 각 영역의 입장을 조율하는 문제가 발생한다. 전자금융거래법에서는 통신업체가 고객정보를 활용할 때의 규제 및 고객정보보호, 프라이버시 침해 등에 대해서 좀 더 구체적으로 논의할 필요가 있다. 이메일뱅킹과 ARS이체가 전자지급거래인가 전자금융거래인가 논란이 있어 법안의 명칭이 자금이체법인지, 전자금융거래법인지 이견이 있을 수 있고 전자금융거래법상의 적용범위에 대한 문제가 발생할 수 있다. 또한 금융거래를 하는 주체들과 금융기관과의 권리·책임분담에 대한 관계가 문제가 되고 전자금융거래의 대상이 되었을 때 정당한 주의의무를 다하였는지 여부에 대하여 구체적인 규정의 정비가 필요하다.

---

49) 전자거래기본법 제4조.
50) 전자금융거래법안 제4조제2호 어음·수표 등 대통령령이 정하는 유가증권은 이 법과 다른 법률에 특별한 정함이 없으면 전자문서에 의할 수 없다.

3) 貿易業務自動化促進에關한法律改正案

(1) 立法背景

"무역업무자동화촉진에관한법률"은 1991년 법률 제4479호로 제정·공포되었다. 이 법률은 이듬해인 1992년 7월 1일 발효되었고 1993년 3월 6일 법률 제4541호로 개정되었다. 이 법은 제정 당시 세계최초로 EDI를 법제한 성문법으로 주목을 받았다. 구성은 크게 7장으로 구성되어 있으며 강행법으로서 효력을 갖기 위해 보칙과 벌칙을 두고 있다. 중심이 되는 규정은 제4장 전자문서의 표준화 및 효력에 관한 조항으로 여기에는 전자문서의 형식의 효력, 전자서명의 효력, 전자문서의 도달시기, 전자문서의 내용의 효력 등이 규정되어 있다. 2004년 11월 20일 산업자원부에서는 무역업무자동화촉진에관한법률 개정안(이하 "무역업무자동화촉진법 개정안"이라 한다)을 입법 예고한 상태이다. 동법은 아직 입법이 되지 않은 상태이며 2005년 2월 일부만 개정되었다.[51] 개정이유는 무역규모의 지속적인 확대와 인터넷의 확산 등 급변하는 IT환경과 글로벌무한경쟁시대에 대응하여 현행 무역자동화망을 통해 무역단계별로 이루어지는 현행 '무역업무자동화'를 해외마케팅부터 수출입요건확인, 외국환 업무, 수출입 물류, 수출입 통관, 수출입 대금결제까지 모든 무역업무를 인터넷 등의 정

---

51) 무역업무자동화촉진에관한법률 제4조(지정신청 등) ① 영 제7조제1항의 규정에 의하여 지정사업자로 지정을 받고자 하는 자는 별지 제1호 서식에 의한 지정사업자지정신청서(전자문서로 된 신청서를 포함한다)에 다음 각호의 서류(전자문서를 포함한다)를 첨부하여 산업자원부장관에게 신청하여야 한다. 다만, "전자정부구현을 위한 행정업무 등의 전자화촉진에 관한 법률" 제21조제1항의 규정에 따른 행정정보의 공동이용을 통하여 첨부서류에 대한 정보를 확인할 수 있는 경우에는 그 확인으로 첨부서류에 갈음할 수 있다. <개정 1999.4.2, 2005.2.2>

보통신망을 사용하여 전자문서로 처리할 수 있도록 하는 '전자무역'으로 혁신함으로써 무역업무의 처리시간과 비용을 절감하여 우리나라 무역업계의 국제경쟁력을 향상하기 위해서이다.[52]

(2) 主要內容

현행 "무역업무자동화촉진법"에 의한 무역업무자동화는 무역업자와 무역유관기관이 무역자동화망을 통해 무역절차별 일대일 전자문서를 주고받는 것을 의미할 뿐이어서, 인터넷 등을 통한 다자 간의 유통을 포함하지 못한다. 따라서 전자무역으로 개념을 전환하기 위해서는 동법을 개정하여야 한다. 법률의 명칭을 "무역업무자동화촉진에관한법률"에서 "전자무역촉진에관한법률"로 개정하고, 법률의 목적도 '무역업무의 자동화를 촉진'하는 것에서 '모든 무역절차에 있어 단절 없는 전자무역의 기반을 조성하고 그 활용을 촉진하는 것'으로 변경하였다. 전자무역에 대한 법률의 명칭 및 목적을 명확히 함에 따라 변화된 무역환경에 맞게 무역 프로세스의 혁신과 전자무역의 확산을 통해 우리나라 무역업계의 국제경쟁력을 크게 강화시키기 위해서이다.[53]

현행 전자무역자동화망으로서는 인터넷의 확산 등의 정보통신기술의 발전을 반영하기 어려우므로 이러한 기술발전을 반영할 수 있는 전자무역의 인프라로써 전자무역기반시설의 구축이 필요하다. 전자무역기반시설을 통해 첫째, 무역유관기관과 체계적으로 연계하여 전자무역문서의 중계·보관·증명 등의 업무를 수행토록 하고 둘째, 전자무역문서의 유통에 있어 전자무역기반시설이 신뢰할 수 있는 제3자의 역할을 수행하고 셋째, 모든 무역유관기관을 연계함에 따라 제

---

52) http://www.news.go.kr, 산업자원부 공고 제2004-224호.
53) 무역업무자동화촉진에관한법률개정안 제1조.

반 무역절차를 전자무역문서로 수행이 가능하도록 하고 있다.[54] 무역업무자동화를 전자무역으로 전환함에 따라 현행 무역자동화사업자 지정한 제도를 모든 무역절차에서 단절 없는 전자무역의 수행이 가능하도록 하는 전자무역기반사업자 지정제도로의 개선이 요구된다. 전자무역기반시설은 국가인프라로서 동 시설의 구축 및 운영은 공공성·중립성이 확보되어야 하므로, 이를 담보할 수 있는 사업자의 기준을 설정하여 전자무역기반사업자를 전담사업자로 지정하여야 한다.[55] 전자무역기반시설 구축 및 운영을 위한 전담사업자를 지정함으로써 국가인프라 중복투자 및 운영의 비효율성을 방지하기 위해서이다.[56]

무역업자와 무역유관기관의 전자무역기반시설 이용을 통해 무역절차의 간소화, 신속화 및 비용의 절감이 필요하며 반복하여 유통되는 무역문서 중 대통령령으로 정하는 문서를 전자문서의 방식으로 사용하고자 하는 경우 전자무역문서는 전자무역기반시설을 통하도록 하고, 무역유관기관은 대통령령이 정하는 무역업무에 대해 기반사업자의 업무와 연계하도록 하고 있다. 전자무역문서의 단절 없이 신속한 제3자 유통을 가능케 함으로써 무역업무의 간소화 및 무역비용의 절감이 기대된다.[57]

---

54) 무역업무자동화촉진에관한법률개정안 제2조제6호.

55) e트레이드 코리아 실현을 위해 기존의 전자무역 인프라(VAN EDI)를 업그레이드하여 '3세대 e트레이드 플랫폼'을 구현하는 방향으로 밑그림이 그려졌다. 이를 운영할 기관으로 사실상 한국무역정보통신이 확정돼 전자무역문서의 보관과 유통의 운영까지 담당하게 되었다. 산업자원부에서는 'e트레이드 플랫폼을 구성하는 데 기존 인프라를 활용하고 새로운 기능을 추가하려면 약 300억 원이 소요될 전망이지만, 기존 인프라까지 새롭게 구축할 경우 150억~200억 원의 추가소요비용을 감안할 때 약 450억~500억 원이 필요해 참여기관의 동의하에 이같이 결정했다'고 한다. 「e트레이드 코리아 구현」(전자신문, 2004.6.8.).

56) 무역업무자동화촉진에관한법률개정안 제7조.

57) 무역업무자동화촉진에관한법률개정안 제14조.

전자무역의 활성화를 위하여 전자무역기반시설을 이용하여 중개알선, 온라인 해외마케팅, 전자무역 대행, 전자무역문서의 표준화 지원, 전자무역에 관한 무역업자의 교육, 홍보 등 무역업체에 전자무역 서비스를 전문적으로 제공할 업체를 육성할 필요성이 있으며 현행 대외무역법상의 전자무역중개기관 관련 조항[58]을 동법으로 이관하도록 하고 있다. 한편, 전자무역 서비스 전문제공업자에 대한 지원을 통해 전자무역에 대한 투자여력이 부족한 중소기업에게 전자무역 서비스를 제공할 수 있도록 하여 중소기업의 전자무역 및 온라인 시장개척에 도움을 주도록 하고 있다.[59]

(3) 問題點 및 小結

"전자무역자동화촉진에 관한 법률 시행령"에 의해 한국무역정보통신이 12년간 전담사업자로 선정돼 플랫폼(platform)을 총괄 구축·운영하는 것에 대하여 그동안 무역유관업계로부터 비용문제 등 독점의 폐해에 대한 지적이 많았다.[60] "무역업무자동화촉진법 개정안"에서 특정업체의 지정에 대하여 관련 업계에서 많은 반발의견을 보이고 있다. 기존에는 전자문서교환업무 중에서 상업·통관부문은 한국무역정보통신(KTNET)이 물류·운송부문은 한국물류정보통신(KL-NET)으로 나뉘어 시스템을 구축 운영하고 있었는데 이를 한국무역정보통신으로 일원화한 것이다. 각 선사들이 중앙 시스템에 보관 중인 선하증권의 정보와 외부(전자무역기반사업자)에 보관된 선하증권의 내용이 다를 경우 어느 것을 '원본'으로 인정할 것인가 하는 법적 문제와 외국적 선사의 경우 글로벌 전자선하증권 시스템과 한국 기반사

---

58) 대외무역법 제9조의4·제9조의5.

59) 무역업무자동화촉진에관한법률개정안 제24조.

60) 이를 어길 경우에는 '5년 이하의 징역 또는 5천만 원 이하의 벌금'에 처해진다.

업자 등과의 연계가 현실적으로 어렵다. 자체 정보망을 통해 電子船積指示書, 電子船荷證券 등을 처리하고 있는 해운선사들의 경우 이를 전면 개편할 경우 시간 및 비용증가는 물론 영업상 비밀이 노출될 가능성이 있다. 선주협회는 "기본적으로 민간회사의 전자문서에 대해 정부가 강제적으로 특정사업자를 이용토록 하는 것 자체가 시대착오적 발상"이라며 이는 독점 폐해로 인한 사용자의 불편 및 비용증대로 이어져 서비스의 질이 더욱 떨어질 것이라고 주장하고 있다. 또한 동법 개정안 중 "전자문서의 '중계'기능은 일정시설과 노하우를 갖춘 기존 사업자에 대해 복수로 사업권을 부여하고 '보관 및 증명'부문은 업무 특성상 한국전산원과 같은 별도의 공공기관에서 수행하는 것이 타당하다"며 관련 조항의 수정과 폐지를 해양수산부에 건의하였다. 특히 은행관련 업무가 한국무역정보통신이 구축하는 플랫폼에 포함되어 전자무역 시스템으로 전환된다면 수출입 관련 은행의 고유 업무가 한국무역정보통신에 예속될 가능성이 있으므로 은행들은 관련 전자무역 시스템을 한국무역정보통신 플랫폼에서 독립시켜 금융결제원이 운영하는 방안을 제시하고 있다.[61]

---

61) 「전자무역촉진법 반발 확산-산자부, 문서 중계 등 특정 회사 이용 강제화, 해운선사, 영업비밀 노출·서비스 저하 우려」(부산일보, 2005.4.17).

第5章
電子船荷證券法私案

1. 序　說

　　電子船荷證券이 종이선하증권과 동일한 기능을 수행하기 위해서는
별도의 입법이 필요하다. 볼레로型 電子船荷證券은 국적을 달리하는
당사자 사이에서 형성이 되는 경우가 많기 때문에 이와 관련한 입법
은 볼레로型 電子船荷證券의 발행과 유통에 있어서 제도와 조화되면
서 효력을 담보하고 거래당사자 간의 법률관계를 명확히 할 수 있는
방향에서 접근이 필요하다. 電子船荷證券에 대한 규정을 신설하여
해상법으로 편입하는 방법이나 電子船荷證券을 종이선하증권과 법적
효력의 동질성을 인정으로 하는 것만으로는 근본적인 해결책이 될
수 없다. 단순히 운송인은 상법 제813조의 선하증권 대신에 그와 동
일한 효력이 있는 電子船荷證券을 발행할 수 있다는 규정을 신설하
는 방법에는 한계점이 있다. 기존의 종이선하증권의 아날로그 방식
또는 오프라인 방식의 업무처리를 위해 제정되었으며, 이러한 수정접

근법은 필요한 부분은 규정할 수 있지만, 이 역시 규약집의 한계처럼 발생 가능한 다양한 상황을 예측할 수는 없다. 그래서 어느 한 부분은 전자적 방식의 업무처리가 가능하도록 법규가 개정되었지만 이와 연관된 다른 부분은 여전히 과거의 오프라인 방식의 업무처리를 합법적인 것으로 규정하고 있는 등의 불일치가 생긴다. 결정적으로 기존에 제정되어 있는 법의 일부분을 수정하는 것에 그치기 때문에 볼레로型 電子船荷證券의 구현에 필요한 사안 전체를 포괄하지는 못한다. 電子船荷證券을 대상으로 거래를 하는 경우 손해가 발생하였을 경우 보상받을 수 있는 청구권의 확보와 구체적인 해결절차를 규정하기 위해서는 별도의 법을 제정하는 것이 훨씬 효과적이다.

電子船荷證券의 안정성 있는 구현을 위하여 학자 및 업계에서 다양한 노력을 하고 있고, 정부는 전자무역의 환경조성을 위하여 선하증권의 전자화를 법적으로 지원하기 위한 방안을 마련하기 위해 다각적으로 검토하고 있다. 2002년 4월에 민간전자무역위원회가 구성되어 6개의 워킹그룹(working group)을 구성하였다.[1] 민간전자무역위원회는 무역협회 내에 설치되어 있고 위원 중 일부는 국가전자무역위원회에도 참여하고 있다. 민간전자무역위원회 세부과제 속에 電子船荷證券의 도입을 위한 기반조성사업 추진이 과제로 설정되어 있어서 電子船荷證券을 도입하기 위해 프로젝트팀을 구성함은 물론 韓·日間 電子船荷證券 도입 시범사업을 추진하고 있다.[2] 2002년 7월 7일 제4차 電子船荷證券 프로젝

---

1) 민간전자무역추진위원회의 위원장은 국무총리이며 실무위원회 위원장은 산업자원부차관이다. 또한 위원회는 플랫폼, 금융, 물류통관, 법제도, 마케팅, 파일럿 워킹그룹(working group) 등으로 구성되어 있다. 전자무역의 추진 주체로는 산업자원부, 정보통신부, 관세청, 재정경제부, 국세청, 금융결제원, 무역협회, 은행연합회, 전자무역추진위원회, 전자거래진흥원, 한국무역정보통신, 한국물류정보통신, 선주협회 등이다. 민간전자무역위원회에서는 특히 무역단계별 전자무역 활용을 위한 분위기 조성, 전자무역을 추진하기 위한 제도개선 및 대정부 건의, 국가전자무역위원회의 사무국 역할을 담당하고 있다.「선하증권 전자화 도입된다」(카고뉴스, 2004.7.16.).

트팀 회의에서는 일본 테디(TEDI) 시스템을 통한 전자상거래의 상용화
는 문제가 있다고 판단하여 볼레로 시스템을 활용하거나 다른 방법들을
연구하기로 하였다. 범국가 차원의 전자무역의 추진필요성에 대한 업계
의 제안에 따라 2003년 7월 19일 전자무역 추진의 기본방향 및 종합계
획 수립, 전자무역 추진 관련 부처·기관 간 업무 협력·조정, 전자무역
관련 법·제도의 정비 및 개선, 기타 전자무역 추진과 관련된 주요사항
을 협의하기 위하여 국가전자무역위원회가 구성되었다.[3]

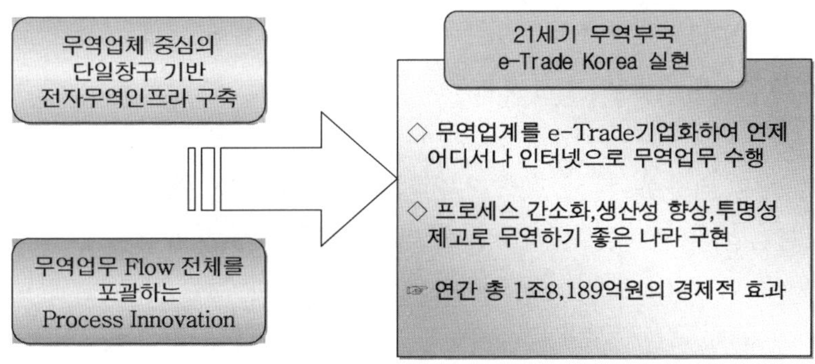

자료: 2004.9 무역협회 자료 발췌.

[그림5-1] 電子貿易革新計劃案의 主要內容

---

2) 정진대, "정부의 전자무역 지원방향", 「2003년도 제1회 e-Trade 산학연 종
   합포럼 및 동계정기학술발표대회」(한국통상정보학회, 2003), 3면; 이상진,
   "민간전자무역추진위원회의 역할과 과제", 「2003년도 제1회 e-Trade 산학
   연 종합포럼 및 동계정기학술발표대회」(한국통상정보학회, 2000), 15면;
   이상록, "21세기 글로벌 무역강국 실현을 위한 전자무역 Vision", 「Global
   e-Trade 추진전략 세미나」(한국무역정보통신, 2002), 33면; 최석범·신인
   광, "한국에서의 電子船荷證券 운용을 위한 종합계획 수립에 관한 연구",
   「통상정보연구」 제6권 제1호(통상정보학회, 2004), 146면.

3) 국가전자무역위원회는 국무총리를 위원장으로 하고 관련 부처 장관 및
   민간전문가 20명 이내로 구성이 되며 산업자원부 무역투자실장이 간사를
   맡아 운영된다. 정부위원으로는 산업자원부, 재정경제부, 외교통상부 등이
   있으며 민간위원으로는 한국무역협회장, 대한무역투자진흥공사(KOTRA)
   사장 등으로 구성되어 있다. http://www.etrade-kita.net.

2004년 1월 대한민국 산업자원부와 일본경제산업성은 '한·일 간 서류 없는 무역(paperless trading) 협력사업'의 본격적인 확산을 위한 정책적·기술적 협의를 위해 「제3차 한·일 서류 없는 무역민관 실무협의회」를 개최하였다. 양국 간 협력사업의 추진에서는 電子船荷證券의 구현이 서류 없는 무역 실현에 핵심요소임을 인식하고, 민간 차원에서 電子船荷證券 관리 시스템 구축을 위한 시범사업의 추진을 협의하였다.4) 2005년 1월 13일 전자무역활성화를 위한 電子船荷證券의 역할과 과제를 논의하기 위한 '전문가 초청 電子船荷證券 세미나'가 민간전자무역추진위원회와 한국무역협회(KOTRA), 한국무역정보통신(KTNET) 공동주관으로 개최하는 등 활발한 활동을 보이고 있다.

2005년 법무부 역시 각종 무역서류의 전자화를 위해 민·상법 혹은 관련법의 개정을 준비하고 있다. 선하증권의 위기상황에 대하여 가장 효과적인 대안은 선하증권의 전자화이다. 선하증권을 단순히 전자문서로 구현한 것이 아니라 실물선하증권이 가지는 권원증권적 기능을 전자적인 기술로 구현한 電子船荷證券에 권원증권적 지위와 유통성을 부여하기 위해서는 법 개정 혹은 입법이 필요하다.

많은 학자들과 실무에서 논의된 해상법을 개정하는 방법, 해상화물운송장에 대한 조문을 신설하는 방법 등을 살펴보았지만 電子船荷證券의 표준으로 발돋움한 볼레로型 電子船荷證券을 문제없이 운용하기에 미흡하다. 전자어음이나 전자수표와 관련, 2002년 10월 재정경제부가 입법 예고한 "전자금융거래법안"에 의하면 어음, 수표, 기타 대통령령이 정하는 유가증권의 경우에는 법령의 규정 없이는 전자문서에 의할 수 없도록 규정5)하고 있다. 따라서 동 법안에 따르

---

4) 「한·일 간 서류 없는 무역사업」(산업자원부 보도자료, 2004.1.30).
5) 정경영, "어음의 전자화에 따른 법적 문제점 고찰", 「비교사법」 제10권 제1호(한국비교사법학회, 2003), 14면.

면 전자어음 및 전자수표가 발행·유통되기 위해서는 별도의 법률제정이나 어음·수표법의 개정이 요구된다. 이러한 논리의 연장선상하에서 세계최초로 2005년 1월에 전자어음법이 전면적으로 시행되게 되었다. 유가증권의 특성상 이러한 법리가 電子船荷證券에도 동일하게 적용된다고 생각해 보면, 電子船荷證券의發行및流通에關한法律의 도입이 타당하다. 이에 본 논문에서는 전자선하증권이 안정된 법적 기반하에 운용될 수 있도록 전자선하증권에 대한 별도의 특별법인 電子船荷證券의發行및流通에關한法律私案6)(이하 "電子船荷證券法私案"이라 한다.)을 제시하고자 한다. 주요내용과 골자는 2005년 1월부터 시행되는 전자어음법을 근간으로 제안하였음을 밝혀둔다. 급변하는 무역정세 등에 맞게 학계와 실무계의 검토, 의견수렴을 거쳐 계속 동 법안을 보완·수정하여야 한다.

2. 電子船荷證券法私案의 制案理由 및 立法例

인터넷을 통한 전자거래가 보편화되고 국제무역 간에서도 전자상거래가 활성화되었지만 송하인, 운송인, 수하인이 주체가 되는 국제물품운송에서는 매우 복잡하고 비경제적인 유통과정을 그대로 답습한 나머지 운송물품보다 해당 종이선하증권이 늦게 도착되는 등 선하증권의 위기현상이 빈번하게 발생하고 있다. 이에 대한 해결책으로 많은 방법이 제시되었지만 성공을 거두지 못하고 사라졌으며 선하증권을 전자화시키는 방법이 대안으로 제시되었다. 대표적인 電子船荷證券의 형태로 기반을 잡은 형태가 볼레로型 電子船荷證券이

---

6) "電子船荷證券法私案"이라 명명한 이유는 전자어음법을 근간으로 電子船荷證券法에 대한하여 전적으로 필자의 견해를 반영하였기 때문이다.

다. 볼레로型 電子船荷證券을 도입한다면 금융기관은 서류전달의 신속화와 전달비용의 절감, 무역서류의 처리효율의 향상과 점검작업의 간소화, 전자화로 인한 보존의 일원화 위조 및 변조의 방지의 효과가 있으며 수출입 업자는 서류관리비용의 절감, 신속하고 신뢰 가능한 물품의 인도, 신속한 대금결제, 통신비용의 절감과 신용장거래에서의 실수감소와 비용절감이 있으며 운송기관은 서류작업의 실수율과 저렴한 비용으로 대조가 가능하며 인력비용이 감소하는 효과를 얻을 수 있다.

電子船荷證券의 현재 법적 지위는 종이선하증권과는 달리 권원증권성 및 유통성 등에 대해서 확실한 보호를 받지 못하고 있다. 따라서 국제무역에는 무역서류의 전자화가 급속도로 진행되고 있지만, 법적으로 불안정한 상태에 있기 때문에 그 사용을 기피하고 있는 실정이다.

電子船荷證券이 안정된 법적 기반 내에서 유통이 보장될 수 있도록 하는 입법이 필요하다. 하지만 현행해상법은 종이선하증권을 전제로 하여 제정이 되어 있기 때문에 電子船荷證券 등이 급속도로 확산되는 국제무역정세와 우리 현실에 맞는 입법이 요구된다. 電子船荷證券法私案은 선하증권의 전자화에 대한 본 논문의 입법적 결과물로서 電子船荷證券을 국제무역의 전자상거래에서 안정되게 사용이 가능하도록 하여 전자화를 통한 비용의 절감, 국제전자무역에서 선진 해운국으로 발전하는 기틀을 마련하고자 하는 데 도입취지가 있다.

3. 電子船荷證券法私案 主要內容

1) 電子船荷證券法私案의 制定目的과 法的 地位

電子船荷證券法私案은 전자적 방식으로 선하증권을 발생·유통하고 선하증권상의 권리를 행사할 수 있게 하기 위한 기본적인 사항을 규정함으로써 해운 및 무역거래의 원활과 신속성을 도모하는 데 목적이 있다(안 제1조). 電子船荷證券法私案은 이 법에 규정되어 있는 경우를 제외하고는 상법이 정하는 바에 의한다고 규정하여 전자어음법과 어음법의 관계와 같이 상법의 특별법적인 지위를 부여하고 있다(안 제4조).

2) 電子船荷證券의 意義와 法的 性質

電子船荷證券이란 '전자문서로 작성되고 電子船荷證券 관리기관에 등록된 선하증권을 말한다.'(안 제2조제2항). 전자문서란 '정보처리 시스템에 의하여 전자적 형태로 작성, 송수신 또는 저장된 정보'를 뜻하며 정보처리 시스템이란 '전자문서의 작성, 송수신 또는 저장을 위하여 이용되는 정보처리능력을 가진 전자적 장치 또는 체계'를 말한다.7) 電子船荷證券은 증권을 작성하지 않고 電子船荷證券기관에 등록되어 관리되며(안 제5조제1항) 電子船荷證券의 배서 또는 권리의 행사는 전자문서에 의하여서만 할 수 있다(안 제5조제4항).

電子船荷證券은 전형적인 유가증권이 아니라, 장부증권 전자적 권리표창이론 전자적 등록증권, 주권 또는 채권을 전자증권화한 전자

---

7) 전자거래기본법 제2조제1호·제2호.

증권제도(electronic securities system)와 유사하다. 전자매체 기억자료 서면에 의하여 재현이 가능하고, 전산 시스템의 안정성, 보안성, 진정성이 확보된다면 새로운 권리표창의 방식으로 인정할 수 있다. 電子船荷證券은 완전한 유가증권성을 지닌 선하증권을 전자적인 방법으로 구현하기 위해, 유가증권으로서의 효력을 법적으로 부여하고자 하기 위한 목적으로 발생한 것임을 고려해 볼 때 유가증권에 관한 규정이 적용되어야 할 것이다. 電子船荷證券은 형법의 적용에 있어서는 유가증권으로 본다(안 제18조제4항).

3) 電子船荷證券의 發行

電子船荷證券의 발행을 위한 기재사항은 다음과 같다. 상법 제814조제1호~제10호에 정하는 사항과 電子船荷證券을 발행하는 전자선하증권관리기관에 대한 내용이다. 電子船荷證券에만 있는 필요적 기재사항으로 다른 電子船荷證券과 구별할 수 있는 특정한 정보인 電子船荷證券의 동일성을 표시하는 정보이다(안 제6조제1항). 발행인이 電子船荷證券에 공인전자서명을 하는 경우에는 상법 제814조제1항의 기명날인 또는 서명이 있는 것으로 본다(안 제6조제2항). 공인전자서명이란 전자서명생성정보가 가입자에게 유일하게 속하고, 서명 당시 가입자가 전자서명생성정보를 지배·관리하며, 전자서명이 있은 후에 당해 전자서명에 대한 변경을 확인할 수 있고, 전자서명이 있은 후에 당해 전자서명문서의 변경여부를 확인할 수 있음의 요건을 갖추고, 공인인증서에 기초한 전자서명을 말한다.8) 공인인증서는 "電子署名法" 제15조의 규정에 따라 공인인증기관이 발급하는 인증서'를 말하고 전자서명이란 '서명자'를 확인하고 서명자가 당해 전자문서에

---

8) 전자서명법 제 2조제3호.

서명을 하였음을 나타내는 데 이용하기 위하여 당해 전자문서에 첨부되거나 논리적으로 결합된 전자적 형태의 정보를 말한다.

발행인이 타인에게 시스템을 사용하여 電子船荷證券을 송신하고, 타인이 전자거래기본법 제6조에 의거 수신한 때에는 電子船荷證券을 발행한 것으로 본다(안 제6조제3항). 電子船荷證券을 발행하는 자는 당해 電子船荷證券을 電子船荷證券管理機關에 등록하여야 한다(안 제5조제1항).

4) 電子船荷證券의 背書

電子船荷證券에 배서를 하는 경우에는 電子船荷證券에 배서의 뜻을 기재한 전자문서를 첨부하여야 하며(안 제7조제1항) 이 배서전자문서에는 電子船荷證券의 동일성을 표시하는 정보를 기재하고 배서인이 공인전자서명을 하여야 한다(안 제7조제2항).

電子船荷證券 관리기관은 電子船荷證券에 첨부할 이러한 배서전자문서를 電子船荷證券과 일체가 된 문서로 하고 電子船荷證券과 분리할 수 없도록 하여야 한다. 피배서인이 다시 배서를 하는 경우에는 電子船荷證券에 이전에 작성된 배서전자문서를 첨부하고 위의 배서를 하여야 한다(안 제7조제4항). 배서인은 電子船荷證券과 배서전자문서를 전자거래기본법에 따라 피배서인에게 송신하고 또한 피배서인이 이를 수신한 때에는 상법 제133조의 규정에 의한 배서 및 교부가 있는 것으로 본다(안 제7조제2항).

5) 運送物의 引渡와 電子船荷證券의 消滅

電子船荷證券의 소지인이 전자문서를 첨부하여 운송물의 인도를 청구하고, 인도청구의 뜻이 기재된 전자문서를 電子船荷證券管理機關이 수신한 때에는 電子船荷證券 소지인은 상법 제129조에서 규정한 운송물의 인도를 청구할 수 있다. 電子船荷證券의 운송물의 인도를 위한 송신과 수신의 시기는 전자거래기본법에 의한다(안 제8조).

電子船荷證券의 소멸은 안 제8조제1항의 규정에 의한 운송물의 인도를 받은 때 電子船荷證券管理機關의 정보처리조직에 의하여 운송물과 상환이 완료된 경우 電子船荷證券은 소멸한 것으로 본다(안 제9조).

電子船荷證券을 발행 또는 배서한 자가 착오 등을 이유로 電子船荷證券을 반환받고자 하는 때에는 그 소지인으로 하여금 電子船荷證券管理機關에 반환의 뜻을 통지하게 하여야 하며, 電子船荷證券管理機關은 당해 電子船荷證券의 발행 또는 배서에 관한 기록을 말소하여야 한다(안 제10조제2항).

電子船荷證券의 수신자가 電子船荷證券의 수령을 거부하고자 하는 경우에는 그 수신자는 전자선하증권관리기관에 그 뜻을 통지하여야 한다. 통지가 도달하면 電子船荷證券은 수령하지 않은 것으로 되며 수신자의 청구가 있을 경우 電子船荷證券管理機關은 수령을 거부한 사실을 증명하는 문서를 발급하여야 한다(안 제10조제3항).

6) 電子船荷證券管理機關 및 管理機關의 監督

電子船荷證券管理機關이란 '電子船荷證券에 관한 사항을 처리하기 위하여 중앙행정부서의 지정을 받은 기관'을 말한다(안 제2조제4

호). 電子船荷證券의 발행 및 권리행사를 관장할 기관은 중앙행정부서의 장이 정하는 자격요건을 갖춘 기관으로 하고 電子船荷證券에 관한 거래의 안전을 확보하고 지급의 확실성을 보장할 수 있도록 電子船荷證券거래의 전자적 전송·처리를 위한 인력, 시설, 전자적 장치 등에 관하여 대통령령이 정하는 기준을 준수하도록 하고 있다.

電子船荷證券管理機關은 電子船荷證券에 관한 거래의 안전과 지급의 확실성을 보장하기 위하여 대통령령이 정하는 기준을 준수하여야 하는 안전성 확보의무(안 제11조)와 電子船荷證券의 거래기록의 생성 및 보존을 할 의무를 부담한다(안 제12조). 電子船荷證券去來의 정보제공의무, 電子船荷證券約款의 명시의무(안 제14조)와 분쟁처리에 대한 절차와 방법 등을 명시하여야 한다(안 제15조).

중앙행정부서의 장은 電子船荷證券管理機關에 대하여 電子船荷證券法 또는 이 법에 의한 명령의 준수여부를 감독하고 電子船荷證券管理機關의 지정을 취소할 수 있다(안 제17조).

7) 罰則과 過怠料

電子船荷證券에 의한 거래의 안전과 이용자를 보호하기 위하여 電子船荷證券法私案은 다음과 같은 벌칙과 과태료에 대하여 규정하고 있다.

벌칙으로는 지정을 받지 아니하고 전자선하증권관리업무를 한 자, 등록을 하지 아니하고 電子船荷證券을 발행한 자, 이용자의 동의를 얻지 아니하고 電子船荷證券거래의 정보를 제공한 자, 검사를 기피하거나 방해한 자, 電子船荷證券의 위조 등의 행위를 한 자는 벌칙을 받게 된다(안 제18조).

관리기관이 안전성 기준에 위반한 자, 중앙행정기관의 장이 이용자의 자료제출을 명하였음에도 불구하고 관리기관이 정당한 사유 없이 자료를 제출하지 아니하거나 허위의 자료를 제출한 경우, 電子船荷證券의 보존의무를 위반한 경우 등은 과태료의 처분을 받게 된다(안 제19조). 중앙행정기관의 장으로부터 지정을 받은 관리기관은 특정경제범죄 가중처벌 등에 관한 법률 제2조제1호에 의한 금융기관으로 본다(안 20조).

4. 電子船荷證券法私案의 問題點 및 改善方案

약속어음과 선하증권은 유가증권으로서 동일한 법적 효력을 가진다. 어음을 전자화한 법률인 "전자어음법"과, "무역업무자동화촉진에 관한법률"의 제정에서 보듯이 우리는 전자관련 법제를 선도적으로 입법한 예가 있다. 그러나 전자어음법 등에 대한 아직 충분한 실무사례와 문제점 등이 나타나지는 않고 있으므로 전자어음법의 도입에 신중한 입장을 제시한 견해 등을 살펴보는 것은 電子船荷證券法의 제정에 있어서 他山之石이 될 수 있다. 전자어음법과 마찬가지로, 국내현실에서 電子船荷證券에 대한 충분한 사례가 부족하다는 점, 電子船荷證券을 관리하는 관리기관의 신용질서의 붕괴위험성 및 부작용으로 인한 비용의 증가 등이 예상될 수 있다. 電子船荷證券 역시 전자문서이기 때문에 해킹(hacking) 등의 위험성에 노출되어 있으며 위·변조 등의 법률문제가 발생할 수 있다.

電子船荷證券法私案에서 규정되는 전자서명과 공인인증기관은 볼레로型 電子船荷證券에서 채택하고 있는 인증기관인 베리타스에 의한 인증은 전자서명법상의 공인인증기관으로 인정받지 못하고 있기 때문에 선하증권상의 서명으로 인정되지 못할 우려가 있다. 베리타스의 전자서명기술을 전자서명법상 공인인증기관으로 지정된 한국무역정보통신에서 사용하고 있는 현실에서 매우 비합리적이다. 외국의 인증기관 등을 지정하거나 공인인증기관에 대해서 강제적인 허가제 대신 자격을 인정해 주는 보완이 필요하다. 민간공인인증으로 발전해 온 미국 등의 전자인증 선진국과 상호 호환하기 위해 공인인증기관 사이의 상호인증을 공인인증으로 인정하는 방법 등도 고려하여야 한다. 電子船荷證券法私案에서 공인인증의 문제점을 해결하기 위한 별도의 규정을 하지 않은 이유는, 공인인증과 공인인증기관 등의 효력에 대해서 규정해 놓은 기본법인 전자서명법과 상충이 되는 입법은 바람직하지 않기 때문이다. 추후 전자서명법에서 공인인증기관과 공인인증의 효력에 대한 폭넓은 검토와 보완이 필요하다. 실무적으로는 무역관련 유관기관인 대한상공회의소 등에서 공식적으로 電子船荷證券을 수용·활용하는 방안을 제시하고 권리행사 등과 관련된 장애요인을 파악하여 제거하는 노력을 하는 방안 등도 있을 것이다. 무역관계에서 실제 분쟁이 발생하는 경우 등에 전자선하증권에 대한 법원의 사실관계 인정 및 판결에 반영될 수 있을 것이다.

電子船荷證券法을 관할하게 될 중앙행정부서의 역할 또한 매우 중요하다. 電子船荷證券法을 관장하는 중앙행정부서의 결정도 정부 부처 간의 조율 및 각계각층의 다양한 의견수렴이 필요하다. 법무부에서 기업하기 좋은 환경과 국제적인 기준에 맞게 상법 및 회사법을 개정하기 위한 절차를 진행하고 있으며 電子船荷證券의 도입을 위한 상법조문의 개정을 추진하고 있다. 그러나 입법론에서 제시한 바와 같이 해상법에는 電子船荷證券의 도입에 대한 기본원칙을 정하고, 電子船荷證券을 구현하는 데 필요한 사항은 독립적인 특별법을 제정하는 것이 바람직하다고 판단된다. 국가전자무역 추진의 통일성과 효율성 제고의 측면에서, 국가전자무역위원회에서 주도적인 역할을 담당하는 산업자원부가 주무부서가 되는 것이 법의 제정과 운용

면에서 시너지(synergy) 효과를 발휘할 것이다. 전자무역은 인터넷
등 최신 정보통신기술을 사용하여 기존의 무역의 과정을 근본적으로
혁신하고 있으므로 무역과 유관된 기관 사이의 협력을 효율적으로
조율하고 관련 업무 추진 시 다양한 장애요소의 발생은 필연적이다.
정부조직법상 및 무역에 관한 법령의 소관부서가 산업자원부이고 전
자무역의 효과적인 실현화를 위해서 국가 차원의 추진체가 필수적임
을 감안하다면 電子船荷證券法 및 電子貿易을 관할하는 중앙행정기
관은 산업자원부가 되어야 한다.9)

---

9) 정부조직법 제37조(산업자원부) 산업자원부장관은 상업 무역 및 무역진
흥, 공업에너지 및 지하자원에 관한 사무를 장리한다.

第6章

結 論

　인터넷은 인류의 생활을 상상할 수 없으리만큼 변화시키고 있다. 종이문서의 전자화 물결은 무역부분에서 급속도로 진행되고 있다. 정보처리장치와 초고속 정보통신망을 이용하여 무역에서 발생하는 제 비용을 줄이는 전자무역의 시대가 도래하였다. 우리는 전자무역을 성공적으로 정착하기 위해 법·제도의 정비와 전자무역업체의 육성 등 중장기 발전방안을 추진하고 있다. 무역을 전자화하기 위해서는 단일한 플랫폼을 구축하여 통관에서 무역대금결제에 이르는 전 과정에서 전자화를 하여야 한다. 무역에서 핵심적인 서류로 사용되어 오던, 선하증권의 전자화는 전자무역에서 가장 중요한 문제 중의 하나이다.

　11세기 이후 국제무역의 중심이 되는 서류로 역할을 수행하고 있는 초고속 선박의 출현과 해상운송에서의 컨테이너 혁명 등의 문제점으로 인하여 운송물보다 지연되어 선하증권이 도착하는 선하증권의 위기상황을 맞이하게 되었다. 선하증권의 위기를 극복하기 위한 다양한 방법을 모색하고 시도한 결과로 나타난 것이 화물선취보증장을 사용한 보증도와 해상화물운송장 등이다. 그러나 여러 시행착오

끝에 선하증권의 전자화가 가장 효율적인 수단으로 인정되게 되었다. 선하증권을 단순히 전자화시켜 유통을 고려하였던 EDI는 보안과 사기의 취약성 및 전자화의 장점을 활용하지 못하여 사용자들의 외면을 받아 사라졌으며, 선하증권 위기의 대안으로 급부상한 다양한 전자선하증권 중 가장 성공적인 선하증권은 볼레로型 電子船荷證券이다. 볼레로형 전자선하증권은 가장 진보된 형태의 전자선하증권이며, 이후에 나타난 TEDI 등의 전자선하증권의 근간이 되고 있기 때문에 볼레로 시스템을 고찰하는 것은 의미가 있다. 전자무역이 활발히 추진되면서 세계 각국에서 볼레로 시스템이 일반화되고 있다. 볼레로 닷넷은 런던 본사를 포함, 7개 해외지사가 설립돼 있으며 加入社는 40여 개로 포천(fortune)지 선정 세계 100대 기업 중 15개 사가 참여하고 있다. 국내에서는 외환, 조흥, 우리은행 등과 볼레로 닷넷 서비스를 통한 전자무역업무를 추진하고 있고, 한국무역협회, 한국무역정보통신, 한국전자거래협회 등은 전자무역전문가 양성, 전자무역관련 제도개선, 국가무역정보망 구축 및 운영 시스템 구축과 공동 활용을 위한 협력관계를 구축하고 있다. 전자무역이 활발히 추진되면 e-무역상사, 전자무역보관소가 출현하게 될 것이며 삼성전자 포스코 등 전자무역 시스템을 구축하여 연간 1조 원의 비용을 절감하고 있다.[1] 볼레로 협회의 공식 파트너사인 한국무역정보통신과는 2002년 10월부터 제휴관계를 맺었으며, 가까운 시일 내에 실용화가 예상된다.

선하증권 위기의 해결책으로 나타난 電子船荷證券은 현행법상 종이선하증권이 가지는 운송계약의 증빙으로서의 기능, 화물수령증, 권원증권성과 유통성에 대해서 명확한 법적 보호를 받지 못하고 있다. 電子船荷證券은 종이선하증권을 단순히 전자화시킨 것이 아니라, 전자적인 기록으로 중앙등록기관에 등록·관리되면서 실물선하증권이

---

1) 조정곤, "전자무역의 최근 동향과 과제", 「월간 관세와 무역」(한국관세문제연구원, 2005, 6), 5면.

발행되지 않기 때문에 종이선하증권의 발행을 전제로 하는 기존의 법을 적용하기 어렵다. 볼레로형 전자선하증권의 서명증거능력과 권리능력은 인정될 수 있다. 하지만 문서의 증거능력에서는 공인인증에 동일한 기술을 사용하지만, 우리 전자서명법상 공인인증기관에 의한 인증을 받지 못한다는 이유로 전자서명으로서의 효력을 인정받지 못하고 있다. 볼레로型 電子船荷證券은 종이선하증권의 기능적 등가물로서 선하증권을 전자적 메시지로 전환하였으며. 볼레로型 電子船荷證券 原文과 권리등록 시스템에 의하여 종이선하증권에서의 유통성과 권원증권성을 구현하고 있다. 또한 CMP를 운영하여 권리이전 절차를 수행하며 대금결제과정은 자체 개발한 SURF 시스템을 운영하고 있다. 기술적 구현과는 별개로 볼레로型 電子船荷證券은 국제적인 조약이나 국내법상으로는 선하증권으로 인정받지 못하고 있어 법적으로는 불완전한 상황에 있다. 이러한 법적 불안정한 상태를 극복하기 위해 볼레로型 電子船荷證券은 세계 각국들 가운데 18개국의 국내법을 검토·분석하여 만든 볼레로 규약집에 의해 규율되는 시스템을 채용하고 있으며 볼레로 규약집은 볼레로 시스템에 가입된 사용자들 사이에서만 운용이 된다.

볼레로형 電子船荷證券은 상법 제133조·820조에서 인정하는 선하증권 교부로 운송물의 인도와 동일한 효력을 부여하는 물권적 효력과 운송물 인도청구권을 표창해 주는 채권적 효력을 인정받지 못하고 있다. 법적으로 완전한 유통성을 보장받지 못하기 때문에 볼레로型 電子船荷證券에서 권리의 이전은 양도승인(attornment)과 경개(novation)의 법리를 채용하여 해결하고 있다. 이와 같이 전자선하증권에 대한 법적규정이나 근거가 없는 상황에서 국제무역상 발생 가능한 많은 위험과 분쟁 등을 해소할 수 없는 까닭에 볼레로型 電子船荷證券의 안정된 구현이 불가능하다. 선하증권에서 통용되던 법리를 電子船荷證券에 적합하게 수정·발전시키려는 입법이 필요하다.

電子船荷證券의 활용에 많은 시간이 소요될 것으로 예상되므로, 단기간의 해결책으로 해상화물운송장의 적극 활용과 이에 대한 조문의 신설로 문제를 해결하자는 논의와 함께 해상법을 개정하여 電子船荷證券에 대한 조문을 신설하고 해상화물운송장을 병행하여 사용하자는 입법론이 학자와 실무계에서 논의되고 있다.

해상화물운송장에 대한 규정을 신설하자는 견해는 다음과 같은 문제점이 있다. 해상화물운송장은 법적으로 유통증권이 아니므로, 운송 중에 전매가 필요한 원유 등의 운송물에 대해서는 사용이 불가능하다. 해상화물운송장은 電子船荷證券에 대한 과도기적 역할만을 담당하기에 모든 국제무역에서 적용이 가능한 電子船荷證券의 도입이 바람직하다. 해상법에서의 電子船荷證券의 조문신설에 대해서는 선하증권의 발행에 대해서만 규정하고 있으므로, 전자적인 방법으로 운영되는 제반 사정을 고려하지 못하고 있다. 따라서 電子船荷證券의 권원증권성을 보장하여 그 유통성을 확보하는 데에는 해상법 규정과 많은 충돌이 일어난다. 해상법 규정의 대부분은 종이선하증권의 발행과 운용에 적합하도록 입법이 되어 있기 때문에 電子船荷證券에 관한 다수의 규정들을 해상법에 신설을 고려해야 하며 이러한 방법을 기본법인 상법에 적용하는 것은 바람직하지 않다. 왜냐하면 전자선하증권에 발생하는 많은 문제들에 대해서 적시에 수정하기가 어려울 뿐만 아니라 자세하게 규정하기가 힘들고 조문을 계속 수정하여 추가하는 입법방법은 법체계의 모자이크화가 될 가능성이 있다.

요컨대, 기본법인 상법에서는 전자선하증권의 도입에 대한 근거규정을 정하고 세부적인 사항은 전자어음법처럼 특별법의 형태인 電子船荷證券法을 입법하여야 한다. 본 논문에서는 전자무역의 핵심서류로 급부상하는 볼레로형 전자선하증권과 그것의 법적인 문제점에 대한 고찰을 통하여 급변하는 무역환경에서 확고한 법적 기반을 구비할 수 있도록 전자선하증권법사안을 제시하였다. 본 사안에서는 전자선하증권의 의의와 법적 효력, 전자선하증권 관리기관의 도입 등의 세부내용과 전자선하증권법의 운영과 관리를 총괄적으로 담당할 중앙행정부서의 선정에는 많은 논의가 필요할 것이다. 사견으로는 정부조직법상 무역업무를 관장하는 산업자원부가 중앙행정부서로 되는 것이 타당하다. 국가전자무역위원회와 전자무역과 관련하여 다양한 관련기관 사이에서 주도적인 역할의 수행이 가능할 뿐만 아니라 무역업계의 업무를 효과적으로 조율하고 강력한 추진이 가능하기 때문이다.

초고속 인터넷의 확산과 디지털 시대의 발전은 전자무역과 그에 대한 입법의 패러다임의 변화를 요구하고 있다. 본 논문에서는 전자선하증권의 완성판으로 평가받는 볼레로형 전자선하증권에 관한 전반적인 논의와 쟁점을 연구하였고 그 산물로 특별법의 형태인 電子船荷證券法私案을 도출하였다. 電子船荷證券法私案은 향후 여러 의견수렴과정을 거쳐 보완하는 작업이 요구된다. 우리나라는 세계최초로 전자어음법을 제정 시행하는 등의 전자문서에 대한 안정된 법적 환경의 정비를 통해 전자무역의 인프라를 구축하고 정부의 강력한 지원을 바탕으로 電子船荷證券法을 선진적으로 입법화하여 세계 초일류 전자무역 선진국으로 발돋움해야 한다.

附錄 1
電子船荷證券의 發行 및
流通에 關한 法律私案

제1장 총 칙

제1조 (목 적)

이 법은 전자적 방식으로 선하증권을 발행·유통하고 선하증권상의 권리를 행사할 수 있도록 함으로써 해운 및 무역거래의 원활과 신속성을 도모하는 데 목적이 있다.

제2조 (정 의)

이 법에서 사용하는 용어의 정의는 다음과 같다.

1. "전자문서"라 함은 전자거래기본법 제2조제1호의 규정에 의한 정보를 말한다.
2. "전자선하증권"이라 함은 전자문서로 작성되고 제5조제1항에 의하여 등록된 선하증권을 말한다.
3. "공인전자서명"이라 함은 전자서명법 제2조제3호의 규정에 의한 정보를 말한다.
4. "전자선하증권관리기관"이라 함은 제3조제1항의 규정에 의하여 중앙

행정부서의 장의 지정을 받은 기관을 말한다.

5. "공인인증서"라 함은 전자서명법 제2조제8호의 규정에 의한 전자적 정보를 말한다.

6. "사업자고유정보"라 함은 전자선하증권과 관련된 당사자의 상호나 사업자등록번호, 회원번호, 법인등록번호 또는 주민등록번호 등 사업자를 식별할 수 있는 정보를 말한다.

7. "금융기관"이라 함은 은행법에 의한 금융기관 및 이에 준하는 업무를 수행하는 금융기관으로 대통령령이 정하는 기관을 말한다.

8. "이용자"라 함은 전자선하증권거래를 위하여 전자선하증권관리기관에 등록을 하고 전자선하증권관리기관의 시스템을 이용하여 전자선하증권거래를 하는 자를 말한다.

제 3 조 (전자선하증권관리기관)

① 전자선하증권관리기관은 중앙행정부서의 장이 지정한다.

② 전자선하증권관리기관의 지정요건 및 지정절차 그 밖에 필요한 사항은 대통령령으로 정한다.

제 4 조 (적용범위)

전자선하증권에 관하여 이 법에 규정이 있는 경우를 제외하고는 상법이 정하는 바에 의한다.

제 2 장 전자선하증권의 등록 및 유통

제 5 조 (전자선하증권의 등록 등)

① 전자선하증권을 발행하고자 하는 자는 당해 전자선하증권을 전자선하증권관리기관에 등록하여야 한다.

② 전자선하증권관리기관은 당해 전자선하증권의 발행과 관련하여 금융기관이나 신용조사기관 등의 의견을 참고하여 전자선하증권의 발행을 거부하거나 전자선하증권의 연간 총 발행금액 등을 제한할 수 있다.

③ 전자선하증권관리기관의 전자선하증권 등록에 관한 절차·방법 그 밖에 필요한 사항은 대통령령으로 정한다.

④ 전자선하증권의 배서, 보증 또는 전자선하증권상의 권리의 행사는 이 법의 규정에 의한 전자문서에 의해서만 할 수 있다.

제 6 조 (전자선하증권의 발행)

① 전자선하증권에는 다음의 사항을 기재하여야 한다.

1. 상법 제814조제1호·제2호·제3호·제5호·제6호·제7호·제8호·제9호·제10호에서 정하는 사항

2. 전자선하증권을 발행하는 전자선하증권관리기관

3. 전자선하증권의 동일성을 표시하는 정보

② 발행인이 제1항의 전자선하증권에 공인전자서명을 한 경우에는 상법 제814조제1항의 기명날인 또는 서명이 있는 것으로 본다.

③ 발행인이 타인에게 전자거래기본법 제6조제1항의 규정에 따라 전자선하증권을 송신하고 그 타인이 동법 제6조제2항의 규정에 따라 수신한 때에 전자선하증권을 발행한 것으로 본다.

제 7 조 (전자선하증권의 배서)

① 전자선하증권에 배서를 하는 경우에는 전자선하증권에 배서의 뜻을 기재한 전자문서(이하 "배서전자문서"라 한다)를 첨부하여야 한다.

② 배서전자문서에는 제6조제1항제3호에 규정된 사항을 기재하여야 한다.

③ 배서인이 타인에게 전자거래기본법 제6조제1항의 규정에 따라 전자선하증권과 배서전자문서를 송신하고 그 타인이 동법 제6조제2항의 규정에 따라 수신한 때에는 상법 제133조의 규정에 의한 배서 및 교부가 있는 것으로 본다.

④ 피배서인이 다시 배서를 하는 경우에는 전자선하증권에 이전에 작성된 배서전자문서를 전부 첨부하고 제1항의 규정에 의한 배서를 하여야 한다.

⑤ 제6조제3항의 규정은 전자선하증권의 배서에 이를 준용한다. 이 경우 "발행인"은 "배서인"으로 본다.

제 8 조 (운송물과 상환)

① 전자선하증권의 소지인이 전자선하증권 및 전자선하증권의 배서에 관한 전자문서를 첨부하여 운송물의 인도를 청구하는 경우에 인도청구의 뜻이 기재된 전자문서를 전자선하증권관리기관이 이를 수신한 때에는 전자선하증권 소지인은 상법 제129조에서 규정한 운송물의 인도를 청구할 수 있다.

② 운송물 인도를 위한 송신과 수신의 시기는 전자거래기본법 제6조제1항 및 제2항에 따른다.

제 9 조 (전자선하증권의 소멸)

제8조제1항의 규정에 의한 운송물의 인도를 받은 때 전자선하증권은 소멸한 것으로 본다.

제 10 조 (전자선하증권의 반환·수령거부)

① 전자선하증권을 발행 또는 배서한 자가 착오 등을 이유로 전자선하증권을 반환받고자 하는 때에는 그 소지인으로 하여금 전자선하증권관리기관에 반환의 뜻을 통지하게 하여야 한다.

② 제1항의 통지가 있으면 전자선하증권은 발행 또는 배서되지 않은 것으로 보며, 전자선하증권관리기관은 당해 전자선하증권의 발행 또는 배서에 관한 기록을 말소하여야 한다.

③ 전자선하증권의 수신자가 전자선하증권의 수령을 거부하고자 하는 경우에는 그 수신자는 전자선하증권관리기관에 그 뜻을 통지하여야

한다. 이 통지가 있으면 수신자가 전자선하증권을 수령하지 않은 것으로 보며, 전자선하증권관리기관은 수신자의 청구가 있을 경우 그 수신자가 전자선하증권의 수령을 거부한 사실을 증명하는 문서를 발급하여야 한다.

제 3 장 전자선하증권거래의 안전성 확보 및 이용자 보호

제 11 조 (안전성 확보의무)

전자선하증권관리기관은 전자선하증권에 관한 거래의 안전을 확보하고 지급의 확실성을 보장할 수 있도록 전자선하증권거래의 전자적 전송·처리를 위한 인력, 시설, 전자적 장치 등에 관하여 대통령령이 정하는 기준을 준수하여야 한다.

제 12 조 (전자선하증권거래 기록의 생성 및 보존)

① 전자선하증권관리기관은 전자선하증권의 발행, 배서 및 권리행사 등이 자신의 전자정보처리조직을 통하여 이루어지도록 하여야 하며, 전자선하증권별로 발행인과 배서인에 관한 기록, 전자선하증권 소지인의 변동사항 및 당해 전자선하증권의 권리행사에 관한 기록을 보존하여야 하고, 전자선하증권거래를 추적·검색하고 오류가 발생할 경우 이를 확인·정정할 수 있는 기록을 생성하여 보존하여야 한다.
② 제1항의 규정에 의하여 전자선하증권관리기관이 보존하여야 하는 기록의 종류와 방법 및 보존기간은 대통령령으로 정한다.

제 13 조 (전자선하증권거래 정보의 제공 등)

① 전자선하증권관리기관은 이용자의 신청이 있는 경우에는 대통령령이 정하는 바에 따라 해당 전자선하증권 관련 발행상황 등의 정보를 제공하여야 한다.

② 전자선하증권거래와 관련하여 업무상 다음 각 호에 해당하는 사항을 알게 된 자는 이용자의 동의를 얻지 아니하고 이를 타인에게 제공하거나 누설하여서는 아니 된다. 다만, 금융실명거래및비밀보장에관한법률 제4조제1항 단서의 규정에 의한 경우와 그 밖에 법률에 정한 경우에는 그러하지 아니하다.

  1. 이용자의 신상에 관한 사항

  2. 이용자의 거래계좌 및 전자선하증권거래의 내용과 실적에 관한 정보 또는 자료

③ 전자선하증권관리기관은 건전한 전자선하증권 발행·유통과 선의의 거래자 보호를 위하여 대통령령이 정하는 경우에는 중앙행정부서의 장의 사전승인을 얻어 제1항 및 제2항에 규정된 사항 등을 공개할 수 있다.

제 14 조 (약관의 명시·통지 등)

① 전자선하증권관리기관은 전자선하증권을 등록함에 있어 이용자에게 전자선하증권거래에 관한 약관을 명시하고, 이용자의 요청이 있는 경우 대통령령이 정하는 바에 따라 당해 약관을 교부하고 그 내용을 설명하여야 한다.

② 전자선하증권관리기관이 전자선하증권거래에 관한 약관을 제정 또는 변경하고자 하는 때에는 중앙행정부서의 장의 승인을 얻어야 한다. 다만, 약관의 변경으로 인하여 이용자의 권익이나 의무에 불리한 영향이 없다고 중앙행정부서의 장이 정하는 경우에는 변경 후 10일 이내에 중앙행정부서의 장에게 통보하여야 한다.

제 15 조 (이의제기와 분쟁처리)

① 전자선하증권관리기관은 대통령령이 정하는 바에 따라 전자선하증권거래와 관련하여 이용자가 제기하는 정당한 의견이나 불만을 반영하고, 이용자가 전자선하증권거래에서 입은 손해를 배상하기 위한 절차를 마련하여야 한다.

② 전자선하증권관리기관은 전자선하증권 등록 시 제1항의 규정에 의한 절차를 명시하여야 한다.

제 4 장 전자선하증권관리업무의 감독

제 16 조 (전자선하증권관리기관의 감독 및 검사)

① 중앙행정부서의 장은 전자선하증권관리기관에 대하여 이 법 또는 이 법에 의한 명령의 준수여부를 감독한다.

② 중앙행정부서의 장은 제1항의 규정에 의한 감독을 위하여 필요한 때에는 전자선하증권관리기관에 대하여 그 업무에 관한 보고를 하게 하거나 대통령령이 정하는 바에 따라 전자선하증권관리기관의 전자선하증권관리업무에 관한 시설, 장비, 서류, 기타 물건을 검사할 수 있다.

③ 중앙행정부서의 장은 전자선하증권제도의 원활한 운영 및 이용자 보호 등을 위하여 필요한 때에는 전자선하증권관리기관에게 이용자의 전자선하증권거래정보 등 필요한 자료의 제출을 명할 수 있다.

④ 중앙행정부서의 장은 전자선하증권관리기관이 이 법 또는 이 법에 의한 명령을 위반하여 전자선하증권제도의 건전한 운영을 해하거나 이용자의 권익을 침해할 우려가 있다고 인정되는 경우에는 다음 각 호의 1에 해당하는 조치를 할 수 있다.

1. 당해 위반행위에 대한 시정명령
2. 전자선하증권관리기관에 대한 주의 · 경고 또는 그 임 · 직원에 대한 주의 · 경고 및 문책의 요구
3. 전자선하증권관리기관 임원의 해임권고 또는 직무정지의 요구

⑤ 중앙행정부서의 장은 전자선하증권제도의 운영 및 전자선하증권관리기관의 감독 또는 검사와 관련하여 필요한 경우 금융감독위원회에 협의를 요청하거나 대통령령이 정하는 바에 따라 그 권한의 일부를 위임 또는 위탁할 수 있다.

제 17 조 (지정의 취소)

① 중앙행정부서의 장은 전자선하증권관리기관이 다음 각 호의 1에 해당하는 때에는 제3조의 규정에 의한 지정을 취소할 수 있다.

    1. 허위 그 밖의 부정한 방법으로 제3조의 규정에 의한 지정을 받은 때

    2. 정당한 사유 없이 1년 이상 계속하여 영업을 하지 아니한 때

    3. 법인의 합병·파산·영업의 폐지 등으로 사실상 영업을 종료한 때

② 전자선하증권관리기관은 지정이 취소된 경우에도 그 처분 전에 행하여진 전자선하증권거래의 지급을 위한 업무를 계속하여 행할 수 있다.

③ 중앙행정부서의 장은 제1항의 규정에 의하여 지정을 취소하고자 하는 경우에는 청문을 실시하여야 하며 지정을 취소한 때에는 지체 없이 그 내용을 관보에 공고하고 컴퓨터통신 등을 이용하여 일반인에게 알려야 한다.

제 5 장 벌 칙

제 18 조 (벌 칙)

① 제3조의 규정에 의한 지정을 받지 아니하고 전자선하증권관리업무를 한 자는 5년 이하의 징역 또는 1억 원 이하의 벌금에 처한다.

② 다음 각 호의 1에 해당하는 자는 3년 이하의 징역 또는 5천만 원 이하의 벌금에 처한다.

    1. 제5조제1항의 규정을 위반하여 전자선하증권관리기관에 등록하지 아니하고 전자선하증권을 발행한 자

    2. 제13조제2항의 규정을 위반하여 전자선하증권거래 정보를 제공한 자

③ 제16조제2항의 규정에 의한 검사를 기피하거나 방해한 자는 1년 이하의 징역 또는 3천만 원 이하의 벌금에 처한다.

④ 전자선하증권은 형법 제214조 내지 제217조에 정한 죄의 유가증권

으로 보아 각 그 죄에 정한 형으로 처벌한다.

제 19 조 (과태료)

① 다음 각 호의 1에 해당하는 자는 1천만 원 이하의 과태료에 처한다.

  1. 제10조의 규정에 의한 안전성 기준을 위반한 자

  2. 제16조제3항의 규정에 의한 자료제출명령에 대하여 정당한 사유 없이 자료를 제출하지 아니하거나 허위의 자료를 제출한 자

② 다음 각 호의 1에 해당하는 자는 500만 원 이하의 과태료에 처한다.

  1. 제12조제1항의 규정에 의한 보존의무를 위반한 자

  2. 제13조제1항의 규정에 의한 신청에 대하여 정당한 사유 없이 정보를 제공하지 아니한 자

  3. 제14조의 규정에 의한 약관의 설명의무 또는 보고의무를 위반한 자

  4. 제15조제1항의 규정에 의한 분쟁처리절차를 설치하지 아니한 자

제 20 조 (전자선하증권관리기관의 금융기관 간주)

제3조의 규정에 의한 지정을 받은 전자선하증권관리기관은 특정경제범죄가중처벌등에관한법률 제2조의 규정에 의한 금융기관으로 본다.

```
附錄 2
海上貨物運送狀  關聯規定
海商法  新說案
```

제 3 관 해상화물운송장

제 790 조 (운송인의 책임경감금지)

① 제787조 내지 제789조의3의 규정에 반하여 운송인의 의무 또는 책임을 경감 또는 면제하는 당사자 간의 특약은 효력이 없다. 운송물에 관한 보험의 이익을 운송인에게 양도하는 약정 또는 이와 유사한 약정도 또한 같다.

④ 해상화물운송장이 발행된 경우에도 제1항의 규정을 적용한다.

제 820 조의2 (해상화물운송장의 정의)

해상화물운송장이라 함은 운송인이 운송물을 수취 또는 선적하였음을 확인하고 양륙항까지 운송하여 지정된 수하인에게 인도할 것을 약정하여 발행하는 운송계약의 증거서류이다.

제 820 조의3 (해상화물운송장의 발행)

① 운송인은 운송물을 수령 또는 선적한 후 용선자 또는 송하인의 청구

에 의하여 해상화물운송장을 교부하여야 한다.

② 운송인은 선장 또는 기타의 대리인에게 위임하여 해상화물운송장을 발행, 교부할 수 있다.

③ 해상화물운송장은 용선자 또는 송하인의 청구가 있는 경우에는 전자문서로 발행할 수 있다.

제 820 조의4 (해상화물운송장의 기재사항)

① 해상화물운송장에는 다음의 사항을 기재하고 운송인이 기명날인, 서명 또는 서명·날인하여야 한다. 해상화물운송장을 전자문서로 발행할 때에는 전자서명 하여야 한다.

 1. 선박의 명칭과 국적
 2. 송하인이 서면으로 통지한 운송물의 종류, 중량, 용적, 포장의 종별, 개수와 기호
 3. 운송물의 외관상태
 4. 용선자 또는 송하인의 성명 또는 상호
 5. 수하인 및 통지수령인이 있는 경우 그의 성명 또는 상호
 6. 선적항
 7. 양륙항
 8. 운 임
 9. 발행지와 그 발행연월일
10. 수통의 화물운송장을 발행한 때에는 그 수
11. 해상화물운송장을 나타내는 표시
12. 운송인의 명칭
13. 위험물의 표시
14. 갑판적 문언
15. 운송물의 인도일

② 상법 제814조제2항 내지 제4항은 해상화물운송장에 준용한다.

제 820 조의5 (해상화물운송장기재의 효력)

운송물의 수량 또는 상태에 관한 해상화물운송장의 기재는 운송인의 유보문구의 기재가 없는 한, 운송인과 송하인 사이에서는 기재된 대로 운송물을 수령하였다는 추정적 효력을 갖는다.

제 820 조의6 (운송물의 인도)

① 운송인은 해상화물운송장상의 수하인 또는 그 대리인임을 증명하는 자에게 운송물을 인도하여야 한다.

② 운송인은 수하인임을 주장하는 자에 대하여 신원확인을 위하여 상당한 주의를 하였음을 입증한 경우에는 잘못된 인도에 대하여 책임을 지지 않는다.

제 820 조의7 (송하인의 수하인 변경청구권)

① 송하인은 운송인에 대하여 운송계약의 내용변경을 요청할 수 있다.

② 송하인은 운송물이 목적지에 수하인에게 인도되기 이전까지 서면 기타 방법에 의하여 수하인의 변경을 요청할 수 있다.

附錄 3
電子船荷證券 海商法 條文新設案

[제 1 안]

상법 제 814 조 (선하증권의 기재사항)

① 선하증권에는 다음의 사항을 기재하고 운송인이 기명날인, 서명 또
는 서명 날인하여야 한다. 다만 운송인의 기명날인 또는 서명은 운
송인을 확인할 목적의 기계적 전자적 방법으로 할 수 있다.

1. 선박의 명칭, 국적과 톤수

2. 송하인이 서면으로 통지한 운송물의 종류, 중량 또는 용적, 포장
   의 종별, 개수와 기호

3. 운송물의 외관상태

4. 용선자 또는 송하인의 성명 또는 상호

5. 수하인 또는 통지수령인의 성명 또는 상호

6. 선적항

7. 양륙항

8. 운 임

9. 발행지와 그 발행연월일

    10. 수통의 선하증권을 발행한 때에는 그 수

    11. 운송인의 명칭(신설)

    12. 운송인의 주된 영업소 소재지(신설)

[제 2 안]

제 813 조의2 (전자선하증권)

① 당사자는 합의된 방식과 절차에 따라서 전자문서형태로 선하증권을 발행할 수 있다.

② 전자문서형태로 발행한 전자선하증권을 포함하여 전자적 방식으로 체결된 해상운송계약은 유효하고 이에 대하여 본편 '해상'의 규정이 준용된다.

[제 3 안]

제 813 조의2 (전자선하증권)

운송인은 선하증권 대신에 동일한 효력이 있는 전자식 선하증권을 발행할 수 있다.

附錄 4
法務部 海商法 改正試案

제1관 선하증권

제864조 (전자선하증권)

① 운송인은 용선자 또는 수하인의 동의를 얻어 제854조의 선하증권을 발행하는 대신에 법무부장관이 지정하는 등록기관에 등록을 하는 방식으로 전자선하증권을 발행할 수 있다.

② 전자선하증권에는 제855조제1항 각호의 정보가 포함되어야 하고 운송인이 전자서명을 하여 송신하고 용선자 또는 송하인이 이를 수신하여야 그 효력이 생긴다.

③ 전자선하증권의 권리자는 배서의 뜻을 기재한 전자문서를 작성한 다음 전자선하증권을 첨부하여 지정된 등록기관을 통하여 상대방에게 송신하는 방식으로 그 권리를 양도할 수 있다.

④ 제3항에 정한 방식에 따라 전자적 배서를 상대방이 수신하면 제854조의 선하증권을 배서하여 교부한 것과 동일한 효력이 있고, 제2항 및 제3항의 전자문서를 수신한 권리자는 제854조의 선하증권을 교부받은 소지인과 동일한 권리를 취득한다.

⑤ 전자선하증권의 등록기관의 지정요건, 발행 및 배서의 전자적인 방식, 운송물의 구체적인 수령절차 기타 필요한 사항은 대통령령으로 정한다.

제2관 해상화물운송장

제865조 (해상화물운송장의 발행)

① 운송인은 용선자 또는 수하인의 청구가 있으면 제854조의 선하증권 대신 해상화물운송장을 발행할 수 있다. 해상화물운송장은 당사자 사이의 합의에 따라 전자식으로도 발행할 수 있다.

② 해상화물운송장에는 해상화물운송장임을 표시하는 외에 제855조제1항 각호 사항을 기재하고 운송인이 기명날인 또는 서명하여야 한다.

③ 제855조제2항 및 제4항은 이를 해상화물운송장에 준용한다.

제866조 (해상화물운송장의 효력)

① 제865조제1항의 규정에 따라 해상화물운송장이 발행된 경우 운송인이 그 운송장에 기재된 대로 운송장을 수령 또는 선적한 것으로 추정한다.

② 운송인이 운송물을 인도함에 있어 해상화물운송장에 기재된 수하인 또는 그 대리인임을 확인하기 위한 모든 합리적인 주의를 다하였음을 증명하는 경우에는 운송물의 수령인이 권리자가 아니었다 하더라도 운송인은 그 책임을 면한다.

Ⅰ. 國內文獻

1. 單行本

곽윤직, 「채권총론」, 박영사, 1993.

강위두, 「상법총칙·상행위법(상법강의 Ⅰ)」, 형설출판사, 1997.

김두환, 「국제항공법학론」, 한국학술정보(주), 2005.

김상용, 「채권총론」, 법문사, 1996.

김선광, 「무역사례연구」, 동성사, 1992.

김인현, 「해상법 연구」, 삼우사, 2002.

김정호, 「상법강의(상)」, 법문사, 1999.

김진환, 「전자거래법」, 사법연수원, 2000.

김홍규, 「민사소송법」, 삼영사, 2003.

김형배, 「채권총론」, 박영사, 1998.

나승성, 「개정판 전자상거래법」, 청림, 2002.

명순구, 「쉽게 읽히는 미국계약법 입문」, 법문사, 2004.

서돈각·정완용, 「제4전정 상법강의(상)」, 법문사, 1999.

서돈각·정완용, 「제4전정 상법강의(하)」, 법문사, 1996.

서희원, 「영미법 강의」, 박영사, 1996.

송상현, 「민사소송법」, 박영사, 2001.

양영환, 오원석, 「무역영어」, 삼영사, 1998.

오병철, 「전자거래법」, 법원사, 2000.

오원석, 「국제통상론」, 박영사, 1998.

윤철홍, 「물권법 강의」, 박영사, 1998.

윤철홍, 「요해 채권총론」, 법원사, 1999.

양명조, 「미국계약법」, 법문사, 1996.

이기수・신창섭, 「국제거래법」, 세창출판사, 2003.

이범찬・최준선, 「제4판 상법 하」, 삼영사, 2004.

이석재, 「전자정부분야 진단 및 해외벤치마킹」, 한국전산원, 2001.

이영준, 「새로운 체계에 의한 한국민법론 물권편」, 박영사, 2004, 6.

이호정, 「영국계약법」, 경문사, 2003.

임석민, 「선하증권론」, 도서출판 두남, 2000.

임홍근, 「상행위법」, 법문사, 1989.

정경영, 「유가증권의 전자화에 대한 법률적 고찰」, 한국법제연구원, 2002.

정동윤, 「상법(상)」, 법문사, 2000.

정동윤, 「어음・수표법」, 법문사, 2001.

정찬형, 「영미어음・수표법」, 고려대학교 출판부, 2001.

정찬형, 「상법강의(상)」, 박영사, 2001.

정찬형, 「상법강의(하)」, 박영사, 2005.

정찬형・정희철, 「상법원론(하)」, 박영사, 1996.

채이식, 「상법강의(하)」, 박영사, 1992.

최기원, 「상법학개론」, 박영사, 1993.

최기원, 「해상법」, 박영사, 1993.

최기원, 「어음수표법」, 박영사, 2001.

최동현・최재선, 「해사관계 국제기강(Ⅰ)」, 해운산업연구원, 1996.

한국금융연수원, 「외국환 업무 제3권」, 1998.

한국무역협회, 「전자상거래 기본법 제정방향」, 1997. 10.

한국전산원, 「전자거래 및 EDI 관련 법제도 정비방향 연구」, 1996. 12.

한국전산원, 「인터넷 상거래를 위한 전자결제 법제도 정비방안연구」, 1998. 6.

한국전산원, 「Bolero 프로젝트 개요 및 현황」, 1999. 3.

2. 論 文

권재열, "볼레로型 電子船荷證券에 관한 법적 연구", 「상사법 연구」 제21권 제4호(한국상사법학회, 2003).

권재열, "선하증권의 전자화－볼레로 시스템을 중심으로", 「인터넷 법률」 통권 제17호(법무부, 2003).

권재열, "미국통일컴퓨터정보거래법(UCITA)의 적용범위에 관한 소고－우리 나라의 가칭 컴퓨터정보거래법의 제정과 관련하여－", 「법학연구」 Vol.13, No.3(연세대 법학연구소, 2003).

권종호, "사이버 증권거래와 발행시장", 「증권법 연구」 제1권 제1호(한국증권법학회, 2000).

권종호, "주주총회의 IT화", 「증권예탁」 제41호(증권예탁원, 2002).

권종호, "전자어음제도의 도입과 법리적 과제", 「2003년 제1차 특별세미나 "전자어음제도의 입법과제」(한국증권법학회, 2003).

강원진, "전자무역거래 활성화를 위한 전자결제 시스템의 요건과 과제", 「국제상학」 제17권 제3호(한국국제상학회, 2002).

강선준, "電子船荷證券의 법적 문제점에 관한 연구－볼레로型 電子船荷證券을 중심으로－", 「대학원 논문집」 제21권(숭실대학교 대학원, 2003).

김성탁, "전자상거래에 대한 미국 통일상법전(U.C.C)의 해법", 「사회과학연구」 제17집 제2호(영남대학교 사회과학연구소, 1998).

김용덕·임경범, "電子船荷證券과 전자결제 시스템의 문제점 및 향후 대응전략", 「해운연구이론과 실천」 제4호(한국해운학회, 2002).

김인현, "디지털 시대의 해상법－볼레로 선하증권을 중심으로－", 「상사법 연구」 제19권 제2호(한국상사법학회, 2000).

김재두, "전자서명에 관한 법적 고찰", 「중앙법학」 제6집 제3호(중앙법학회, 2004).

김재두, "전자인증제도에 관한 법적 검토", 「상사법 연구」 제23권 제4호(한국상사법학회, 2005).

김재철, 「전자서명과 전자인증의 법적 문제점에 대한 고찰」(고려대학교 법학석사학위논문 1998).

김진환,「전자거래의 법률적 문제점에 관한 연구」(고려대 법학석사학위논문, 1998).

김진환, "전자무역거래에 있어서 문서성과 서명성에 대한 고찰",「법조」제48권 제8호(법조협회, 1999).

김진환, "약관의 계약편입과 전자약관",「법조」제537호(법조협회, 2001).

김효진·박명섭, "해상화물운송장의 사용의 활성화에 관한 연구",「한국해법학회지」제30호(한국해법학회, 2000).

경익수, "해상운송에 있어서의 전자상거래에 관한 연구",「한국해법학회지」제23권 제1호(한국해법학회, 2000).

나승성, "전자어음의 법적 문제점 검토",「인권과 정의」통권 제233호(대한변호사협회, 2003).

남진우, "전자무역거래상의 전자식 운송서류 활성화에 관한 연구",「통상정보연구」(한국통상정보학회, 1999).

노성옥, "전자거래에 있어서 계약의 성립을 둘러싼 몇 가지 문제",「법조」통권 제517호(법조협회, 1999).

노태악, "전자거래에 있어 계약의 성립을 둘러싼 몇 가지 문제",「법조」통권 제516호(법조협회, 1999).

박복재, "선하증권의 EDI에 관한 연구",「무역학회지」제19권 제2호(한국무역학회, 1994).

박복재, "전자무역거래에 있어서 문서성과 서명성에 대한 고찰",「법조」제48권 제8호(법조협회, 1999).

박복재, "전자식 선하증권 시스템의 과제-BOLERO 프로젝트를 중심으로-",「논문집」제13편 1권(여수대학교, 1998).

박석재·신건훈, "볼레로 시스템에 관한 고찰",「한국해법학회지」제23권 제2호(한국해법학회, 2001).

박석재·신건훈, "볼레로 시스템의 운용상 법적 쟁점에 관한 연구",「해운물류연구」제33호(한국해운물류학회, 2001).

박영우, "전자서명 인증제도의 법적 고찰",「법조」제48권 제9호(법조협회, 1999).

박용철, "電子船荷證券의 기능상 동등물 가치의 문제점",「국제상학」제16권 제2호(한국국제상학회, 2001).

박원수, "해상화물운송장에 관한 서설적 고찰",「해운물류연구」Vol.4(한국해운물류학회, 1987).

배병태, "Sea Waybill에 관한 CMI 통일규칙과 1990년대의 해상운송법 통일에 관한 문제논점(CMI 제34차 파리국제회의 참가보고)", 「한국해법학회지」 제12권 제1호(한국해법학회, 1991).

백성기 등 "B2B 무역결제 워킹그룹-전자무역결제 working group보고서"(한국전자거래진흥원, 2002).

백탁선, "선하증권의 위기에 대한 케이스별 관리방안", 「무역학회지」 제27권 제1호(무역학회. 2002).

손주찬, "해상법(상법 제4편)의 문제점과 개정사항의 검토", 「한국해법학회지」 제24권 제2호(한국해법학회, 2002).

손태우, "미국의 통일전자거래법(Uniform electronic Transactions Act) 최종안의 내용과 의의", 「인터넷 법률」 제3호(법무부, 2000).

심종석, "국제무역상거래에 있어서 전자문서 인증시스템에 관한 법적 고찰", 「경영법률」 제14호(한국경영법률학회, 2004).

심재두, "선하증권의 기능 (1): 영수증으로서의 선하증권", 「월간해양한국」(한국해사문제연구소, 1996).

심재두, "선하증권의 기능 (2): 운송계약의 증거로서의 선하증권", 「월간해양한국」(한국해사문제연구소, 1996).

심재두, "선하증권의 기능 (3): 권원증권으로서의 선하증권", 「월간해양한국」(한국해사문제연구소, 1996).

안병수, 「전자식 선하증권의 실용화에 따른 문제점에 관한 연구」(성균관대학교 대학원 경제학박사학위논문, 1999).

안병수, "국제전자상거래시대를 대비한 Bolero Project와 Trade Card System", 「무역상무연구」 제13권(한국무역상무학회, 2000).

안병수, "전자식 선하증권의 이용실태와 전망-Bolero를 중심으로-"(한국해법학회 2002년도 가을철 정기학술발표회 발표자료).

안병수, "수출입통관에 있어 전자문서의 활용에 관한 연구", 「관세학회지」 제5권 제2호(한국관세학회, 2004).

안성포, "유가증권의 개념에 관한 소고", 「법학논총」(단국대학교 법학연구소, 2003).

안철경·김용덕, "해상운송관련 전자무역서류 규범화 논의와 과제", 「해운물류연구」 제41호(해운물류학회, 2004).

오원석 · 양정호, “전자식선하증권의 유통성에 관한 연구”, 「한국해운학회지」 제32호(한국해운학회, 2001).

양정호, “전자식 선하증권의 법적 문제점 고찰”, 「한국해법학회지」 제24권 제2호(한국해법학회, 2002).

양정호, 「전자식 선하증권과 전통적 선하증권의 비교연구」(성균관대학교 대학원 무역학 박사학위논문, 2003).

우광명, “전자식 선하증권의 활성화에 관한 연구”, 「국제무역연구」(국제무역학회, 2003).

유재걸, “국제무역에 있어서 볼레로 선하증권의 활용과 문제점에 대한 고찰”, 「창업정보학회지」 제5권 제2호(창업정보학회, 2002).

엄윤대, “Sea Waybill의 활용과 입법방향”, 「한국해운학회」 제32호(한국해운학회, 2001).

엄윤대, 「국제무역운송에 있어서 선하증권 효력상의 문제에 따른 대체운송증권의 활용에 관한 연구」(한국해양대학교 대학원 경영학 박사학위논문, 2002).

엄윤대, “SEA WAYBILL의 활용을 위한 입법방향”, 「한국해법학회지」 제23권 제2호(한국해법학회, 2001).

이균성, “선하증권의 법률관계-유가증권법리를 중심으로-”, 「무역상무연구」 제10권(한국무역상무학회, 1997).

이상록, “21세기 글로벌 무역강국 실현을 위한 전자무역 Vision”, 「글로벌 e-Trade 추진전략 세미나」(한국무역정보통신, 2002).

이성철, “영국해상물건운송법(Carriage of Goods By Sea Act, 1992)1992에 관하여”, 「한국해법학회지」 제15권 제1호(한국해법학회, 1993).

이병문 외 3인, “글로벌 전자무역 시스템으로서의 볼레로 도입에 따른 문제점 및 대응방안”(숭실대학교 아 · 태중소기업기술정보협력센터, 2003).

이응세, “전자서명과 인증 Cyber Law의 제 문제(하)”, 「재판자료」 제100집(법원도서관, 2003).

이영수 · 이승동, “선하증권의 문제점과 해결방안”, 「한국해운학회지」 제21권(한국해운학회, 1995).

이원정 / 서인태, “전자식 선하증권에 관한 고찰-볼레로 시스템을 중심으로-”,

「해양한국」(한국해사문제연구소, 1999).

이철송, "증권거래법상의 유가증권의 개념", 「상사법 연구」 제8집(한국상사법학회, 1990).

이철송, "전자거래기본법의 개정방향", 「인터넷 법률」 제5호(법무부, 2001).

임석민, "선하증권의 제시와 보험도", 「해운물류연구」(해운물류학회, 1999).

임석민, "해상운송장에 의한 선하증권의 대체", 「무역학회지」 제25권 제4호(한국무역학회, 2000).

전삼현, 「법률신문」 제2732호(법률신문사, 1998).

전성배, "전자서명법 제정목적"(한국정보보호진흥연구원, 1999).

전순환, "전자상거래모델법과 전자거래기본법의 비교", 「창업정보학회지」 제4권 제1호(창업정보학회, 2001).

정경영, "미국 통일전자거래법(Uniform Electronic Transaction Act: UETA)에 관한 연구", 「상사법 연구」 제19권 제2호(한국상사법학회, 2000).

정경영, "전자증권의 법적 성질과 전자등록제도에 관한 고찰", 「상사법 연구」 제22권 제3호(한국상사법학회, 2003).

정경영, "電子船荷證券의 도입에 관한 법적 검토", 「상사판례연구」 제15권(한국상사판례학회, 2003).

정경영, "어음의 전자화에 따른 법적 문제점 고찰", 「비교사법」 제10권 제1호(한국비교사법학회, 2003).

정완용, "전자상거래법제의 입법동향과 법적 문제"(정보통신부, 1997)

정완용, "디지털 시대의 경제변화에 따른 전자상거래의 영향", 「인터넷 법률」 제3호(법무부, 2000).

정완용, "전자서명법의 개정방향에 대한 고찰", 「법학논집」 창간호(목포대학교 법학연구소, 2001).

정완용, "전자상거래지급결제제도와 전자식 유가증권제도에 관한 연구-전자상거래법률제도 연구", 「전자상거래 활성화 워킹그룹보고서(Ⅶ)」(산업자원부, 2002).

정완용, "해상화물운송장에 대한 입법방안에 대한 고찰", 「한국해법학회」 제26권 제2호(한국해법학회, 2004).

정완용, "상법 제5편 해상법 개정의견", 「한국해법학회 상법 개정연구위원회 자료」(한국해법학회, 2005).

정찬형, "전자증권제도 도입에 따른 법적 문제점 및 해결방안", 「증권예탁」 제40호(증권예탁원, 2001).

정찬형, "전자증권제도의 도입에 따른 법적과제", 「상사법 연구」 제22권 제 3호 (한국상사법학회, 2003).

정찬형, "전자어음법의 문제점에 관한 소고", 「인터넷 법률」 제24호(법무부, 2004)

정찬형, "전자어음의발행및유통에관한 법률의 문제점", 「금융법 연구」 제1 권 제1호(한국금융법학회, 2004).

정진대, "정부의 전자무역 지원방향", 「2003년도 제1회 e-Trade 산학연 종합 포럼 및 동계정기학술발표대회」(한국통상정보학회, 2003).

조정곤, "전자무역의 최근 동향과 과제", 「월간 관세와 무역」(한국관세문제 연구원, 2005)

최석범, "電子船荷證券에 관한 고찰-CMI 규칙을 중심으로-", 「한국해운 학회」(한국해운학회지, 1994).

최석범, 「EDI에 의한 국제무역거래에 관한 연구」(중앙대학교 박사학위논문, 1995)

최석범, "글로벌 전자무역시대에 대비한 電子船荷證券의 법률적 대응책", 「무 역학회지」 제24권 제1호(한국무역학회, 1999).

최석범, "볼레로 서비스상의 문제점과 해결방안에 관한 연구", 「한국해운학 회지」 제29호(한국해운학회, 1999).

최석범, "볼레로 규약집에 따른 볼레로 선하증권에 관한 연구", 「오양 장화 수 박사 화갑기념 논문집」(혜화출판사, 2000).

최석범, "電子船荷證券의 활성화를 위한 도입모델에 관한 연구", 「무역학회 지」 제22권 제3호(한국무역학회, 1997).

최석범, "電子船荷證券 유통성의 법적 효력에 관한 연구-볼레로 선하증권 을 중심으로-", 「해운물류연구」 제33권(한국해운물류학회, 2003).

최석범·신인광, "한국에서의 電子船荷證券 운용을 위한 종합계획 수립에 관한 연구", 「통상정보연구」 제6권 제1호(통상정보학회, 2004).

최성근, "전자문서이용촉진법 요강안·법률안의 작성경과 및 최종안 마련을 위한 제언-2003 전자상거래 활성화 워킹그룹보고서(Ⅰ)-"(산업자 원부 / 한국전자거래진흥원, 2004).

최영봉, "전자서명의 효력에 관한 연구", 「국제무역연구」 제9권 제1호(국제무역학회, 2003).

최종현, "운송물의 인도와 관련된 제 문제"(제3회 해상·보험법에 관한 세미나, 김&장 법률사무소, 1993).

최재수, "선하증권 ①", 「월간해양한국」(한국해사문제연구소, 2002).

최재수, "선하증권 ②", 「월간해양한국」(한국해사문제연구소, 2002).

최재수, "선하증권 ③", 「월간해양한국」(한국해사문제연구소, 2002).

최재수, "선하증권 ④", 「월간해양한국」(한국해사문제연구소, 2002).

최재수, "선하증권 ⑤", 「월간해양한국」(한국해사문제연구소, 2002).

최재수, "선하증권 ⑥", 「월간해양한국」(한국해사문제연구소, 2002).

최재수, "선하증권 ⑦", 「월간해양한국」(한국해사문제연구소, 2002).

최재수, "선하증권 ⑧", 「월간해양한국」(한국해사문제연구소, 2002).

최재수, "선하증권 ⑨", 「월간해양한국」(한국해사문제연구소, 2002).

최준선, "UNCITRAL전자상거래 모델법과 우리나라의 전자거래기본법(안)", 「비교사법」 제5권 제2호(비교사법학회, 1998).

최준선, "운송법 개정시안에 대한 고찰", 「한국해법학회지」 제25권 제2호(한국해법학회, 2003).

채진익, "사이버 무역에 있어서 Bolero system上 Bolero B/L의 운용 시스템에 관한 연구", 「무역학회지」 제26권 제2호(한국무역학회, 2001).

채진익, "전자무역 시스템에 있어서 boleroSURF의 운용프로세서에 관한 연구", 「무역학회지」 제27권 제3호(한국무역학회 2002).

채진익, "볼레로 시스템상의 전자무역거래의 정보보안에 관한 연구", 「인터넷 비즈니스 연구」(한국인터넷 비즈니스학회, 2003).

한성일, "전자식 선하증권의 전환에 관한 소고-전자식 선하증권에 관한 CMI 통일규칙을 중심으로", 「해운물류연구」(한국해운물류학회, 1992).

황찬현, "전자문서의 민사증거법상의 문제", 「법조」 통권 제516호(법조협회, 1999).

e트레이드팀, "전자무역 추진실태 및 실천방안-수출입기관 대상 설문조사 결과분석-"(무역협회, 2002).

Material, "UNCITRAL Model Law on Electronic Commerce", 「한국해법학회지」 제21권 제2호(한국해법학회, 1999).

3. 其 他

「e트레이드 코리아 구현」(전자신문, 2004.6.8.).

「선하증권 전자화 도입된다」(카고뉴스, 2004.7.16.).

「전자식 선하증권의 법·제도적 과제」(디지털 타임스, 2005.1.14).

「해상화물운송장 전자화해야」(무역일보, 2005.1.29).

「전자무역촉진법 반발 확산」(부산일보, 2005.4.17).

「2005년 법무부 업무보고」(한국경제신문, 2005.4.21).

「한·일간 서류 없는 무역사업」(산업자원부 보도자료, 2004.1.30).

「전자금융거래법 제정안 입법예고」(재정경제부 보도자료, 2004.8.30).

Ⅱ. 國外文獻

1. 歐美文獻

Alan Mitchelhill, Bills of Lading(1982).

Arther Day, *High tech for the seas*, Euromoney Trade Finance Report, July(1984).

Bolero International Limited, Appendix to Bolero Rulebook-Operating Procedures(2d ed. 1999).

Bolero International Limited, International Legal Feasibility Report(1999).

Boris Kozollchyk, *Evolution and Present State of the Ocean Bill of Lading from a Banking Law Perspective*, 23 Journal of Martime Law and Commerce 161(1992).

Boris Kozollchyk, *The Paperless Letter of Credit and Related Documents of Title*, 55 Law and Contemporary Problems 39(1992).

Charles Debattista, *The Bill of Lading as the Contract of Carriage-A Reassessment of Ledu v. Ward*, 45 Modern Law Review 652(1982).

Daniel Murray, *History and Development of the Bill of Lading*, 37 University of Miami Law Review 690(1983).

Emmanuel T. Laryea, Paperless Shipping Documents; An Australiar Perspective, 25 Tulane Law Journal 255(2000).

Florian Gehrke, Bolero-The End of the Experiment, the Beginning of the future?, University of Cape Town(2001).

Gerofe F. Chandler, Ⅲ, *Martime Electronic Commerce for the Twenty-First Century*, 22 Tulane Martime Law Journal 464(1998).

G.H. Treitel, 「The Law of Contract 10th ed」 Sweet & Maxwell(1999).

Godier, K, *"Electronic Trading: New Systems Emerge"*, Documentary Credit Insight, Vol.6, No.2, Spring(2000).

John Hare, Shipping Law and Admiralty Jurisdiction in South Africa(1999).

J. F. Wilson, "Carriage of Goods by Sea", Pitman(1993).

John Livermore, Electronic Bill of Lading, Journal of Maritime Law and Commerce, Vol.28, No.1, January(1997).

K. H. Reinskou, Bill of Lading and automatic Data Processing(1982).

Huge Kindred, *Modern Methods of Processing Overseas Trade*, 22 Journal of World Trade 5(1988).

Ocean Bills of Lading; Traditional forms, substitutes and EDI Systems (A. Yiannopoulos ed(1995).

Paul Todd, Modern Bill of Lading(1986).

Stasia M. Williams, *Something Old, Something New; The Bill of Lading in the Days of EDI*, 1 Transactional Law and Contemporary Problems 555(1991).

2. 日本文獻

吉田和夫, "電子商取引と書面性", 早渡田, 人文自然科學研究, 第51号, 1997.

朝岡良平, "流通性書類の電子化を中心とするQ／A", JASTPRO, 第261号, 2000. 5.

內田 貴, "電子認證・電子署名わめくる法制度整備のあり方", NBL, No.675, 1999. 10.

八尾晃, "國際取引と電子結濟", 東洋經濟情報出版, 1997. 1.
島誠之助, "S.C / S.F.NETの槪要と活動", 荷主と運送, 1997. 10.
室町正新, "認證機關における電子取引關する法的基盤の整備において", NBL,
　　　No.593, 1997. 7.
野村豊弘, "EDIにおけるテニタの確定と契約の成立", NBL, No.552, 1996.
大崎正瑠, 「船荷證券の研究」(白桃書房, 1998).
新堀 聰, "船荷證券の危機(1)", 國際金融 第1064號, 2001. 4.

3. 웹사이트

http://www.boleroltd.com/decision/legal "welcome to digital signature in the
　　　bolero system" 1999.
http://www.webcom.com/~pjones/archbol.html.
http://www.webcom.com/~pjones/bolerogl.html.
http://www.boleroltd.com/decision/legal "welcome to legal aspect of a bolero
　　　bill of lading" 1999.
http://www.ttclub.com/ttclub/bolero.html Ake Nilson, "the paper bill of lading
　　　unravels with bolero."
http://my.netian.com/~profsjh/ec/digsig.htm.
http://bora.dacom.co.kr/~kafil/seminar/d-3.htm.
http://www.boleroltd.com/decision/legal "welcome to digital signature in the
　　　bolero system" 1999.
http://www.webcom.com/~pjones/archbol.html.
http://www.webcom.com/~pjones/bolerogl.html.

❀ 저자 약력 ❀

✦ **강선준 (姜善俊)**

Oklahoma State Univ 교환학생
숭실대학교 법학과 수석 졸업(학사)
숭실대학교 법학과 졸업(석사)
숭실대학교 법학과 졸업(박사)
한국과학기술연구원(KIST) 연구계약팀

✦ **논문 및 보고서**

「볼레로형 전자선하증권에 관한 연구」
「전자선하증권특별법 제정에 관한 연구」
「독일 감사회에 대한 법적인 고찰」
「비즈니스 모델 특허에 관한 법적 고찰」
「어음행위 표현대리에 관한 소고」
「국가연구개발사업 연구비 정산제도 개선에 관한 연구」 등 다수

✦ **저서 및 보고서**

『러시아정부조직개괄』(공저)
『호주컴퓨터 프로그램보호법』(공역)
『시베리아 협력기반구축사업』(과학기술부)
『한러국제협력기술개발사업』(산업자원부)
『한러산업기술협력기반구축사업』(산업자원부) 등 다수

전자선하증권론

• 초판 인쇄	2007년 10월 30일
• 초판 발행	2007년 10월 30일
• 지 은 이	강선준
• 펴 낸 이	채종준
• 펴 낸 곳	한국학술정보㈜
	경기도 파주시 교하읍 문발리 526-2
	파주출판문화정보산업단지
	전화 031) 908-3181(대표) · 팩스 031) 908-3189
	홈페이지 http://www.kstudy.com
	e-mail(출판사업부) publish@kstudy.com
• 등 록	제일산-115호(2000. 6. 19)
• 가 격	16,000원

ISBN   978-89-534-7179-5 93320 (Paper Book)
       978-89-534-7180-1 98320 (e-Book)